Superschwache Beziehungen

Christian Stegbauer

Superschwache Beziehungen

Was unsere Gesellschaft kulturell zusammenhält

Christian Stegbauer
Goethe Universität Frankfurt
Frankfurt am Main, Deutschland

ISBN 978-3-658-39548-3   ISBN 978-3-658-39549-0   (eBook)
https://doi.org/10.1007/978-3-658-39549-0

Die Deutsche Nationalbibliothek verzeichnet diese Publikation in der Deutschen Nationalbibliografie; detaillierte bibliografische Daten sind im Internet über http://dnb.d-nb.de abrufbar.

© Der/die Herausgeber bzw. der/die Autor(en), exklusiv lizenziert an Springer Fachmedien Wiesbaden GmbH, ein Teil von Springer Nature 2023
Das Werk einschließlich aller seiner Teile ist urheberrechtlich geschützt. Jede Verwertung, die nicht ausdrücklich vom Urheberrechtsgesetz zugelassen ist, bedarf der vorherigen Zustimmung des Verlags. Das gilt insbesondere für Vervielfältigungen, Bearbeitungen, Übersetzungen, Mikroverfilmungen und die Einspeicherung und Verarbeitung in elektronischen Systemen.
Die Wiedergabe von allgemein beschreibenden Bezeichnungen, Marken, Unternehmensnamen etc. in diesem Werk bedeutet nicht, dass diese frei durch jedermann benutzt werden dürfen. Die Berechtigung zur Benutzung unterliegt, auch ohne gesonderten Hinweis hierzu, den Regeln des Markenrechts. Die Rechte des jeweiligen Zeicheninhabers sind zu beachten.
Der Verlag, die Autoren und die Herausgeber gehen davon aus, dass die Angaben und Informationen in diesem Werk zum Zeitpunkt der Veröffentlichung vollständig und korrekt sind. Weder der Verlag, noch die Autoren oder die Herausgeber übernehmen, ausdrücklich oder implizit, Gewähr für den Inhalt des Werkes, etwaige Fehler oder Äußerungen. Der Verlag bleibt im Hinblick auf geografische Zuordnungen und Gebietsbezeichnungen in veröffentlichten Karten und Institutionsadressen neutral.

Adobe Stock, 91251491, Bernardbodo

Planung/Lektorat: Cori Antonia Mackrodt
Springer VS ist ein Imprint der eingetragenen Gesellschaft Springer Fachmedien Wiesbaden GmbH und ist ein Teil von Springer Nature.
Die Anschrift der Gesellschaft ist: Abraham-Lincoln-Str. 46, 65189 Wiesbaden, Germany

Vorwort

Superschwache Beziehungen, die unsere Kultur zusammenhalten? Irgendwie klingt das verwegen. Ich glaube aber, Argumente anführen zu können, die das belegen – ich kann zeigen, dass die Art und Weise, wie wir uns verhalten, in starkem Maße von anderen Menschen abhängt, die wir in großen Teilen gar nicht kennen, mit denen wir aber Zeit und Raum teilen, die wir beobachten können oder deren Verhalten wir in irgendeiner Weise wahrnehmen können. In der Übertragung und im Lernen von Verhaltensmöglichkeiten besteht die Beziehung, die meist nur passager zustande kommt, aber dennoch einen großen Einfluss auf uns ausübt.

Aber der Reihe nach: Als Anfang der 1970er Jahre der Aufsatz von Marc Granovetter erschien, der die Stärke der schwachen Beziehungen beschrieb, war das eine Sensation. Schwache Beziehungen und ihre Bedeutung zu thematisieren, galt damals als bedeutende Innovation, die viele neue Erklärungen für soziale Phänomene nach sich zog. Mein Buch hier treibt die Idee der schwachen Beziehungen noch ein Stück weiter: Erst die Einbeziehung von superschwachen Beziehungen kann erklären, wie wir uns in vielen Situationen verhalten und warum die meisten anderen um uns herum das auch tun. Solche Beziehungen, die bisher gar nicht als solche galten, sind bedeutender, als sich mancher dachte.

Bevor wir an die Inhalte gehen, nutze ich das Vorwort, um zunächst einmal ein Wort zum Stil des Buches zu äußern: Ich kombiniere Beobachtungen, Erlebnisse, Beispiele, die auf eigenen Erfahrungen beruhen, mit soziologischem Wissen und alltagsrelevanten Experimenten. Mich interessiert es, etwas aufzuschreiben, worüber ich nun schon eine Weile nachdenke, und das ist nun einmal auch ein Stück weit subjektiv geprägt. Die Puristen wissenschaftlicher Arbeitsweise bitte ich an dieser Stelle um Entschuldigung, denn der Text bietet insofern keine in einem strengen Sinne wissenschaftliche Analyse. Gleichwohl soll es trotzdem ein Beitrag zur Debatte im Feld der Forschungen zu Netzwerken sein, und, soweit möglich, versuche ich das mit etwas Leichtigkeit anzugehen. Geschrieben ist der Text natürlich aus dem Blickwinkel des Soziologen und Netzwerkforschers, der ich nun einmal bin. Das meiste zitiere ich aus der Erinnerung, von der ich weiß, dass sie einem (und so sicherlich auch mir) manchmal auch ein Schnippchen schlägt. Ich habe versucht, die Ergebnisse meines Durchdenkens der beobachteten Verhaltensweisen möglichst unkompliziert und mit wenig Fachjargon darzustellen. Eine Kritik, die meint, dass auch die Systemtheorie eine Erklärung biete oder dass der Neue Materialismus – nur um zwei Beispiele zu nennen – ebenso Aufklärung böte, geht an der Intention dieses Beitrags vorbei. Solche kritischen Stimmen bitte ich, ihre Perspektive in eigenen Werken darzustellen. Gerne können wir allerdings über die unterschiedlichen Sichten diskutieren.

Noch ein Punkt, der ebenfalls in ein Vorwort gehört. In dem Forschungsgebiet, aus dem die Ideen stammen, der Netzwerkforschung, schauen wir zunächst einmal auf Strukturen von Beziehungen. Dazu ist ein Perspektivwechsel notwendig. Es geht aus diesem Blickwinkel nicht um Subjektivität und auch nicht um das eigene Erleben, sondern vor allem darum, was sich hinter dem Rücken der Menschen abspielt. Hinter dem Rücken meint, dass wir vieles von dem, was uns ausmacht und uns zu unserem Verhalten bringt, nicht wahrnehmen und dazu öfters sogar gar nicht in der Lage sind. Wenn jemand zu einem klassischen Konzert eine Lederkutte (wie man sie beispielsweise von vereinsmäßig gebundenen Motorradfahrern kennt) einpackt oder einen

Anzug anzieht, dann hat das zwar auch etwas mit dem individuellen Erleben zu tun. Dahinter steht aber etwas anderes. Das, was uns zu diesem speziellen Verhalten bringt, das ist nicht einfach aus der eigenen Erfahrung abzuleiten. Das ist auch ein Grund dafür, dass die meisten soziologischen Methoden zu Fehlschlüssen neigen: Qualitative Interviews, welche die gesamte Person in den Mittelpunkt stellen, ihre Gewordenheit und ihre subjektive Sichtweise, gehen hier in vielerlei Hinsicht genauso fehl wie der oft so genannte quantitative „Königsweg", bei dem man über aggregierte Merkmalskombinationen etwas über das Soziale zu erfahren sucht. Diese beiden Vorgehensweisen besitzen zwar eine gewisse Berechtigung, jedoch sollten diese nicht überschätzt werden – sie sind oft blind für wesentliche Prozesse, auch wenn sie uns selbst betreffen. Solche Prozesse sind eben teilweise gar nicht oder nur schwer durch den Einzelnen wahrnehmbar. Der Einzelne ist lediglich die Instanz des Erlebens, so hat es Georg Simmel (1917: 8–9) einmal formuliert[1] – die rationale Wahl beispielsweise ist auf dieser Ebene angesiedelt. Wenn wir davon reden, dass die Menschen sich entscheiden und ihre Entscheidungen aufgrund von Kalkülen treffen, dann übernehmen wir die Perspektive genau dieser Erlebnisinstanz. Was wir nicht sehen, ist das Universum davor und dahinter – damit ist die soziale Beschränktheit dessen, was überhaupt wählbar sein kann, natürlich auch gemeint.

Sich damit zu begnügen, wäre aber leichtfertig, denn Opportunitäten sind genauso an strukturell-soziale Situationen gebunden. Die Möglichkeiten kommen und die daraus folgenden Entscheidungen werden getroffen, ohne deren Konsequenzen zu kennen. Beziehungen werden eingegangen, in Zeiten und Situationen, während derer wir offen für diese sind. Diese Beziehungen beeinflussen unsere Präferenzen sehr deutlich (Stegbauer 2016). Obwohl wir von dem, was hinter unserem Rücken passiert, keine Ahnung haben, ist es dennoch ein Teil von uns.

Das, was tatsächlich passiert, das unterliegt einer Art von Ordnung, die wir nicht (oder nur selten) fühlen und oft auch nicht einmal wahrnehmen können. Dabei ist die Ordnung gar nicht so ordentlich, wie wir es uns gerne vorstellen wollen. Vieles dessen, was uns als Ordnung erscheint, ist viel kontingenter, als wir normalerweise glauben können. Der Zufall spielt eine Rolle, obgleich dieser Zufall ebenso einer

Ordnung unterliegt – wem wir wann über den Weg laufen etwa, das ist gleichzeitig beides, zufällig und vorhersagbar. Der Grund dafür ist, dass Zusammentreffen gewissen Regeln unterliegen. Ein in der Soziologie gebräuchlicher Begriff dafür ist Strukturation. Diese Strukturation können wir als eine sich nebenbei herstellende sozial-kulturelle Ordnung betrachten, die zum allergrößten Teil nicht wahrgenommen wird. Die ist unserem Erleben kaum zugänglich. Welchen kulturellen Mustern wir folgen, das handeln wir mit anderen aus bzw. entsteht im Verhältnis mit anderen, die wir manchmal gar nicht kennen.

Einer Ordnung unterliegt dennoch auch die Art und Weise, wie ausgehandelt und sich angepasst wird. Sie ist das Ergebnis alltagskultureller Aushandlungen. Solche Aushandlungen sind meist nicht explizit, sondern man kann diese als Anerkennung des Tuns der anderen betrachten, und diese ergibt sich ferner durch Widersprüche und Distinktionsbemühungen. Hinzu tritt weiterhin auch das Ausprobieren von Neuem. Aus aktuellem Anlass könnte man sagen, dass kulturelle Muster, besonders im Kleinen, auf der Mikroebene immer wieder mutieren und getestet werden. Ob sich Verhaltensweisen, Interpretationen, Ideologien über diese enorm wichtige Mikroebene hinaus durchsetzen, das zeigt sich dann, wenn andere diese Komponenten übernehmen und selbst weitertragen.

Mit dem Denken im Rahmen von Netzwerken ist ein Perspektivwechsel verbunden. Wir schalten um von der Instanz des Erlebens mit den einzelnen Personen, hin zu Mustern in den Beziehungen. Dieser Wechsel in der Art des Blicks auf soziale Phänomene hat mich damals so stark beeindruckt, dass ich bis heute nicht mehr davon losgekommen bin. Es ergeben sich so viele interessante Einsichten, die es wert sind, geschildert zu werden. Das Buch möchte einen Eindruck davon vermitteln.

Möglicherweise kommen aus dem Versuch, das Ganze mit etwas Humor anzugehen, auch die Themen für die Beispiele. Die Beispiele dienen aber nur zur Illustration, es geht gar nicht so sehr um deren Inhalte – sie stehen für dahinterstehende Mechanismen, die Erklärungen für soziale Phänomene liefern sollen. Wir befassen uns also mit solchen Alltagsphänomenen wie: Mit welchen Klamotten laufen wir herum? Wenn jeder für sich seine Kleider morgens aus dem Schrank kramt, wieso finden wir dann Ähnlichkeiten in der Bekleidung, z. B.

zwischen denjenigen, die in einer Beziehung stehen? Kann man dies mit den superschwachen Beziehungen erklären? Wieso könnten superschwache Beziehungen dafür verantwortlich sein? Ein weiteres Exempel ist mit den Fragen verbunden: Was machen wir im Urlaub? Womit beschäftigen wir uns vor oder nach der Pizza, vielleicht noch dazu auf einer Piazza? Wenn der Strand zu langweilig wird und wir wegen des dort erworbenen Sonnenbrands nicht mehr wissen, wie wir uns im Liegestuhl positionieren sollen, kommt dann der Bildungsteil? Ist dies der Grund dafür, dass wir die historischen Monumente besichtigen? Na ja, darauf folgt natürlich die Frage, was das mit Soziologie und sozialen Netzwerken zu tun haben könnte.

Meine Erklärung wird Sie angesichts des Titels des Buches nicht so sehr erstaunen: Es sind superschwache Beziehungen beteiligt. Superschwache Beziehungen helfen uns bei der Orientierung in verschiedenen Umgebungen, besonders aber dort, wo wir fremd sind. Wir übernehmen dann das Verhalten der anderen. Wir passen unser Verhalten an diese anderen an, ohne dass wir diese anderen Leute überhaupt kennen würden. Ein Aspekt, der normalerweise nicht in der Netzwerkforschung behandelt wird, aber dennoch eigentlich in dessen Wirkungsbereich gehört. Die Einbeziehung von solchen superschwachen Beziehungen könnte uns jedoch helfen, bestimmte Phänomene zu verstehen.

Großen Dank an Gerd Paul und Stefan Klingelhöfer, die beide eine frühe Version des Manuskripts durchgesehen haben und denen ich zahlreiche Anregungen verdanke. Für weitere großartige Hilfe danke ich Jutta Wörsdörfer und Nina Rodmann.

Anmerkung

1. Simmel (1917: 8 f.) „Allein und genau angesehen, sind auch die Individuen keineswegs letzte Elemente, „Atome" der menschlichen Welt. Die allerdings vielleicht unauflösbare Einheit, die der Begriff Individuum bedeutet, ist überhaupt kein Gegenstand des Erkennens, sondern nur des Erlebens; die Art, wie ein jeder sie an sich und am Andern weiß, ist keiner sonstigen Art des Wissens vergleichlich."

Inhaltsverzeichnis

1	**Warum superschwache Beziehungen?**	1
2	**Der Mensch im Geflecht der Beziehungen**	15
	Gleichzeitige Anwesenheit und ihre Messung: Bimodale Netzwerke	16
	Die Einteilung von Beziehungen nach ihrer Stärke	22
	Starke schwache Beziehungen, aber ein Problem: Beziehungen sind vieldimensional	25
	Unterstützung, Intimität und auch Sex – wofür starke Beziehungen?	33
	Schwache Beziehungen für den Informationsaustausch und die Reichweite	38
	Lernen durch Anwesenheit: Superschwache Beziehungen	40
	Beziehungsstärken im Vergleich	45
	Das Zusammenspiel verschiedener Beziehungsstärken	49
3	**Komponenten der Wirkung superschwacher Beziehungen**	55
	Situationen: Wo wir aufeinandertreffen und was dort weitergegeben wird	57

Oh, welch ein Zufall! Nein, Zufall ist es nicht, wen wir zufällig treffen – das Wirken der Strukturation	60
Was uns erlaubt ist und was nicht – die Eigenlogik der Situation	65
Wir sind alle sehr beschränkt, vor allem in sozialer und kognitiver Hinsicht	71
Was wir wahrnehmen, wird von anderen bestimmt	73
Woher wissen wir, wie wir uns verhalten sollen?	77
Aushandeln und Verhandeln, das sind völlig unterschiedliche Dinge	80
Wie aus kulturellen Vorlieben Beziehungen werden: Ties und „kulturelle Ties"	82
Eintänzer und Publikum – Wer was tut, hängt an der Position	85

4 Superschwache Beziehungen: Die Ampel und die Oper — 91

Wer steht bei Rot? Die Fußgängerampel	96
Abhängigkeit von Autoritätsbeziehungen im positionalen Gefüge	101
Verschiedene Arten superschwacher Beziehungen	103
Unschärfe der Abgrenzung zwischen verschiedenen Beziehungsstärken	104
Grundidee der gegenseitigen Beobachtung	104
Superschwache Beziehungen in Medien	105
Wechselseitige superschwache Beziehungen	110
Frequenz von Zusammentreffen und Unschärfe der Begriffe	111
Unterschiede der Wirkmächtigkeit von superschwachen Beziehungen	115

5 Der Schiefe Turm zu Pisa — 119

Der Schiefe Turm	123
Der Turm von Pisa – ein besonderer Ort?	124
Warum Verhalten ansteckend wirkt	126

Die Situation auf dem Turmplatz, oder wer kommt mit wem in Kontakt?	131
Wie und warum variiert man das Turmhalten?	135
Menschen der Welt an einem Platz	138
Soziale Medien oder das Wissen darum, den Turm zu halten	141
Netzwerkforschung und das Problem der Nachahmung	145

6 Wie superschwache Beziehungen auf die Mode wirken — 151
Von Hunden zu Studierenden — 151
Erkennen wir an der Kleidung, welches Fach jemand studiert? — 153
Das Outfit, und wer mit wem in der Stadt unterwegs ist — 155
Wer studiert was? — 158
Differenz durch Abgrenzung — 162

7 Schluss: Was superschwache Beziehungen so bedeutend macht — 177

Literatur — 185

1
Warum superschwache Beziehungen?

Wie kommt es eigentlich dazu, dass alle im Publikum bei einem Konzert ihre Köpfe im selben Rhythmus, dem der Musik bewegen?[1] Wieso eigentlich knipsen alle Leute einander ähnliche Fotos, wenn sie auf Reisen sind? Warum kann man die Zugehörigkeit von Personen zu Berufen und Studienfächern an ihrer Kleidung erkennen? Warum geht es in Trauerfällen so pietätvoll zu? In diesem Buch frage ich nach den Mechanismen der Entstehung solcher Phänomene. Wir beschäftigen uns mit der Entwicklung von Kultur und der Frage, wie diese in einem sozialen Zusammenhang weitergegeben wird. Der Schlüssel – so das hier bereits vorweggenommene Ergebnis – findet sich in Beziehungen zwischen den Menschen. Dabei geht es auch, aber nicht in erster Linie um unsere Partnerschaften, Freundschaften und Verwandtschaftsverhältnisse. Wir stellen auch nicht die lockereren Beziehungen zu Bekannten, denen man nur selten begegnet, in den Vordergrund. Hier geht es um noch viel losere Beziehungen, die sich nur durch gemeinsame Anwesenheit und die Möglichkeit des gegenseitigen Beobachtens ergeben. Die Antwort auf die aufgeworfenen Fragen findet sich in den superschwachen Beziehungen.

Die Ordnung der Gesellschaft ist vor allem eine Ordnung von Beziehungen. Die Wissenschaft über solche Relationen, die soziologische Netzwerkforschung, ordnet Beziehungen nach ihrer Stärke: Es gibt starke und es gibt schwache Beziehungen – diesen beiden Kategorien sind feste Plätze in ihrem Universum zugeordnet, wenn es darum geht, die Welt des Sozialen zu erklären. Was es in der Wissenschaft der Netzwerke bislang nicht gibt, ist das, was mich hier im Buch beschäftigt, nämlich die noch schwächeren als die schwachen Beziehungen. Solche Beziehungen sind eigentlich im klassischen Sinne gar keine – und doch sind sie vorhanden und sehr wirksam. Allerdings verstecken sie sich noch besser als die anderen Beziehungsarten hinter dem Erleben des Einzelnen. Unser Erleben bildet nämlich nicht die ganze Wirklichkeit ab. Wenn ich das schreibe, meine ich damit nicht eine Verschwörungstheorie – nicht Chemtrails oder mögliche böse Mächte die das zustande bringen –, es handelt sich um ein soziales Ineinanderwirken, welches aber für uns an unserem gegenwärtigen Standort meist gar nicht bzw. kaum wahrnehmbar ist. Vieles entsteht also hinter unserem Rücken, und wir müssen von Zeit zu Zeit die Perspektive wechseln, um das zu erkennen und zu verstehen – davon aber berichte ich später noch im Buch.

Superschwache Beziehungen kommen also eigentlich nicht vor, so könnte man es behaupten. Man findet diese nicht, wenn man an den klassischen Klassifikationen mit ihrer Unterscheidung zwischen starken und schwachen Beziehungen festhält. Relationen, die Strukturen abbilden, die sich nur auf diese Kategorien von Beziehungsstärken beziehen, beschreiben die uns umgebende soziale Ordnung nur unzureichend. Überhaupt ist Ordnung immer prekär, aber notwendig für uns, damit wir Menschen überhaupt mit der Komplexität der Welt zurechtkommen können. Daher werden Ordnungen von den Menschen errichtet und immer wieder erneuert – gewisse Bestandteile von Ordnungen unterliegen also einer Dynamik. Wer wie und mit wem in Beziehung steht, das entscheidet über das Wohl und Wehe von uns allen. Eine Organisation, ein Verein, eine Freundschaft, eine Familie, all das ergibt sich aus Ordnungen von Beziehungen. Beziehungsinstitutionen, wie die genannten, reduzieren die Komplexität unseres Alltags, weil sie uns helfen, uns im ansonsten vorhandenen Dschungel der Relationen zurechtzufinden. Solche Ordnungen können wir als Strukturen beschreiben.

Die Strukturen, die uns umgeben, werden von uns Menschen aber allenfalls ausschnitthaft wahrgenommen. Aus den von Menschen errichteten Ordnungen, die vielleicht auch noch einigermaßen wahrnehmbar sind, ergeben sich aber wiederum neue Strukturen – man könnte sagen, dass diese Folgestrukturen weit weniger geplant bzw. planbar sind. Sie sind nichtintendierte Nebenfolgen von Planungen, und ich würde sogar so weit gehen, dass die größte Menge der für uns wirksamen Strukturen in die Klasse der ungeplanten Folgen gehört. Intendierte Beziehungen sind beispielsweise diejenigen, die wir geplant in Organisationen zu Kollegen, Vorgesetzten und Mitarbeitern unterhalten. Für die informellen Beziehungen in Organisationen ist der vom Management geplante Teil zwar als eine Bedingung der Möglichkeit anzusehen – die Informalität entwickelt sich aber schon relativ selbständig aus der ursprünglichen Planung heraus. Was ich meine, ist, dass in jeder Organisation Planungen erfolgen, die dann wiederum Menschen zusammenbringen, die ansonsten nichts miteinander zu tun gehabt hätten. Auch sind Rahmenbedingungen des Tuns in den Organisationen entscheidend für unsere weiteren Beziehungen: Wen können wir überhaupt kennenlernen, wenn wir in Schicht arbeiten und uns zu Feierabend die „Normalarbeitenden" gar nicht begegnen können? In welcher Gegend verbringen wir die große Pause, und auf welche anderen Menschen treffen wir dort? Wer ist außerdem in der Bahn auf dem Weg zur Arbeit? Wer kommt also für potenzielle Beziehungen überhaupt infrage? Die Antworten auf diese Fragen ergeben sich aus Planungen für Organisationen, obgleich sie nicht selbst geplant werden. All das liegt nicht in unserer Hand, sondern ist Folge von Planungen, die sich an anderer Stelle vollziehen.

Auf die geschilderte Weise kommen Menschen zusammen, und das hat seine Wirkung. Dabei schauen wir gar nicht auf die Art von Beziehung, die im traditionellen Denken der Menschen verankert ist. Wir schauen auch nicht auf die Abbildung von Relationen, wie sie klassischerweise von denjenigen erfasst werden, die sich forscherisch mit Netzwerken beschäftigen. Dadurch, dass uns die Menschen um uns herum Orientierung bieten, können wir dennoch von Beziehungen reden. Ich finde das gilt auch dann, wenn diese sich lediglich als „superschwach" bezeichnen lassen. Es geht in diesem Buch um die Wirkung von Menschen um uns herum, mit denen wir tagtäglich zusammentreffen, zu denen wir aber kaum eine Beziehung angeben können. Oft ist das Einzige, was uns untereinander verbindet, dass wir uns zur selben Zeit am selben Ort aufhalten – und vielleicht auch, dass wir die anderen beobachten können. Und manchmal reicht es auch schon, diese zu hören oder von diesen zu lesen, wie das beispielsweise in sozialen Medien häufig der Fall ist. Sich gegenseitig zu beobachten, ist aber noch nicht einmal in allen Fällen eine unbedingte Voraussetzung. Es reicht oft schon aus, wenn die Wahrnehmung einseitig ist. Eine einseitige Wahrnehmung lädt zum Beobachten und zum Lernen dessen ein, wie die anderen sich verhalten; die gleichzeitige Anwesenheit und das Unter-Beobachtung-Stehen erzeugen noch einmal einen stärkeren Zwang zur Anpassung.

Wir würden die Leute, zu denen ich hier einen Bezug behaupte, wahrscheinlich meistens sogar als Fremde bezeichnen – wir haben häufig (fast) nichts mit diesen Menschen zu tun. Gleichwohl sind sie für uns wichtig. Sie geben uns Orientierung. Durch sie lernen wir viele Dinge. Das, was wir lernen, können wir getrost als Aspekte von Kultur bezeichnen. Superschwache Beziehungen sind auch bedeutend dafür, inwiefern wir uns zugehörig oder ausgeschlossen fühlen. Wir treffen diese fremden Leute meist im öffentlichen Raum, dort, wo wir hingehen und uns aufhalten: beim Einkaufen, beim Bummeln im Park, in den öffentlichen Verkehrsmitteln, im Theater, auf Festivals und auch im Urlaub, seien es der Ballermann oder die Trekkingtour im Hochgebirge. Wir treffen diese Menschen in bestimmten Situationen an, beim Warten, bei der Ausübung von Zeremonien, wenn sie sich streiten oder picknicken. Die Menschen, auf die wir treffen, verhalten sich auf eine bestimmte situationstypische Weise. Wir beobachten das und versuchen, dabei nicht aus der Rolle zu fallen. Das meint, wir gleichen unser Verhalten an. Manchmal tun wir das aber auch absichtsvoll nicht. Das kann dann Ausdruck der Ablehnung des beobachteten Benehmens sein, jedoch auch dann geschieht dies auf eine Art, die Bezug auf die anderen nimmt.[2]

1 Warum superschwache Beziehungen?

Wir passen uns an das Verhalten der anderen an und modifizieren es gleichzeitig. Die Anpassung, die ich meine, fällt uns selbst oft gar nicht auf, sie ist aber vorhanden. Manchmal wird sie uns erst bewusst, wenn jemand diese Anpassung versäumt oder aus irgendeinem Grund nicht in der Lage dazu ist. Ein solches Einstellen auf andere, auch unbekannte Menschen findet ständig statt. Stellen wir uns einmal vor, Sie gehen auf dem samstäglichen Wochenmarkt einkaufen. Sie stellen sich an einem Stand an, der sich auf Kartoffeln spezialisiert hat. Wie sprechen Sie mit der Verkäuferin? Hochdeutsch mit gewählten Worten? Etwa so, wie Sie es aus einem Seminar an der Universität in Erinnerung haben? Wenn Sie in einer Bank arbeiten, sprechen Sie dann beim Gemüseeinkauf so, wie es unter den dortigen Kollegen üblich wäre? Aber auch dann, wenn Sie keinen akademischen Abschluss haben, wenn Sie beispielsweise Ihrem Brötchenerwerb in einem Handwerksbetrieb nachgehen, werden Sie auf dem Markt nicht genauso reden wie an der Arbeit. Nein, schon bevor wir andere sprechen gehört haben, wechseln wir unsere Sprache. Wir tun dies in einer Weise, von der wir erwarten, dass sie zur Situation passt. Die Rede vom Erwarten geht wahrscheinlich sogar fehl, denn hinter der Anpassung steht gar keine direkte Entscheidung – der Sprach- und Verhaltenswechsel geschieht meistenteils von selbst. Es handelt sich um eine genrespezifische Sprache, die dann, wenn es zum Gespräch kommt, auch noch zusätzlich angepasst wird. „Genrespezifisch" meint in diesem Zusammenhang, dass Typen von Situationen mit einer bestimmten Kultur verbunden sind. Wir passen uns also an die Situation an, in der wir uns befinden. Wenn es zu einer solchen gegenseitigen Anpassung kommt, dann sprechen wir von „alignment". Nicht nur die Sprache, auch der Verlauf solcher Gespräche unterliegt Regeln.[3]

Es passt sich aber nicht nur die Sprache an, auch unser Verhalten verändert sich mit der Situation und den Menschen, zu denen wir über keine, allenfalls über eine „superschwache", Beziehung verfügen. Auffällig wird das in Situationen, in denen wir uns unsicher fühlen. Dann suchen wir ganz besonders nach Orientierung. Es gibt aber auch Momente, die besonders sind und die festgehalten werden müssen. Denken wir an eine Reise nach Italien in die Toskana. Zu so einer Fahrt gehört meist auch ein Besuch in der schönen Stadt Pisa. Wahrscheinlich sind wir zunächst irritiert über das merkwürdige Verhalten der anderen Touristen mit Sicht auf den schiefen Turm. Wir betrachten das, was die anderen da tun, als leicht verrückt. Allerdings schwenken wir (oder doch die meisten von uns), sobald wir verstanden haben, was die da machen, auch ein und tun es den anderen gleich. Wir fotografieren uns gegenseitig, indem wir so tun, als würden wir den Turm vor dem Umfallen bewahren (siehe Kapitel zum Schiefen Turm). Solche Bilder fertigen wir für uns und auch zum Vorzeigen bei Freunden an, und schließlich dienen sie auch dem Hochladen auf soziale Medien. Nach der Reise können wir damit vor unseren Freunden angeben, oder wir versenden die Bilder direkt an unsere engeren Beziehungen. Was uns also die anderen Touristen vor Ort lehren, steht durchaus nicht nur für den einen Moment der Beobachtung der anderen; wir beteiligen unsere engeren Beziehungen an dem dort neu gelernten Verhalten.

Wenn wir also über Netzwerke mit verschiedenen Kategorien von Beziehungen reden, dann meinen wir damit, dass die unterschiedlichen Arten von Kontakten nicht unabhängig voneinander existieren. Was wir durch superschwache Beziehungen lernen, geben wir an unsere starken und teilweise auch an unsere schwachen Beziehungen weiter. Wenn wir an die verschiedenen Kategorien von Beziehungen denken, könnten wir meinen, es handele sich um eine Art von Tableau. Wie in einer Matrix finden wir Bezüge zwischen den verschiedenen Beziehungstypen. Eine Begebenheit, die mir begegnet – etwa Straßenmusiker auf der Einkaufsstraße und die fremdenfeindliche Reaktion der Marktverkäuferin darauf (zu der ich in einer etwas stärkeren superschwachen Beziehung als zu den anderen vorbeilaufenden Passanten stehe), – wird wegen ihrer Wortwahl zu einem mitteilenswerten Erlebnis. Zu Hause berichtet, wird die Begebenheit zu einer Situation, in der sich die daheim bereits seit einigen Jahrzehnten vorhandene starke Beziehung bestätigt und vielleicht sogar noch ein Quäntchen mehr festigt. Der Erzählende weiß sowieso bereits, dass die Zuhörende eine ähnliche Meinung vertritt. Die weitergegebene Erfahrung stärkt den Zusammenhalt in unserer starken Beziehung. Wir können das Verhalten der Marktfrau nicht nachvollziehen, ja wir lehnen es sogar ab. In Zukunft, so das Ergebnis der Verarbeitung der Vormittagsanekdote, werden wir diesen Marktstand nach Möglichkeit meiden. Wir versuchen das, allerdings bringt uns der private Boykott in ein Dilemma: Leider gibt es dort den besten Wurstsalat des Wochenmarktes. Eine Tatsache, die den neuen gemeinschaftlich gefassten Vorsatz hoffentlich nicht schon in der darauffolgenden Woche ins Wanken bringt.

Es findet sich also ein Zusammenhang zwischen den verschiedenen Kategorien von Beziehungen – wir sollten aber nicht denken, dass dieser komplett statisch sei. Mit wem wir in Beziehung stehen, das ändert sich mit der Zeit. Neue Freundschaften entstehen und alte werden gelöst. Vielleicht trifft ja tatsächlich der Begriff des Tableaus das ganz gut. In einem solchen Tableau stehen die verschiedenen Arten von Beziehungen miteinander in Verbindung: So sind starke Beziehungen ohne ihr schwaches und superschwaches Pendant von viel geringerer Bedeutung – das gilt aber auch in umgekehrter Richtung.

Während ich hier von Verhalten und seiner Beobachtung spreche, wird das, was ich meine, mit dem Zusammenspiel unterschiedlicher Beziehungsstärkekategorien viel klarer, wenn wir einmal kurz an die Covid-Pandemie zurückdenken. Frühe Hauptverbreitungsherde für das Corona-Virus waren die Après-Ski-Orgien in Ischgl in den Alpen, ähnlich aufgebaute Starkbierfeste in Ostbayern und eine Karnevalsfeier in der Nähe von Aachen (Stegbauer 2020b)[4]. Der Übersprung des Virus auf solchen Superspreaderereignissen erfolgt über Leute, die die Infizierten nicht unbedingt direkt kannten. Die Weitergabe erfolgte auch hier über superschwache Beziehungen. Einmal infiziert, verbreitet sich das Virus dann aber über schwächere Kontakte am Arbeitsplatz oder mehr noch über die sehr starken Beziehungen innerhalb von Familien, in die zurückgekehrt wird. Das bedeutet, dass die Information (hier von dem Erbgut des Virus) über Verbindungen mehrerer Stärkekategorien von Beziehungen wandert. Informationen und die gemachten Erfahrungen über das Verhalten in unterschiedlichen Situationen nehmen gleichartige Ausbreitungswege. Ähnlich wie bei Viren sind Schilderungen von Erlebtem unterschiedlich ansteckend – was hier meint, mitteilenswert.

Mit der Lebensgefährtin oder dem -gefährten sind wir ganz eng verbunden. Wir kennen nahe und entfernte Verwandte. Die besten Freunde sehen wir häufig; die weniger engen Freunde treffen wir nur zu bestimmten Anlässen. Andere Freundschaften sind an bestimmte Tätigkeiten gebunden, die Sportsfreunde etwa. Wir teilen also ein, in solche Personen, die uns nahestehen, und solche, die uns weniger nahestehen. Das Ganze hilft uns eine kognitive Ordnung herzustellen. Die Beziehungsordnung ist also doppelt – sie befindet sich in den Institutionen als allgemeine Regeln; im Unternehmen sind solche Regeln beispielsweise im Organigramm festgehalten. Aber dieses ist meist gar nicht nötig, weil sich Beziehungen in der Firma eingespielt haben. Gleichzeitig speichert unser Hirn, an wen wir uns wenden müssen, wenn wir etwas benötigen. Wir wissen, wen wir für einen Umzug in Anspruch nehmen können oder wen wir um Rat fragen, wenn wir einen Arzt für ein sich anbahnendes Gebrechen benötigen. In unserem „Oberstübchen" befindet sich also eine Ordnung, die nur in unserer Vorstellung existiert. Diese erleichtert uns den Umgang mit unseren Beziehungen.

Nicht nur dies – die Information, die darin steckt, lässt sich auch kommunizieren. Wir können anderen beschreiben, wie wir mit wem stehen. Wenn wir anderen von unseren Beziehungen berichten, dann wird das Beziehungsgefüge auch für diese transparent. Wenn diese wiederum (meist in Geschichten eingekleidet) von ihren Beziehungen erzählen, dann sind wir in der Lage, uns und die anderen in der sozialen Umgebung zu verorten. Neben der Kommunikation über die direkten Kontakte sprechen wir aber auch über andere Personen – über diejenigen, die nicht anwesend sind. Dabei geht es nicht nur um deren Eigenschaften und Eigenheiten. Nein, wir sprechen auch darüber, wie diese Personen zu denjenigen stehen, die sie umgeben. Meist geschieht das anhand von Erzählungen von Begebenheiten, die mitteilungswürdig erscheinen. Wir können auf diese Weise erfahren, dass wir uns in einem ganzen Netzwerk aus sozialen Beziehungen befinden.

Über Beziehungen zu reden, mag wichtig sein, um zu erfahren, wer in unserer Umgebung wie zu wem steht. Dabei wird ja meist gar nicht direkt über die Beziehung geredet – die Mitteilungen werden versteckt in Anekdoten über Geschehnisse und oft auch einfach in Klatsch. Wenn jemand Neues hinzukommt, beispielsweise wenn eine gute Freundin einen neuen Partner findet, dann muss man wissen, wer diese Person ist. Der neue Partner der Freundin tritt ja in eine gewisse Konkurrenz zu uns um Zeit, Aufmerksamkeit und Unterstützung. Vielleicht entlastet diese Person uns auch der Sorge, dass wir uns nicht genügend um sie kümmern. Eine Angabe darüber, von wem der neue Lebensgefährte abstammt und wen er außerdem kennt, beruhigt dabei etwas. So kann man beispielsweise sehen, dass der Neue ebenfalls eingebettet ist, womöglich sogar in die eigene Umgebung. In das Netzwerk von Personen, dem man selbst angehört. Nahestehende Personen sind extrem wichtig für uns, weil wir durch sie Unterstützung in vielerlei Hinsicht erfahren. Es handelt sich um diejenigen, denen wir vertrauen, denen wir behilflich sind und die uns auch helfen, wenn es darauf ankommt.

Eine andere Kategorie von Verbindungen sind diejenigen, die wir schwache Beziehungen nennen. Diese repräsentieren das Universum all unserer Beziehungen (zumindest dessen, was klassisch als solche angesehen wird), minus derjenigen, die zu den „Nahestehenden", den starken Beziehungen gehören. Mit solchen Menschen kommen wir nur gelegentlich an bestimmten Treffpunkten zusammen, oder die Begegnung ist unerwartet. Man kennt sich zwar, läuft sich aber nicht täglich über den Weg. Wir plauschen kurz beim Einkaufen oder bei einem anderen Zusammentreffen mit dem ehemaligen Studienkollegen oder mit der Mutter eines Kindes, welches in derselben Schule wie der eigene Sprössling war. Man fragt sich gegenseitig, was die Arbeit, die Gesundheit, die Kinder so machen. Dabei erfahren wir etwas über einen Autounfall, den Helga, eine gemeinsame Bekannte, hatte. Es wird auch über die als Folge nötige Behandlung gesprochen. Diese Kategorie von Beziehungen ist wichtig, weil damit der Zugang zu Informationen verbunden ist, die sich nicht in den inneren Kreisen derjenigen befinden, die ganz eng miteinander sind. Im Falle von Helgas Unfall ist das vielleicht die Adresse einer guten Physiotherapiepraxis. Eine Anmeldung dort könnte einem selbst helfen, wenn es um die Bekämpfung der eigenen Nackenverspannungen geht, oder die Information könnten wir weitergeben an jemand anderen, von dem wir wissen, dass er vergleichbare Probleme hat.

Solche Informationen können aber für jeden von uns wichtig sein, um zu wissen, was sich in entfernten Gebieten unseres Netzwerkes tut – so wenn es um die Verbreitung von Gossip (Bergmann 2017) geht. Wir fühlen uns dann auch mit solchen Leuten verbunden, die wir nur selten sehen, und wir wissen, wo wir im etwas größeren Rahmen hingehören.

Häufiger in der Forschung jedoch wird die instrumentelle Bedeutung hervorgekehrt: die Möglichkeit, von neuen Stellen zu erfahren, der neue Job hängt also von solchen, über Bekanntschaften weitergegebenen Hinweisen ab.

Ganz anders verhält es sich mit den hier im Vordergrund stehenden superschwachen Beziehungen. Hierbei handelt es sich um solche, die wir normalerweise vielleicht gar nicht als Beziehungen bezeichnen würden. Wir kennen keine Namen von den Personen, zu denen wir in Beziehung treten. Wir tun dies auch nur kurzzeitig und dazu auch noch oft sehr einseitig. Es geht um solche Personen, die sich „zufällig" am selben Ort befinden. Tatsächlich handelt es sich hierbei, wie zumeist, eben nicht um Zufall – vielmehr ist der Zufall durch bestimmte Dinge gelenkt – darauf kommen wir später noch einmal zurück.

Wenn wir uns an einem bestimmten Ort zu einem bestimmten Zeitpunkt befinden, dann beobachten wir die anderen. Wie verhalten die sich gerade? Sind sie in derselben Situation wie wir, etwa als Touristen unterwegs? Warten sie auch auf den Bus? Stehen sie etwa in einer geordneten Reihe und wir nicht? Durch die Beobachtung können wir unser Verhalten hinterfragen. Sollten wir uns nicht auch in die Reihe einordnen? Verstoßen wir gegen eine Regel, die hier gilt? Während wir über diese Frage nachsinnen, stellen wir uns lieber doch zwei Wartende weiter hinten an. In dem Moment passen wir unser Verhalten an und lernen dabei etwas für zukünftige ähnliche Situationen in diesem Reiseland.

Vielleicht schauen wir auch eine gute Idee von jemand anderem ab? Wenn man sein Fahrrad in der Bahn mitnimmt und einfach im Veloabteil anlehnt, kann es sein, dass das Rad bei Beschleunigung oder beim Abbremsen des Zuges wegrollt oder sogar umfällt. Wenn nun ein anderer Fahrgast mit seinem Drahtesel den Waggon besteigt und sein Gefährt mit einem Expander an einem der dafür vorgesehenen Haken befestigt, überlegen wir uns spätestens, wenn wir uns Sorgen machen, dass ein anderer Fahrgast durch unser Rad in Mitleidenschaft gezogen werden könnte, ob das nicht eine gute Idee ist. Vielleicht übernehmen wir das, und es entsteht ein Plan dazu. Wir besorgen uns beim Radhändler ebenfalls einen solchen Gummi mit Haken. Dann sind wir bei der nächsten Fahrt nicht mehr in Sorge, dass die Räder wegrutschen oder gar umstürzen könnten. Eine solche Zufallsbegegnung, die wir als Beispiel für eine superschwache Beziehung hier einführen, stiftet uns dazu an, unser Verhalten in einer bestimmten Situation zu ändern. Darüber hinaus würde das Übernehmen des Expanders wiederum eine Gelegenheit für andere zur Beobachtung bieten, was, wenn das vielfach geschehen würde, zu einer Diffusion dieses Verhaltens aufgrund von superschwachen Beziehungen führte.

Es findet eine Verhaltensübertragung statt – wir haben die andere Person beobachtet, wie sie ihr Rad befestigte. Wenn wir uns nun an dieser Person orientieren, lernen wir etwas, und zwar von solchen Menschen, die wir nicht einmal kennen. Insgesamt gesehen lernen wir zwar von den engeren Kontakten mehr und orientieren uns eher an diesen. Man kann wohl sagen, dass je enger der Kontakt ist, umso mehr lernen wir innerhalb der Beziehungen. In den angedeuteten Fällen jedoch handelt es sich weder um solche Personen, mit denen wir eng sind, noch handelt es sich um schwache Beziehungen – wir sind mit diesen Personen in gar keiner Weise bekannt. Das Einzige, was uns verbindet, ist, dass wir zur selben Zeit am selben Ort sind. Dadurch wird es möglich, die anderen bei dem, was sie tun, zu beobachten. Durch solches, an die Beobachtung gebundenes, Lernen entsteht eine Ähnlichkeit im Verhalten. Man könnte auch noch weitergehen und behaupten, dass es sich dabei um Kultur handelt. Der beschriebene Mechanismus kann als Diffusion von Kultur bezeichnet werden, denn hierdurch entsteht eine Verbreitung von Ideen und Verhaltensweisen.

Meist beobachten wir die anderen Leute nur, allenfalls sprechen wir mit solchen Personen in einem rein formalen Setting, wie es etwa der Marktstand darstellt. Da es für solche Fälle bisher keine konventionelle Bezeichnung gibt, nenne ich die Art von Beziehung „superschwach". Es handelt sich meist um eine reine Beobachtungsbeziehung. Eine Voraussetzung dafür, dass Beziehungen als superschwach gelten, ist, dass keine persönliche Beziehung besteht und dass, wenn direkt kommuniziert wird, keine oder kaum persönliche Informationen ausgetauscht werden.

Allerdings wandert nicht nur ein Verhalten zwischen einander weitestgehend fremden Personen, manchmal auch noch etwas anderes: Superschwache Verbindungen spielen auch in der Pandemie eine Rolle.

Wenn wir einer Person zu nahekommen, kann es sein, dass diese das Virus weitergibt.

Das Beschriebene gilt nicht nur für die Infektion – es gilt auch für den Schutz davor. Ich war kürzlich in Barcelona. Es war mir nicht ganz klar, welche Vorschriften in der Innenstadt galten. So trugen eine Reihe von Personen in der Fußgängerzone Masken auch im Freien. War das jetzt eine Regel oder nicht? Woran muss ich mich als Reisender orientieren? Ich habe dann die Maske nicht getragen, sofern ein gewisser Abstand möglich war. In den Markthallen hingegen trugen fast alle eine Maske – auch diese Beobachtung war leitend für mich. Wahrscheinlich funktioniert das auch so während der zahlreichen Demonstrationen gegen die Corona-Maßnahmen. Dort können die Abstandsregeln nur schwerlich eingehalten werden. Wenn die anderen explizit keine Maske tragen, dann orientiert man sich als Demonstrant natürlich auch an diesen. Auch hier findet die Vermittlung der in diesem Milieu typischen Verhaltensweise über Beobachtung statt. In der Anticoronamaßnahmendemo ist es ein Teil der Forderungen, dass es keine Maskenpflicht geben solle. Insofern dürfte das hier gebrachte Argument nur auf wenige Teilnehmer zutreffen. In dieser Situation kann man sogar damit rechnen, dass Maskenträger explizit von den Gegnern angegangen werden.

Auch bei den Demonstranten handelt es sich um Personen, die sich in derselben oder einer ähnlichen Situation befinden; sie sind zur selben Zeit am selben Ort. Das ist die Voraussetzung dafür, dass man sich gegenseitig beobachten kann. Die Beziehung zwischen diesen Personen ist so schwach wie nur irgend möglich – gleichwohl besteht trotzdem eine Art von Beziehung. Diese reicht aus, um sich hinsichtlich des eigenen Verhaltens anstecken zu lassen. Wenn sich zahlreiche Personen an diesen anderen orientieren, so entwickelt sich ein kollektives Muster. Aus solchen Mustern entsteht Kultur, die Art und Weise, wie man sich benimmt, gerinnt zu Erwartungen bei den Teilnehmenden, die sich bei der nächsten Gelegenheit an diesen Erwartungen orientieren. Beobachtende, die zwischen unterschiedlichen Situationen wechseln, bemerken die Unterschiede. Sie können dann damit spielen und sind unter Umständen dazu in der Lage, andere mit ihrem Verhalten anzustecken (oder sich Ressentiments einzuhandeln). Letzteres wiederum dürfte die lokale Kleinkultur stärken, weil sie Änderungen kritisch gegenübersteht und die Reihen schließt. So imaginär solche *communities* (Anderson 1987) auch sein mögen, verhaltenswirksam werden sie in gemeinsamen Situationen dann doch.

Um solche, manchmal ansteckend wirkenden superschwachen Beziehungen geht es in diesem Buch. Als Autor frage ich mich, welche Bedeutung diese Beziehungen haben und welches die Voraussetzungen dafür sind, dass eine Übertragung von Verhalten stattfindet. Welches sind Situationen, in denen eine Übertragung stattfindet? Zunächst aber beschäftigen wir uns mit der Frage, welche Arten von Beziehungen in den Forschungen zu Netzwerken sonst noch eine Rolle spielen.

Anmerkung
1. Dazu gehört auch die hier aber nicht behandelte Frage, warum in Jazz-Konzerten dies kaum jemand tut, obwohl man doch vom Jazz weiß: „It must schwing!" – eine Aussage, die dem Blue Note-Label Gründer Alfred Lion zugerechnet wird. Genügend Rhythmus wäre also vorhanden – eigentlich auch ein Thema, welches hier behandelt werden könnte und sich mit den angestellten Überlegungen erklären ließe.
2. So etwas ähnliches hat sich Goffman (1973) gedacht, als er die Überlegungen zur Rollendistanz anstellte.
3. Neben dem eigentlichen Alignment sind solche Gespräche bestimmten Regeln unterworfen. Man kann auch von kommunikativen Gattungen sprechen (Bergmann 1987; Keppler 1987).
4. Auch nach zwei Jahren Pandemie im Jahr 2022 steigt die Inzidenz der Corona-Ansteckungen immer noch dort, wo Karneval gefeiert wird, beispielsweise in Köln („Inzidenz steigt stark nach Karneval", FAZ, 08.03.2022, S. 9).

2

Der Mensch im Geflecht der Beziehungen

Netzwerke bestehen aus Knoten und Kanten. Als Knoten werden meist Personen angesehen, tatsächlich können es aber auch andere soziale Gebilde sein, wie Organisationen oder Staaten o. ä. Die Kanten repräsentieren das Dazwischen, nämlich das, was zwischen den Knoten steht und diese miteinander verbindet – und manchmal auch trennt. Die Kanten repräsentieren also die Beziehungen. In einem bestimmten Set (z. B. eine Gruppe oder bestimmte Menschen, die irgendwo zusammenkommen) sind einige Knoten miteinander verbunden und andere nicht. Dabei ist Letzteres durchaus auch interessant, also dorthin zu schauen, wo nichts ist, wo die Beziehungen fehlen. Ganz ähnlich ist die Definition in dem Buch, welches gelegentlich als die Bibel der Netzwerkforschung bezeichnet wird und das von Wasserman und Faust (1994) geschrieben wurde. Sie schreiben dort, dass das Netzwerk aus Beziehungen/Nichtbeziehungen innerhalb eines Sets von Knoten besteht. Als Forschende auf dem Gebiet der Netzwerkforschung interessieren wir uns für das Muster, welches wir dort vorfinden. Ein solches Muster nennen wir „Struktur". Diese Struktur wird auf seine Eigenschaften und seine Bedeutung hin untersucht. Grundlage solcher Analysen ist immer eine Auflösung der Struktur in Beziehungen zwischen zweien. Solche Beziehungen bezeichnet man als Dyade. Das gesamte Netzwerk, so wie es typischerweise betrachtet wird, lässt sich also in Beziehungen zwischen angebbaren Dyaden zerlegen. Das heißt nicht unbedingt, dass wir uns speziell für die dem Netzwerk unterliegenden Beziehungspaare interessieren würden (Radcliffe-Brown 1940) – da ist deren Einbettung im Netzwerk schon viel interessanter. Die Tatsache, dass Dyaden dennoch die Grundlage für die traditionelle Netzwerkforschung bilden, ist vor allem den Bedingungen der mathematischen Formalisierung geschuldet. Wenn also Beziehungen die Voraussetzung für die Netzwerkforschung sind, was bedeutet es dann, wenn sich diese Beziehung gar nicht in traditionellem Sinne benennen lässt, wenn man nur andere Leute beobachtet und sich dennoch aneinander orientiert? Können wir in solchen Fällen noch von Netzwerken sprechen? Wir werden sehen.[1]

Gleichzeitige Anwesenheit und ihre Messung: Bimodale Netzwerke

In den meisten Fällen werden Netzwerke aus der Verknüpfung von Knoten desselben Typs gebildet. Das meint, dass wir in der Netzwerkforschung Netzwerke zwischen Personen konstruieren. Manchmal bilden wir auch Netzwerke zwischen Ländern oder zwischen Hühnern oder Affen (Maryanski 1987; Chase 1974). Man kann dann untersuchen, in welcher Richtung die Beziehungen bestehen, ob etwa die Zuneigung erwidert wird oder nicht. Solche Netzwerke nennt man unimodale Netzwerke – sie bestehen aus nur einem Modus. Neben diesen unimodalen Netzwerken interessiert sich die Netzwerkforschung aber auch für bimodale Netzwerke (Breiger 1974)[2], meist als eine Art von „Krücke" für den wichtigsten Typ der Analyse, nämlich die von Gesamtnetzwerken – ich glaube, das lässt sich so sagen. Um eine „Gehhilfe" handelt es sich insofern, als man versucht, aus der gleichzeitigen Anwesenheit mit anderen auf bestimmten Events herauszulesen, wie der Beziehungsstatus zwischen den beteiligten Personen ist. Klassisch dafür sind die sog. Southern Women geworden, über die in einer Studie von Davis et al. (1941) zum ersten Mal berichtet wurde und die später durch ihre Berücksichtigung in Homans Klassiker zur Theorie der Sozialen Gruppe (zuerst 1951, auf Deutsch 1960) bekannt wurden. Diese Gemeindeuntersuchung wurde im zauberhaften, direkt am Mississippi gelegenen Südstaatenstädtchen Natchez durchgeführt (was allerdings nicht darüber hinwegtäuschen sollte, dass diese zauberhafte Anmutung ohne die Ausbeutung von Sklaven nicht zustande gekommen wäre). Zur Erhebung der Daten wurden Berichte aus der Lokalzeitung ausgewertet. Dort wurde beschrieben, welche Damen der Gesellschaft an bestimmten Events beteiligt waren. Es handelte sich um Kartenspielabende, um Wohltätigkeitsbasare und Ähnliches. Die Daten aus den Zeitungsartikeln wurden zu einer Tabelle von 18 Frauen und 14 Events zusammengeführt. Aus der gleichzeitigen Erwähnung in einem Zeitungsartikel zum selben Event schlossen die Forscher nun, dass eine Beziehung besteht. Tatsächlich ergab sich, dass die weibliche Gesellschaft der Stadt in zwei Gruppen zerfiel.[3]

Damit erschöpfen sich die Analysemöglichkeiten der Netzwerkforschung allerdings noch lange nicht. Für die Untersuchung des Phänomens der superschwachen Beziehungen ist die Analyse der gemeinsamen Teilnahme an Veranstaltungen nur eine der vorhandenen Möglichkeiten. Wenn man sich die Konzepte von kulturellen Toolkits (Swidler 1986), Mikrokulturen (Fine 1979) und von Ketten von Situationen (Collins 2005) einmal genauer anschaut, dann kommt man zum Ergebnis, dass es dort um mehr gehen könnte (Stegbauer 2016) als nur um die direkten Beziehungen zwischen den Teilnehmenden. Ziel könnte auch sein, zu registrieren, wer gemeinsam mit anderen ein Event erlebt hat und damit Teile der speziellen Kultur dort kennenlernen konnte.

Allerdings besitzt die Konstruktion von bimodalen Netzwerken auch Schwächen (Stegbauer 2013); insbesondere dann, wenn die Zahl der Teilnehmenden ansteigt. Das Problem ist, dass zwischen allen Teilnehmenden eines Events eine Beziehung definiert wird. Je größer das Event, umso mehr Beziehungen werden im Rahmen der Analyse konstruiert. Die Zahl der konstruierten Beziehungen wächst quadratisch. Das kann man sich leicht klarmachen, wenn man bedenkt, dass die Anzahl der konstruierten Beziehungen (die im bimodalen Fall im Übrigen immer symmetrisch sind) bei drei Personen bei drei liegt, bei vier Personen sind es schon sechs mögliche Beziehungen, bei 5 sind es 10 und bei sechs 18 Beziehungen. Wenn man die Reihe fortsetzt und etwa 5, 50, 500 und 5000 vergleicht, dann wird klar, was ich damit meine: bei 5 sind es $5 \times 4/2 = 10$; 50: 1225; 500: 124.750; 5000: 12.497.500 Beziehungen, die bei Anwendung dieser Methode entstehen. Wenn die Zahl der Teilnehmer ansteigt, kann irgendwann nicht mehr von einer direkten Beziehung zwischen allen Personen gesprochen werden, ja man kann diese Idee praktisch ausschließen. Bei großen Musikfestivals mit, sagen wir 80.000 Teilnehmenden und auch schon lange davor – wie das Beispiel zeigt – hilft die Methode nicht viel, um Beziehungen zu identifizieren. Das gilt auch dann, wenn es unter den 80.000 zahlreiche „wirkliche" Freundschaften oder Bekanntschaften gibt. Hiervon kann man ausgehen, weil die wenigsten Teilnehmer solcher Events alleine anreisen.

Mit den vielen Beziehungen, die man auf solchen Großevents konstruiert, kann man vielleicht etwas anfangen, wenn man über Informationen hinsichtlich zahlreicher solcher Events verfügt. Dann ließen sich unter Umständen Regelmäßigkeiten im Muster der Teilnahme an solchen Events ausmachen; es handelte sich also um soziale Strukturen. Wir haben einmal eine ähnliche Untersuchung für verschiedene „Events" bei Wikipedia angestellt und dabei tatsächlich Elemente der „Kernstruktur" der die Wikipedia erstellenden Community herausbekommen (Stegbauer und Rausch 2009).[4] Obwohl im Prinzip jeder sich an der Erstellung und Pflege der Enzyklopädie beteiligen könnte, entstand im Laufe der Arbeit daran tatsächlich nur eine relativ kleine Kerncommunity. Wenn man nicht nur an einem kleinen Kern interessiert ist, wird das Verfahren nicht viel weiterführen.

Was uns hier interessiert, ist aber etwas anderes, nämlich die Frage, ob es nicht an manchen Stellen ausreicht, sich situationsangemessen zu verhalten, wobei sich die Angemessenheit über superschwache Beziehungen herstellt. Superschwache Beziehungen finden sich zwischen den Teilnehmern an solchen Groß-Events wie Musikfestivals. Man kommt mit anderen in Kontakt, wenn man auf dem Festivalgelände zeltet, wenn man gemeinsam vor der Bühne steht oder sich einen Dosenöffner ausleiht. Das Kriterium des superschwachen

Kontaktes ist überdies auch schon erfüllt, indem man beobachtet. Man schaut sich an und bewundert, wie die anderen gekleidet sind und wie sie die Anforderungen vor Ort mit den einfachsten Mitteln zu bewältigen suchen. Wie gehen sie damit um, wenn es regnet und die sehr stark beanspruchte Wiese sich in ein Schlammfeld verwandelt? Beim Anschauen von Bühnenacts kommt der Moment, an dem das Publikum die Feuerzeuge herausholt oder, bei mangelnder Anzahl an Rauchern heutzutage, mit dem digitalen Äquivalent, den Handytaschenlampen leuchtet. Der Headbanger (die rhythmische Auf- und Abbewegung des Kopfes) ist ebenso eine kollektive Angelegenheit, die zwar einerseits dem Rhythmus, aber dennoch einem gemeinschaftlichen Muster folgt. Wie bereits anfänglich gesagt, ist der Einzelne die einzige Instanz, in der Erleben möglich wird. Allerdings ist dieses Erleben auch abhängig von den anderen, diesen umgebenden Personen, zu denen allenfalls eine superschwache Beziehung besteht. Im Falle von Festivals oder Fußballspielen etwa kommt es zu kollektiven Erlebnissen, die das Mitmachen erfordern, um am Erlebnis teilhaben zu können.

Vielleicht wird an diesen Beispielen auch schon deutlich, dass zwar die Nachbarn und deren Benehmen bei der Weitergabe von Verhaltensmustern eine Rolle spielen, was oben auf der Bühne geschieht aber vielleicht eine Spur wichtiger ist. Wenn die Sängerin über ihrem Kopf zu klatschen beginnt, so ist dies als Aufforderung für das ganze Publikum zu verstehen. Dabei erzeugt das Mitmachen ein Involvement, was die Beziehung (auch wenn sie nur superschwach ist) für alle erlebbar macht. Es dürfte zwar jeder, der von anderen beobachtbar ist, das Geschehen ein wenig mitbeeinflussen, die Bühne hingegen besitzt, über alles gesehen, deutlich mehr Einfluss.[5] Wir lernen daraus, dass es eine Ungleichheit hinsichtlich dessen gibt, wer in der Lage ist, kulturrelevantes Verhalten auch über superschwache Beziehungen weiterzugeben.

Ein solches ungleiches Muster findet sich – nach der Theorie – auch beim kollektiven Rhythmus des Leuchtens von Glühwürmchen (Watts 2003), bei dem sich die Insekten einerseits an den Nachbarn, andererseits offenbar an besonders hell leuchtenden oder besonders exponierten Exemplaren orientieren. Nur so ist erklärlich, dass die Leuchtkäfer ihr Blinken so schnell aneinander anpassen können. Wenn die Insekten sich nur an ihren Nachbarn orientieren würden, könnte es sein, dass es morgens schon wieder hell wird, bevor die Angleichung zwischen allen Tieren gelungen ist. Für die Festivalphänomene des Handyleuchtens und des Headbangens sollte das in ähnlicher Weise gelten. Die Idee von Watts war es, dass einige Knoten sichtbarer oder exponierter sind als andere, was dazu führt, dass sich die anderen an diesen orientieren können. Wenn die Musiker auf der Bühne etwas vormachen, dann stehen sie in Sichtkontakt mit den vielen Fans im Publikum. Sie haben damit eine Position inne, die nur mit dem Potenzgesetz beschrieben werden kann. Dieses Power-Law-Gesetz (Barabási 2002) auf diese Phänomene angewendet, bedeutet, dass eine Mehrzahl des Publikums mit ihren Augen die Musizierenden und deren Verhalten verfolgen. Zwar achten die Teilnehmenden auch auf ihre Nachbarn, dennoch ist deren Reichweite – angenommen, es würde zu einer Übernahme deren Verhaltens kommen – viel geringer. Wenn man die Zahl der Beobachtungsbeziehungen zu den Teilnehmenden dann in einem Diagramm darstellen würde, könnten wir sofort erkennen, dass die Personen auf der Bühne über eine extrem hohe Anzahl an solchen Beziehungen verfügen: Der Rest des Publikums hat viel weniger davon, denn Sichtkontakt ist nur zu den Nachbarn möglich.

Solche extrem schiefen Verteilungen findet man häufiger, meist im Internet, denn dort stößt das Sammeln von Kontakten nicht an kognitive Grenzen. Die Zahl der Kontakte in den sozialen Medien wird im Prinzip kaum begrenzt, denn die Merkfähigkeit für die Beziehungen ist nicht auf die Kapazität unseres Gehirns angewiesen. Der Computerspeicher der Anbieter wird die Beziehungen genau registrieren und sich behalten, denn daraus besteht sein Produkt – die Werbung wird persönlich angepasst anhand der Merkmale der Teilnehmer und deren Interaktion mit anderen. Die Zahl der Freundschaften ist bei Facebook allerdings begrenzt worden (auf 5000)[6]. Sogenannte „Freundschaften" dort sind symmetrisch angelegt, d. h. eine Person, die eine Freundschaftsanfrage bekommt, muss diese bestätigen. Das bedeutet, dass keine Richtung ersichtlich ist. Wenn ich mit einer prominenten Person befreundet bin, dann ist diese Person auch mit mir befreundet. Damit ist diese Freundschaft von der Konstruktion her symmetrisch. Dagegen können Followerbeziehungen asymmetrisch sein (wenn man sich gegenseitig folgt, würden wir diese allerdings ebenfalls als symmetrisch ansehen). Die Anzahl von Followern ist aber im Prinzip unbegrenzt. Populäre Teilnehmer kommen auf mehrere Millionen Folger. Solchermaßen populäre Teilnehmer bezeichnet man auch gerne als Influencer: Sie beeinflussen ihr Publikum mit ihrem medienöffentlichen Verhalten (meist mit bezahlter PR). Auch das Beobachten dieser „einflussreichen" medialen Personen könnte man als superschwache Beziehung bezeichnen. Auch hier findet sich die extrem schiefe Power-Law-Verteilung (sehr wenige haben extrem viele, die große Mehrzahl hat wenige) der Followerbeziehungen, die wir in ähnlicher Weise gerade am Beispiel der Musikfestivals kennengelernt haben. Die Gemeinsamkeit der Situation, die in außermedialen Kontexten für die superschwachen Beziehungen konstituierend sind, löst sich aber an dieser Stelle auf: Eine gegenseitige Beobachtung ist beim Medienprodukt nicht mehr so ohne weiteres möglich. Wenn wir uns ein Video auf YouTube anschauen, so kann uns der Influencer, der es produziert hat, eben nicht auch beobachten. Allenfalls könnte er auf hinterlassene Kommentare reagieren. Was die bekannten YouTube-Persönlichkeiten (bzw. deren Team) jedoch tun, ist, die anderen Produzenten zu beobachten, auch wenn man sich nicht kennt. Die Orientierung findet also an anderer Stelle statt – man könnte sagen, dass die gegenseitige Orientierung hauptsächlich zwischen den Produzenten stattfindet[7], eine einseitige Einflussnahme jedoch vom Produkt auf die Konsumenten ausgeübt wird. Allerdings findet sich bei den Zuschauern meist auch wiederum eine soziale Schleife, die für Bewertungen der Inhalte sorgt. Man nennt das *two-step-flow of communication:* Medieninhalte werden in sozialen Gruppen, also in Kontexten mit vorwiegend stärkeren Beziehungen häufig noch einmal nachbesprochen (Katz 1957; Katz und Lazarsfeld 1962).

Zurück zum großen Musikevent: Verhalten wird also in solchen Momenten wie am Beispiel des Festivals beobachtet, und wenn es die Situation erlaubt, dann schließen sich andere diesem Verhalten an – sie übernehmen es für sich. Das, was für eine Übernahme infrage kommt, ist ziemlich vielfältig, wenn wir beim Beispiel bleiben. Die bimodale Analyse würde, so gesehen gar nicht als Mittel dienen, mit dem direkte Beziehungen offengelegt werden sollen. In der klassischen Interpretation stünde die über die gemeinsame Teilnahme an einem Event konstruierte Beziehung nur für die Bedingung der Möglichkeit, anlässlich der Teilnahme an der Veranstaltung miteinander in Kontakt zu kommen.

Im Zusammenhang mit dem Buch hier erlaube ich mir eine andere Interpretation: Eine über eine bimodale Analyse konstruierte Beziehung betrachten wir als einen Hinweis auf das Wirken von superschwachen Beziehungen. Hier kommt es also weniger auf die einzelnen Beziehungen selbst an als auf die Inhalte der Events, denen ein Teilnehmer ausgesetzt ist. Es wird während der Situation des Events etwas weitergegeben, und das ist dasjenige, womit sich die Leute dort beschäftigen. Das wird von den Anwesenden beobachtet und somit als angemessene Verhaltensmöglichkeit für diesen Typ von Situation registriert. Das ist die Voraussetzung dafür, dass das Verhalten auch für sich selbst übernommen wird. Das Repertoire der Möglichkeiten des Benehmens der Teilnehmenden erweitert sich. Es entstehen kulturelle Tools (Swidler 1986), über die jeder von uns verfügt und die in der Alltagskultur bedeutsam sind. Wie wir hier sehen können, ist es möglich, dass solche Werkzeuge dann von dem einen Event zu einem anderen Event ähnlichen Typs übertragen werden.

Die Einteilung von Beziehungen nach ihrer Stärke

Starke, schwache, superschwache Beziehungen – wir nehmen in der Wissenschaft (aber auch ganz ähnlich im Alltag) solche Einteilungen vor, weil sie, wie schon gesagt, u. a. bei der Orientierung helfen. Sie helfen uns auch bei der Kommunikation über Beziehungen. Das gilt auch für die Wissenschaft selbst. Kategorien helfen uns, eine Richtung einzuschlagen, sind wir als Menschen doch nicht klug genug, alle Beziehungen von uns selbst und den Menschen um uns herum erfassen und verarbeiten zu können. Kategorien helfen uns auch, über Dinge mit anderen zu kommunizieren. Unsere Unfähigkeit, mit vielen Beziehungen umzugehen, liegt an unserem Kurzzeitgedächtnis, aber auch an unserer längerfristigen Merkfähigkeit. Das wundert kaum, denn wenn das Set von Beziehungen, das verfügbar ist, größer wird, verlieren wir die Möglichkeit, mit allen in Kontakt zu treten. Der Grund dafür ist, dass die Zahl möglicher Beziehungen quadratisch ansteigt. Das wurde mit einer ähnlichen Rechnung bereits im vorhergehenden Kapitel belegt – die Formel für die Anzahl an möglichen Beziehungen lautet hier: $x*(x-1)$ bei asymmetrischen Beziehungen und $x*(x-1)/2$ für symmetrische Beziehungen. Eine asymmetrische Beziehung besteht dann, wenn die Beziehung von a nach b und die von b nach a unterschiedlich sind. Das kann sein, wenn a angibt, mit b befreundet zu sein, b diese enge Beziehung zu a aber nicht erwidert. Nochmals zur Erinnerung: Zwischen drei Personen sind nur drei Beziehungen möglich (wenn man mitrechnet, dass die Beziehungen auch asymmetrisch sein können, sind es allerdings schon sechs Möglichkeiten). Bei vier sind es schon sechs symmetrische, bei fünf Personen zehn, bei 50 hingegen 1225. Wir sehen, dass wir sehr schnell an unsere Grenzen kommen.

Vielleicht hat der eine oder andere Leser von der Dunbar-Zahl gehört: Nach dieser Zahl sei die Möglichkeit des Menschen, mit anderen Beziehungen einzugehen und deren Beziehungen zu beobachten, begrenzt. Dunbar (1993) hat sich aus dem Fenster gelehnt und diese Größe, welche aus dem Vergleich von Affen entstanden ist, mit 150 Personen beziffert (immerhin haben wir es bei einer Hordengröße von 150 schon mit 11.175 Beziehungen zu tun, sofern diese symmetrisch sind).[8] Eine solch große Zahl überfordert uns Menschen eigentlich auch schon. Aus diesen Gründen entwickeln wir soziale Ordnungen, die Vereinfachungen möglich machen. Hierzu gehören Organisationen, die auf verschiedene Weise gegliedert sind. Ein Gliederungsprinzip könnte sich aus der Arbeitsteilung ergeben; so etwas finden wir häufig in Unternehmen. Andere Ordnungsprinzipien können Haushalte, Familien, Verwandtschaftsbezeichnungen, Repräsentationsorgane der Demokratie, Cliquen und Gruppen sein.

Eine Gesellschaft besteht aus vielen Unternehmen und aus noch mehr Haushalten. Hinzu kommen Freundesgruppen und Vereine, in denen man sich zusammenfinden kann. Zwar gibt es dabei eine große Vielfalt, aber bestimmte Strukturen (bzw. Strukturelemente) wiederholen sich immer wieder, sie sind einander selbstähnlich (Simmel

1890, neu aufgelegt 2021). Es reicht dann, sich das Muster solcher Institutionen anhand von ein paar Beispielen zu merken und mit anderen darüber zu reden, damit man einigermaßen erfolgreich die Beziehungen in einer solchen sozialen Zusammensetzung einschätzen kann. Eine „Horde" bei Menschen ist selbst auch nicht nur eine ungeordnete Ansammlung von Individuen, sondern diese besitzt selbst mehrere Ordnungsinstanzen. Das alles hilft uns, dass wir auch in sich überlagernden Strukturen (wie Arbeitsbeziehungen: Kollegen zueinander, Freizeitbeziehungen: Sportskameraden und Familienbeziehungen: Geschwister) in der Lage sind, einigermaßen den Überblick zu behalten.

Wir benötigen solche vereinfachenden Orientierungsmuster also aufgrund unserer menschlichen Beschränkungen. Zu solchen Versimplungen können wir auch Hierarchien zählen, wie wir sie etwa beim Aufbau von Organisationen finden. Wie solche Hierarchien zu konstruieren sind, hierfür gibt es zahlreiche Regeln. Diese finden sich in Organigrammen festgeschrieben und in der Regel des sog. „span of control" (Urwick 1956; Bell 1967; Ouchi und Dowling 1974). Diese Kontrollspanne legt die Größe von Arbeitseinheiten fest. Solche Regeln gelten manchmal als „alt" und nicht mehr unbedingt als zeitgemäß, weil man momentan keine starr-hierarchischen Organisationen möchte. Dennoch ist man auf diese angewiesen, wenn es etwa um die Steuerung in Organisationen geht. Ich diskutiere das an dieser Stelle nur, weil es mir darum geht, auf die menschlichen Kapazitätsgrenzen hinzuweisen. Die „alten" Theorien reflektieren die Beschränkungen und daher wird dieser Teil der organisationstheoretischen Beschreibung seine Relevanz nur sehr unwahrscheinlich verlieren.

Die Vereinfachung der Betrachtung von Beziehungsstärken hat aber noch weitere Bedeutungen: Eine davon ist, dass sie in der Wissenschaft Modellierungen zulässt. Wenn wir eine Dichotomie zwischen schwachen und starken Beziehungen zulassen und für beide Kategorien unterschiedliche strukturelle Bedingungen feststellen, dann können wir einfache Modelle bilden. Mit deren Hilfe können sog. probabilistische Aussagen oder gar Vorhersagen – d. h. solche, die Wahrscheinlichkeiten beziffern und mit bestimmen Fehlern behaftet sind, die man z. B. als nicht erklärte Varianz bezeichnet – getroffen werden, und man kann

Messungen vornehmen, deren Bedeutung sich mit statistischen Tests untersuchen lässt. Aber schauen wir doch zunächst einmal darauf, was die Beziehungsstärke ausmacht. Hierbei folgen wir ein Stück weit Granovetter (1973), der sich mit der Stärke schwacher Beziehungen befasst hat. Allerdings folgen wir ihm auch wieder nicht zu weit, denn einiges an seiner Definition erscheint uns nicht so ganz stimmig, und das betrifft nicht nur die Reduktion von Beziehungen auf deren Stärke. Das werde ich im nächsten Abschnitt deutlich machen.

Starke schwache Beziehungen, aber ein Problem: Beziehungen sind vieldimensional

Wenn wir uns fragen, warum wir uns mit unterschiedlichen Stärken von Beziehungen beschäftigen, dann kommen wir an Granovetter nicht vorbei. Er beschrieb in seinem 1973 erschienenen Aufsatz die Bedeutung schwacher Beziehungen. Diese hatte zuvor kaum jemand auf seinem soziologischen Zettel. Bei dem bekannten Autor geht es einerseits um starke, aber mehr noch um schwache Beziehungen. Man kann ihn hinsichtlich seiner Wirkung in der Wissenschaft durchaus als den „Entdecker" bezeichnen, der die Bedeutung dieser schwachen Beziehungen erkannte. Wir nun interessieren uns allerdings für Beziehungen, die noch ferner sind als die losen Bekannten in Granovetters Universum; schließlich geht es um die superschwachen Beziehungen. Die Frage ist daher, wo wir diese superschwachen Beziehungen verorten können – findet sich hierzu etwas bei Granovetter, so werden wir fragen.

Zunächst einmal nimmt Granovetter (1973, siehe dazu auch Stegbauer 2010a) genau jene Einteilung zwischen starken und schwachen Beziehungen vor und schreibt den zuletzt genannten eine große Bedeutung zu. Er behandelt diese Einteilung kategorial (als starke oder schwache Beziehungen), obgleich er in seiner Definition von einem Kontinuum der Stärke von Beziehungen ausgeht. Schwache Beziehungen, bis dahin in der Soziologie nicht so sehr beachtet, seien wichtig für den Informationsaustausch. Granovetter belegt dies an einer Untersuchung darüber, wie Ingenieure einen neuen Job finden. Die Information über eine freie Stelle lief in der Mehrzahl der Fälle über Bekannte, die nicht zu den engsten Freunden gehörten. In dem genannten Aufsatz schreibt er ferner über das Problem italienischer Einwanderer in die USA, deren Beziehungen sehr stark in den eigenen Familienverbänden gebunden blieben. Die Migranten selbst verfügten aber zum Rest der Gesellschaft im eigenen Stadtviertel über zu wenige schwache Verbindungen. Die fehlenden schwachen Kontakte bewirken, dass sich die Bewohner nicht organisieren können. Damit bleibt ihre Stimme zu leise, um in der Stadtgesellschaft Gehör zu finden. Direkt an Granovetter schließt Burt (1992) an, für den schwache Beziehungen und die Maklerposition zusammengehören. Besonders „erfolgreiche" Manager suchten geradezu schwache Verbindungen – so Burt. Gemakelt werden Informationen, die an einem Ort vorhanden sind und am anderen Ort fehlen. Für deren Übertragung seien eben diejenigen mit den schwachen Beziehungen verantwortlich. Für die Makler ergäbe sich die Möglichkeit, besonderen Profit aus solchen Beziehungen zu schlagen. Auf diesen Punkt werde ich später noch einmal zurückkommen.

Wie definiert Granovetter nun das, was er Stärke von Beziehungen nennt? Die Stärke einer Beziehung, so Granovetter (1973: 1361), setze sich aus einer (wahrscheinlich linearen) Kombination der Menge an Zeit, der emotionalen Intensität, der Nähe (Vertrautheit) und der gegenseitigen (Hilfe-)Leistungen in der Beziehung (Reziprozität, Stegbauer 2002), zusammen. Er schreibt, dass die vier Elemente untereinander zwar etwas unabhängig, aber dennoch hoch korreliert sein könnten. Dem soziologiemethodisch gebildeten Leser drängt sich an dieser Stelle sofort die Assoziation zur damals relativ neu entwickelten multiplen Regression[9] auf, an die Granovetter bei der Formulierung der mutmaßlich linearen Kombination gedacht haben dürfte.

Granovetters Definition birgt aber ein Problem, nämlich, dass hier im Ergebnis Beziehungen auf eine einzige Dimension – die der Stärke – geschrumpft werden. Beziehungen weisen jedoch Komponenten auf, die über die von Granovetter genannten hinausgehen und sich nicht linear fassen lassen (sofern das überhaupt auf die vier aufgeführten zutrifft). Mancherlei Beziehungen mögen stark sein, ihr Charakter lässt sich aber erst durch positionale Beziehungen zueinander aufklären (Stegbauer 2010b). Diese Kritik erklärt sich ganz leicht, wenn wir an ein Beispiel denken: Freundschaft und Partnerschaft, die beide enge Beziehungen darstellen, unterscheiden sich dadurch, dass in der einen (der freundschaftlichen) Beziehung Sexualität meist Tabu ist, während diese für die Partnerschaft nachgerade ein Konstitutionselement darstellt. Die beiden engen Beziehungen sind auch hinsichtlich ihrer Exklusivität nicht als gleichwertig zu betrachten. D. h. unterschiedliche Beziehungskategorien unterscheiden sich ganz grundsätzlich, und dies ist nicht unbedingt durch die Stärke der Beziehung erklärbar.

Eine weitere Kritik bezieht sich darauf, dass offenbar nur symmetrische Beziehungen zugelassen werden. Wenn Beziehungen so eindeutig spiegelgleich wären, dann dürfte es keine Eifersucht geben. Diese erwächst schließlich aus der Befürchtung einer Asymmetrie in der Liebesbeziehung (lässt man einmal die Problematik der Einbildung von „Besitzansprüchen" in Partnerschaften außen vor). Auch die innigen Beziehungen von Fans zu ihren Idolen (die aus schon beschriebenen Gründen nicht erwiderbar sind) lassen sich damit nicht erklären.

Mit den zu besprechenden Problemen sind wir damit aber noch nicht ganz am Ende. Ich habe bereits von Kategorien von Beziehungen gesprochen. Solchen Kategorien widerspricht die lineare granovetter'sche Definition von Beziehungen. Wenn es ein Kontinuum zwischen stark und schwach gibt, dann ist es schwierig, kategorial von starken oder schwachen Beziehungen zu schreiben. Man müsste dann eine mehr oder weniger willkürliche Grenze setzen, wann eine Beziehung als stark und wann eine andere als schwach eingestuft wird. Wie Beziehungen konkret ausgestaltet werden, das wird gegenseitig in den jeweiligen engeren Kontakten ausgehandelt. Freundschaften können eine große Bandbreite an Eigenheiten entfalten. So treffen sich die einen regelmäßig in einer Kneipe zum Kartenspielen, während die anderen das Gespräch über eine gepflegte Lektüre bevorzugen. Gleichwohl finden sich auch einige „allgemeine" Erwartungen, die mit einer Freundschaft einhergehen. Dazu gehört beispielsweise, dass man sich in schwierigen Situationen und Notfällen gegenseitig hilft.

Zu solchen Kategorien von starken Beziehungen zählen Freundschaften allemal. Bindungen in Partnerschaften sind oft stärker als

Freundschaften. Sie sind zudem viel exklusiver. Das gilt auch für Eltern-Kind-Verbindungen: Diese sind ebenfalls eng, aber sie sind wiederum durch eine starke Asymmetrie, besonders in den Jahren der Kindheit, geprägt.

Das sind eine ganze Reihe von Kritikpunkten an Granovetters Überlegungen. Insofern ist es interessant, dass die Definition von Granovetter trotzdem immer wieder in wissenschaftlichen Arbeiten auftaucht – und sogar zu den in den Sozialwissenschaften am meisten zitierten Aufsätzen gehört. Allerdings finde ich selbst den Aufsatz insofern sehr gut, als er zum Nachdenken anregt. Wäre der Aufsatz nicht geschrieben worden, könnten wir uns heute nicht mit seinen Inhalten auseinandersetzen. Bei dieser Betrachtung handelt es sich aber um ein Abschweifen von der eigentlich hier zu stellenden Frage: Steckt irgendwo in dieser Definition der linearen Kombination von gemeinsam verbrachter Zeit, Emotionalität, Vertrautheit und der Gegenseitigkeit ein Hinweis auf die hier behandelten superschwachen Beziehungen?

Betrachten wir doch die einzelnen Komponenten nacheinander. Die Menge an Zeit, die miteinander verbracht wird, ist eine davon. Mit superschwachen Beziehungen verbringt man eigentlich nur eine relativ kurze Zeitspanne, etwa während man sich am selben Ort befindet. Allerdings kommt man sich im Allgemeinen nicht so nahe, von Ausnahmen abgesehen. In der U-Bahn oder in manchen Aufzügen kann es auch einmal eng werden – dann versuchen wir aber uns trotz körperlicher Nähe zu distanzieren. Im Aufzug des lokal legendären und längst gesprengten Hochhauses der Universität in Frankfurt (Uniturm) verstummten beispielsweise die Gespräche, wenn es darin voll wurde – das Reden wurde sogleich fortgesetzt, sobald man gemeinsam wieder aus dem Aufzug trat. Die Leute, die in einer der blauen Stahlkabinen zusammengedrängt standen, schauten eher unter sich, als dass sie sich gegenseitig ansahen. Auf diese Weise ließ sich Distanz wahren, auch wenn diese durch zu engen Kontakt mit weitgehend Fremden eigentlich gestört wurde. Alle warteten darauf, dass am nächsten Stopp ein paar Mitfahrende ausstiegen, sodass ein wenig mehr Abstand möglich wurde. Wenn man bis weit nach oben fuhr (mein Büro war im 30. Stock), ließ sich mit der dann eintretenden Verringerung der menschlichen Dichte aufatmen. Zum Glück dauerten die Fahrten nicht so lange – es wurde also nicht viel Zeit in einer solchen Enge miteinander verbracht. Wenn wir ein Konzert besuchen, dann sitzen wir einige Stunden neben fremden Personen, gehen aber dennoch – abgesehen vielleicht von einem Small Talk mit der Nachbarin oder dem Nachbarn – keine direkte Beziehung ein. Selbst wenn wir mit anderen zusammengepresst werden, entsteht also nicht unbedingt Nähe. Eine gewisse Wahrnehmung findet dennoch statt – die man durchaus in die Kategorie des Superschwachen einordnen könnte – man sieht die Kleidung, man hört Gesprächsfetzen (sofern eine Konversation mit in den Aufzug genommen wurde), auch Gerüche bleiben präsent. Das Schweigen verbreitet sich in der Enge des Aufzuges und lässt auch die letzte verbale Kommunikation ersterben. Auf diese Weise entsteht, trotz Distanzierung und des Versuchs, eine Beziehung zu vermeiden, so etwas wie eine Gleichförmigkeit des Verhaltens der Anwesenden. Dieses ist natürlich einerseits dem Versuch der Distanzierung geschuldet, andererseits ist es aber auch Ausdruck der gegenseitigen Anpassung im Verhalten.

Superschwache Beziehungen sind meist nicht als emotional intensiv zu erachten. Manchmal gibt es jedoch Ausnahmen, wenn kollektive Glücksgefühle beim Tor der eigenen Mannschaft im Stadion ausbrechen oder dann, wenn beispielsweise etwas Schreckliches vor den Augen der Menschen geschieht. Die Feuerwehr kommt, weil ein Unfall passiert ist. Einer der Anwesenden berichtet, dass ein Raser innerhalb der Stadt die Beherrschung über sein Fahrzeug verloren habe und auf den Bürgersteig geraten sei. In diesem Fall solidarisiert sich die umstehende Menschenmenge mit den zufällig zum falschen Zeitpunkt vor Ort gewesenen Personen, die Opfer des Autofahrers wurden. Gleichwohl bleibt es bei dem Verhältnis der superschwachen Beziehungen untereinander. Die zufällige Anwesenheit jedoch lehrt etwas darüber, wie man sich in einer solchen Situation verhält. Möglichkeiten sind: Stehenbleiben und zuschauen und die Neugier befriedigen und dabei möglicherweise die Rettenden zu behindern oder doch weiterzugehen und darauf zu vertrauen, dass die Zeitung am nächsten Tag die Neugier über das Ereignis zu stillen vermag. Trotz der Übertragung von Emotionen in einem solchen Moment entsteht keine große Vertrautheit.

An diesem Beispiel wird noch etwas anderes deutlich, was später noch einmal ausführlicher behandelt werden soll: Es sind unterschiedliche Arten von Reaktion möglich, durch welche die Einstellung zu den Passanten beeinflusst wird. Geht man weiter, dann wird man die Stehenbleibenden möglicherweise als „Gaffer" verurteilen. Hierbei finden sich leicht auch andere Personen, die sich dieser Einschätzung anschließen. Eine Ablehnung des Zuschauens kann also ebenfalls eine gegenseitige emotionale Reaktion hervorrufen. Die Stehenbleibenden mögen sich hingegen über die Tragik des Vorfalls und der Schilderung seines Hergangs für kurze Zeit verständigen. Wenn man die Opfer zu Gesicht bekommt, Zeuge deren Erstversorgung wird und sich auch in der Nähe des Abtransports der Verletzten befindet, dann mag das gemeinsame Hineinversetzen in die Opfer für einen kurzen Moment einen direkten emotionalen Bezug herstellen.

Solche emotionalen Übersprünge sind aber nicht unbedingt notwendig und sind auch sehr weit von der dritten Variablen, der Vertrautheit bzw. Intimität in Granovetters Definition entfernt. Vielleicht wirken emotionale Übersprünge als eine Art Eisbrecher, der durchaus als Trigger für eine Änderung der Beziehung steht, aber hierdurch entsteht noch keine Vertrautheit. Lévi-Strauss berichtet davon, wie aus der Situation nur gleichzeitiger Anwesenheit, bei der man sich zunächst beobachtet und man also von einer superschwachen Beziehung reden könnte, so etwas wie eine schwache Beziehung entsteht. Das Beispiel bezieht sich auf die Fernfahrergaststätten im Süden Frankreichs, wenn die Brummilenker und Handwerker an langen Tischen zusammenkommen, ohne sich zuvor gekannt zu haben. Der dort beschriebene Weintausch, bei dem man dem Gegenüber vom eigenen Wein einschenkt und darauf die so beschenkte Person die Geste sogleich erwidert und dem Schenkenden von ihrem Wein abgibt, ist eine Art Katalysator für das Gespräch, mit dem sich der Beziehungsstatus verändert (Lévi-Strauss 2000, zuerst 1949).

Ich denke aber, dass damit auch noch lange nicht die granovetter'sche Beziehungsdimension der Vertrautheit oder Intimität erfüllt ist. Vertrautheit ist eine Voraussetzung dafür, dass man sich gegenseitig „etwas anvertrauen" kann. In Vertrauenssituationen werden Geheimnisse geteilt, die mit kaum jemandem sonst geteilt werden können.

Auch hier ist es interessant (darauf hat auch schon Georg Simmel hingewiesen), dass das Teilen von Geheimnissen mindestens eines Nichteingeweihten bedarf. Das Geheimnis muss also vor mindestens einer anderen Person verborgen werden. Nach Anschauung derjenigen, die gerade ein Geheimnis teilen, sind diejenigen, die davon auf keinen Fall erfahren dürfen, in eine andere Kategorie von Beziehung einzuordnen. Meist sind das aber auch keine völlig Fremden. Mit dem Geheimnis wird der Beziehung eine bestimmte Exklusivität zugeordnet. Mit superschwachen Verbindungen entsteht also normalerweise eine solche geheimnisteilende Vertrautheit nicht.

Vielleicht mag es ein paar Ausnahmen geben: So propagiert Noelle-Neumann (1989) in ihren Überlegungen zur Neutralität von Befragungssituationen das Modell des Zugabteils. Die Idee dabei ist, dass man Leuten gegenüber, die man nicht wieder sieht, weit offener sein kann als gegenüber Bekannten oder Freunden. Abgesehen davon, dass es kaum noch Zugabteile gibt, in denen eine „intime" Situation zwischen Fremden entstehen kann, ist die Möglichkeit des Anvertrauens nach Noelle-Neumanns Modell daran gebunden, dass sich die Gesprächspartner nie mehr wieder begegnen werden – also einander fremd bleiben. Ihr Test aufgrund des Modells ist umstritten, und ich würde die Möglichkeit des Anvertrauens gegenüber völlig Fremden ebenfalls eher als eine Ausnahme betrachten.[10]

Gegenseitige Leistungen findet man in superschwachen Beziehungen eigentlich nicht – dort, wo das der Fall ist, wie beim beschriebenen lévi-Strauss'schen Weintausch unter Fernfahrern, markieren diese eher den Übergang zur schwachen Beziehung und dem folgenden Small Talk. Den Austausch in superschwachen Beziehungen hingegen kann man eigentlich kaum als „normale" Reziprozität bezeichnen. Abgesehen von kleinen Leistungen, die sich eher an Konventionen orientieren, wird man nur eingeschränkt auf direkte Reziprozität bauen können, zumal sich Beziehungen erst über eine Zeit entwickeln (Stegbauer 2002). Eine kleine Leistung wäre es, wenn man während eines Badetages an der Kiesgrube gefragt wird, ob man auf die Sachen des Nachbarn aufpassen könne, während sich dieser im Wasser vergnügt. Auch hier liegt der Übergang zu einer schwachen Beziehung nahe – falls man über eine solche Leistung miteinander ins Gespräch kommt, könnte eine schwache Beziehung entstehen. Wenn man aber nur kurz antwortet, dann entwickelt sich nichts weiter daraus, es bleibt bei der superschwachen Beziehung. Im Fall des Aufpassens hat das Verhalten eher den Charakter einer generalisierten Reziprozität. D. h. es ist relativ unabhängig von der Person, die fragt; man würde das für (fast) alle anderen genauso tun. Es könnte sein, dass man als Badewilliger das nächste Mal auch seinen dann anderen Platznachbarn um einen gleichartigen Gefallen bitten würde. Der Austausch ist in einem solchen Fall an eine allgemeine Regel (bzw. Konvention) gebunden, die nicht auf einer direkten Beziehung beruht. Gleichwohl kann sie als Eisbrecher für ein Gespräch dienen, aus dem sich später unter anderem durch Gegenseitigkeit (Reziprozitätsketten) vielleicht eine engere Beziehung entwickelt. Grundsätzlich jedoch gehen superschwache Beziehungen und Reziprozität im eigentlichen Sinne kaum zusammen.

Kurze Gespräche mit Unbekannten helfen dabei, dass sich die Menschen wohlfühlen und den Eindruck haben, sie gehörten dazu. Ein kurzes Gespräch, die Person gegenüber anlächeln oder einfach eine Bemerkung über das Wetter – dadurch wird die Schwelle von der superschwachen Beziehung zur schwachen noch nicht überschritten, aber das alles hat bereits eine Wirkung auf uns: Es macht gute Laune. Vielleicht ist das ein Grund dafür, dass wir so gerne in die USA fahren. Dort wird man an der Supermarktkasse gefragt, wie es einem geht, und ganz häufig wird einem der Eindruck vermittelt, man sei Teil der Community. Es kann durchaus sein, dass dies auf einem kulturellen Missverständnis beruht (Lewin 1953)[11], das ist uns schon klar. Aber selbst, wenn das so ist, besitzt die Freundlichkeit der Menschen dennoch eine Wirkung auf uns. In manchen Unternehmen werden solche minimalen Übergänge von der rein instrumentellen Begegnung (die wir hier ganz eindeutig als superschwach bezeichnen können) hin zu einem kleinen Grad mehr an Stärke (die ich aber noch nicht zu den schwachen Beziehungen – es handelt sich noch nicht um Bekannte) ausgenutzt, um solche Gefühle der Zugehörigkeit anzusprechen. Vielleicht handelt es sich aber auch nur um eine Nebenfolge der arbeitsteiligen Produktion in solchen Läden. Das passiert etwa dort, wo man in Cafés an der Kasse ordert und dann nach seinem Namen gefragt wird. Der Name wird dann mit einem Permanentmarker auf den Plastikbecher geschrieben. Der Barista fertigt eine der vielfältigen Varianten des Kaffees an und ruft anschließend den Namen aus, um das Getränk mit dem Besteller wieder zu matchen. Mit dem Namen – hier insbesondere mit dem Vornamen – angesprochen zu werden, kann einem schon das Gefühl geben, ein wenig bekannt zu sein. Ein Grund dafür, dass ich mich damit immer etwas unwohl fühle, ist, dass ich den Eindruck habe, meine Beziehung zur Kaffeebar und den Mitarbeitern sei beim ersten Besuch noch nicht ausreichend, um meinen Namen preiszugeben. Ich denke mir dann manchmal einen Namen aus. Dabei machen tatsächlich weder die Bedenken Sinn, in einem Umfeld, in dem mich meist niemand kennt, noch die Ausweichstrategie, bei der ich bis zum Aufruf des Namens mir immer den ad hoc ausgedachten Namen merken muss.[12]

Wir können an dieser Stelle resümieren, dass superschwache Beziehungen nicht wirklich in das Schema von Granovetter passen. Dort werden persönliche Beziehungen vorausgesetzt, die im Falle von superschwachen Beziehungen gar nicht eingegangen werden.

Unterstützung, Intimität und auch Sex – wofür starke Beziehungen?

Bis jetzt habe ich mich bereits öfters über starke Beziehungen geäußert. Insbesondere hier gilt, dass das, was wir unter starken Beziehungen verstehen, nicht ganz einheitlich ist. Wo unmittelbar einleuchtet, was mit starken Beziehungen gemeint ist, sind Partnerschaften. Die Person, mit der man klassischerweise eine Familie gründet, mit der man zusammenlebt, mit der besteht ohne Zweifel eine enge Beziehung. Möchte man sich als Verheiratete wieder trennen, so ist es eine Voraussetzung für die Ehescheidung, dass das Paar getrennt von Tisch und Bett lebt. Im Umkehrschluss könnte man sagen, dass es kennzeichnend für Paare ist, wenn sie ihren Tisch und ihr Bett teilen. Typisch dürfte das sein, allerdings gibt es auch Partnerschaften, auf die das so nicht zutrifft. Mir geht es hier nicht unbedingt um den Transport des traditionellen Familienbildes. Partnerschaften haben zunächst einmal gar nicht so viel mit dem traditionellen Familienbild zu tun. Wichtig ist vielmehr, dass beide (mindestens zwei) sich zur Partnerschaft bekennen. Wie diese konkret aussieht, ist dann mehr eine Frage der internen Aushandlung.[13] Gang und gäbe ist aber, dass die Partner sich gegenseitig unterstützen, und natürlich gehört in den meisten Fällen auch Sex in eine solche Konstellation.

Andere starke Beziehungen lassen sich davon unterscheiden, so etwa Eltern-Kind- oder Kind-Eltern-Beziehungen. Auch diese sind stark. Während man in Partnerschaften im Prinzip eine Symmetrie zwischen den Beteiligten annimmt, trifft das auf das Verhältnis zwischen Kindern und Eltern grundsätzlich nicht zu. Das Verhältnis ist per se asymmetrisch. Zwar lernen die Eltern auch von ihren Kindern, wichtiger ist es aber umgekehrt. Es gelten Sorgschaftsverhältnisse, und die Eltern sind natürlich immer verantwortlich für ihre Kinder. Sex in dieser asymmetrischen Konstellation wird als Missbrauch geächtet.

Wenn wir nun einmal an Freundschaften denken, dann würden wir auch diese eher zu den starken Beziehungen zählen. Zumindest solche, die man als enger bezeichnen könnte. Die beste Freundin, der beste Freund, sie gehören auf jeden Fall dazu. Die Frage ist natürlich, welche Arten des Austausches über diesen Typ von Beziehung laufen. In welcher Weise unterstützt man sich gegenseitig? Früher galt, dass bei Geld die Freundschaft aufhört (Fischer 1982). Wahrscheinlich ist das immer noch so. Allerdings könnte sich das auch verändern, denn Wahlverwandtschafts- und Blutsbande lassen sich nicht mehr gegeneinander ausspielen. So ist die Anzahl an Verwandten im Zuge des demographischen Wandels sehr stark gesunken. Wenn die meisten Familien nur noch ein Kind haben, dann gibt es keine Neffen, keine Cousins, und keine Onkels mehr. Möglicherweise berührt das auch die Bedeutung von Verwandtschaftsbezügen. Im Gegensatz zu den oft generationenübergreifenden asymmetrischen Verwandtschaftsbeziehungen sind Freundschaften vom Prinzip her symmetrisch angelegt. Asymmetrische Beziehungen dürften im Falle von Freundschaften meist nicht sehr lange funktionieren, es sei denn, sie sind in ein institutionelles Gefüge eingebettet, welches diese Beziehungsungleichheit legitimiert, etwa eine Organisation, ein Verein oder ein Unternehmen. Eine Vorgesetzten-Untergebenen-Beziehung würde man nur schwerlich mit einer Freundschaft verbinden wollen. Die Entwicklung einer Freundschaft in einer solchen Asymmetrie ist zwar nicht gänzlich ausgeschlossen – sind doch weite Teile von Beziehungen von den dort etablierten mikrokulturellen Verhältnissen abhängig; jedoch ist die Entwicklung einer Freundschaft in der Asymmetrie der Common-Sense-Definition von Freundschaften entgegengesetzt.

Ein bedeutender Unterschied zwischen den beschriebenen Formen sehr starker Beziehungen ist die Exklusivität. Partnerschaften sind meist exklusiv, Kindschaftsverhältnisse ebenso. Auf Freundschaften trifft das nicht in der gleichen Weise zu, es sei denn, es handelt sich um die eine beste Freundin oder den einen besten Freund.

Ich habe schon geschildert, dass die Beschreibung von Beziehungen einige stereotype Momente enthält. In Wirklichkeit weichen sehr viele Beziehungen von der hier vorgenommenen Darstellung ab. Es ist jeweils Sache der Beteiligten, ihre eigene Mikrokultur auszuhandeln. Die Möglichkeiten hierzu sind sehr weit. Allerdings sind Abweichungen, sofern sie nicht in den Bereich des Common Sense gehören, zumindest nach außen hin erklärungsbedürftig. Meist werden in Erzählungen zu Beziehungen auch Teile von Geschichten hinzugefügt. Das passiert zum Beispiel, wenn mir eine Freundin von ihrer Reise in eine Großstadt erzählt, bei der sie auch von ihrer Affäre berichtet. Er ist in eine neue Wohnung mit einem tollen Ausblick über einen großen Fluss gezogen. Nun sind Affären nichts ganz Ungewöhnliches, aber es handelt sich natürlich um einen Vertrauensbeweis, wenn einem davon erzählt wird. Die Umgebung der Beteiligten erwartet bestimmte, eher typische Formen von Beziehungen, über die dann auch kontextlos gesprochen werden kann. In manchen Fällen weicht das interne Arrangement nach dem Geschmack mancher Außenstehender zu stark von der angenommenen Normalität ab, dann versuchen diese, möglicherweise zu intervenieren. Hierbei spielen die Umgebung und das Milieu mit ihren Toleranzunterschieden, in denen sich die zur Beziehung gehörenden Personen befinden, eine Rolle. Auch die Urbanität gehört zum Kontext solcher Konstellationen, wie es bereits Ferdinand Tönnies (zuerst 1887, 1991) beschrieb – in der Stadt findet sich gegenüber dem Land meist eine größere Liberalität.

Was ich sagen will: Die Menschen treffen unterschiedliche Arrangements – gleichwohl achten Außenstehende (Bott 1957) auf die Formen dieser Beziehungen, was sich wiederum auf die internen Aushandlungen auswirkt (oder darauf, welche Details man nach außen trägt oder für sich behält). Bei Elizabeth Bott spielt die Struktur der Freundschaften der beiden Partner für die Arbeitsteilung in der Familie eine Rolle. In den 1950er Jahren konnten sich traditionellere Vorstellungen über die Arbeitsteilung in der Familie dann eher durchsetzen, wenn die Partnerschaft eng in das Beziehungsgefüge der Freunde eingepasst war. Bestimmte Unterstützungsleistungen, die in Familien und Freundeskreisen geleistet wurden, waren dort beispielsweise an geschlechtsspezifische Rollen geknüpft.

Eine andere Form der Vermittlung von Normen funktioniert über die Beobachtung des eigenen Umfelds. Wie verhalten sich die anderen Eltern auf dem Spielplatz der Kleinen? Zum Lernen welcher Musikinstrumente werden sie von ihren Eltern verdonnert? Welches sind die Namen, die man etwa auf dem Spielplatz im verhältnismäßig wohlhabenden Frankfurter Holzhausenviertel die Mütter rufen hört? Überhaupt, die Tatsache, dass es doch dort in den meisten Fällen immer noch die Mütter sind, die rufen, ist für sich schon ein Statement des Sozialen. Die Orientierung geschieht auch hier en passant. So bekommt man mit, wie die anderen sich benehmen, und kann sich kaum wehren, einige ihrer Verhaltensweisen zu übernehmen. In manchen Fällen wird man sich auch bewusst von den anderen absetzen, was man als Distinktion beschreiben würde. Als Anwesender ist man aber immer involviert und wird kaum unbeeinflusst den Spielplatz wieder verlassen können.

Bleiben wir einen Moment bei Distinktion. Das, was auf der einen Ebene eine Art Wettbewerb darstellt, könnte man auf einer anderen Ebene als eine Variation innerhalb des Universums ähnlicher Verhaltensweisen bezeichnen. Das, was wir hier erleben, fließt in die private Aushandlung dessen ein, wie wir mit unseren Kindern umgehen. Sei es, weil wir bestimmte Muster von anderen kopieren oder uns in unserer Mikrokultur explizit gegen die Überbesorgtheit der ständig intervenierenden und über ihren Kindern schwebenden Helikopter-Eltern aussprechen. Dabei bleibt am Ende die Beobachtung – auch bei nicht vorhandener direkter Zustimmung – dennoch selten ganz wirkungslos für das Repertoire des eigenen Verhaltens. Dieses Repertoire wirkt wiederum zurück auch in andere Beziehungskonstellationen und in Situationen, die irgendwann folgen.

Was wir in starken Beziehungen aushandeln, etwa den angemessenen Umgang mit den Kindern auf dem Spielplatz, hat also auch etwas mit superschwachen Beziehungen zu tun. Allerdings ist die Aushandlungsfähigkeit bereits in schwachen Beziehungen sehr stark begrenzt, in superschwachen Beziehungen tendiert diese Möglichkeit gegen null. Man kann nicht alle Einzelheiten mit jedem, mit dem man in Kontakt steht, ausmachen. Mit je mehr Menschen man es zu tun bekommt, umso geringer ist die Chance, ein vom Allgemeinen stärker abweichendes Arrangement zu treffen. Man könnte es auch so formulieren: Mit größer werdendem Kollektiv steigt die Orientierung an Konventionen an.

Neben den beschriebenen starken Beziehungen in Partnerschaften, Kindschaftsverhältnissen und unter Freunden spricht man auch davon, dass Arbeitsgruppen in Organisationen über starke Beziehungen verfügen. Die soziale Gruppe, die durch Arbeit, gemeinsame Ziele und Interessen zusammengehalten wird, war sehr lange Zeit einer der zentralen Begriffe der Soziologie. Dieser Begriff steht ebenfalls für starke Beziehungen. Bei dem Beispiel von Gruppen sind zwar einige der definitorischen Punkte aus Granovetters Aufsatz relativ schwach ausgeprägt – meist verbringt man aber eine größere Menge Zeit miteinander. Das fördert auch die Vertrautheit und Reziprozität. Die Enge der Zusammenarbeit führt hier aber auch zu etwas, was in der Soziologie der Beziehungen bedeutend wurde: Das Wissen der Beteiligten nähert sich einander an. Das geschieht dadurch, dass man sich oft austauscht und über viele verschiedene Dinge redet. In der Kommunikation entsteht eine Angleichung der Informationen, die in der Gruppe kursieren. Man spricht hierbei von der Redundanz von Informationen (Burt 1992). Wenn eine Person etwas weiß, so ist es wahrscheinlich, dass eine andere Person in dieser Arbeitsgruppe ebenfalls schon einmal davon gehört hat.

Die Informationsangleichung in Gruppen – seien es Freundesgruppen, Partnerschaften oder Arbeitsgruppen in einem Unternehmen

– dürfte etwas Universelles sein. Es handelt sich aber nicht nur um Informationen, die ubiquitär in den Gruppen vorhanden sein sollten. Durch den Umgang der Menschen dort miteinander entstehen Mikrokulturen. Das bedeutet z. B., dass nicht nur das Wissen selbst, sondern auch seine Interpretation dieser gegenseitigen Anpassungsleistung unterliegt. Auch wenn sich die Kollegen öfters sehen und es dazu kommt, dass praktisch jeder über die gleichen Informationen in der Gruppe verfügt, so handelt es sich doch nicht durchgängig um starke Beziehungen im Sinne von Granovetter. Als ein Indiz für die Tatsache, dass die Beziehungen sich schnell verflüchtigen, kann gelten, dass nach einer Kündigung die ehemaligen Kollegen sehr schnell aus der Kontaktliste verschwinden (Neidhardt 1983).

Wenn wir noch einmal über Gruppen nachdenken, kommen wir zu dem Schluss, dass die Mitglieder über spezifisches Wissen und über eine intern ausgehandelte Kultur verfügen, die zu relativ homogenen Ansichten führt. Die Folge davon ist, dass das Gefälle zwischen den verschiedenen Gruppen besonders groß ist. An dieser Stelle nun kommen wiederum schwache Verbindungen ins Spiel, wie wir im nächsten Abschnitt sehen werden.

Schwache Beziehungen für den Informationsaustausch und die Reichweite

Wir finden zahlreiche unterschiedliche Arten von schwachen Beziehungen. So unterhält man sich etwa mit dem Büronachbarn von Zeit zu Zeit einmal. Eigentlich sieht man ihn nur selten – verfügt aber über einen gemeinsamen Kontext. Dieser Kontext liefert zuverlässig einen Ansatzpunkt für ein kurzes Gespräch. Eine andere Art von Beziehung unterhält man zu den Eltern, die man aus der Zeit kennt, als die eigenen Kinder zusammen mit deren Nachwuchs in derselben Kindertagesstätte untergebracht waren. Solche Kontaktpersonen leben im selben Viertel, und man begegnet ihnen gelegentlich beim Einkaufen. Beim Gespräch geht es häufig dann ebenfalls um den gemeinsamen Anknüpfungspunkt, nämlich die Kinder und deren Entwicklung.

Das Gespräch mit dem Büronachbarn hingegen dreht sich um Fragen des Arbeitsplatzes und der Organisation von damit verbundenen Aufgaben. Möglicherweise kommen auch Befindlichkeiten zum Ausdruck – auch solche Themen wie der kommende oder gerade beendete Urlaub werden gerne behandelt. Nicht selten haben wir es aber auch mit dem Flurfunk genannten Austausch von organisationsinternen Neuigkeiten und von Klatsch zu tun. Dabei werden Informationen weitergegeben, die dann wiederum über solche schwachen Beziehungskanäle in die engeren Beziehungen fließen. Dort sind sie neu – sie gelten dann als eine Möglichkeit, Innovationen in der Organisation anzustoßen (hiermit beschäftigen wir uns aber noch später etwas genauer).

Die Tatsache, dass schwache Beziehungen eine Funktion bei der Verbreitung von Informationen einnehmen, beruht auf ihrer Eigenschaft, den Bereich der starken Beziehungen zu verlassen. Während die Personen, die über starke Verbindungen zusammengehalten werden, sich in vielerlei Hinsicht ähneln, stehen schwache Beziehungen dafür, dass auch einander unähnlichere Menschen Beziehungen zueinander unterhalten. Schwache Beziehungen verbinden also durchaus auch Personen mit weiter auseinanderliegenden Interessen und Eigenschaften.

Ich finde es allerdings zu kurz gegriffen, wenn schwache Beziehungen nur mit der Frage der Weitergabe von Informationen und ihres Herausragens aus engen Beziehungen zusammengebracht werden. Sie sind doch auch noch etwas bedeutend anderes: eine Instanz sozialer Integration. Wenn man beispielsweise an einer Tagung teilnimmt, so sind es zum großen Teil solche Kontakte, die einem das Gefühl geben, in eine Community eingebunden zu sein. Man kennt sich vom Sehen her; es reicht für einen Small Talk in der Kaffeepause, in der sich der Austausch mit dem Erlebten seit der letzten Begegnung beschäftigt. Wirklich Privates hingegen wird nicht oder allenfalls ansatzweise ausgetauscht.

Wenn ich im Dorf und der angrenzenden Kleinstadt mit meinen Eltern unterwegs war, kamen wir meist nicht weit, überall blieb mein Vater stehen und musste sich unterhalten. Gefühlt kannte er mindestens jeden Zweiten. Mit einigen hatte er eine gemeinsame Geschichte, wenn die Person eine Zeit lang im selben Betrieb gearbeitet hatte; andere kannte er aus anderen gemeinsamen Kontexten, etwa dem Fußballverein. Wenn wir in einen Laden gingen, duzte er sogleich die Verkäufer, etwas, was wir aus der großen Stadt so nicht gewohnt waren (abgesehen von Läden, zu deren Unternehmenspolitik die Duzform gehört; hierzu gehören beispielsweise IKEA und Apple). Bei solchen gemeinsamen Kleinstadtbegegnungen fühlte ich mich manchmal auch unwohl. Das Ganze verriet mir aber, dass mein Vater dort sehr gut integriert war – was kann man mehr wollen? Bei seinen Bekannten, denen wir über den Weg liefen, handelte es sich nicht um die besten Freunde. Jedoch wurde mit jedem Schwätzchen ausgedrückt, er gehört hierhin und ist ein geschätztes Mitglied der Gemeinde.

Allerdings kommt es bei Begegnungen eines sich zufällig in einem kleinen Dorf aufhaltenden Fremden durchaus auch zu superschwachen Beziehungen. Diese beruhen auf der Konvention: „Alle grüßen sich". Das ist anders als im Stadtleben, und auf dem Land ist es nicht selten, dass dem Gruß noch eine Bemerkung über das Wetter angehängt wird – ein nichtverpflichtendes Angebot zu einem daran anschließenden Small Talk.

Lernen durch Anwesenheit: Superschwache Beziehungen

Superschwache Beziehungen hingegen sind ein deutliches Stück weiter entfernt. Sie werden in der Netzwerkforschung bislang nicht beachtet, dort werden meist starke Beziehungen erhoben; schwache lassen sich nicht so gut erfassen, denn an viele der Bekannten kann man sich in der Erhebungssituation sowieso nicht erinnern. Insofern lassen sich schwache Beziehungen allenfalls in Teilen aufzeichnen – ohne eine konkrete Erinnerungshilfe beispielsweise auf einem Netzwerkerhebungsbogen geht da nicht viel. Im Verhältnis dazu ist es um die Möglichkeiten, konkrete superschwache Beziehungen zu erfassen, noch viel dürftiger bestellt. Wie könnten wir Personen in einer Befragung angeben, die wir als solche gar nicht kennen? Schwer würde es, uns in Erinnerung zu rufen, wem wir wann begegnet sind und was dort passierte. Vielleicht wird uns auch unsere Verhaltensänderung gar nicht so sehr im Gedächtnis geblieben sein. Alignment, die gegenseitige Sprach- und Verhaltensanpassung, beispielsweise – davon war bereits die Rede – geschieht teilweise, ohne dass die Beteiligten intendiert etwas dazu beitragen würden. Das kostet keinerlei Anstrengung; zu sehr haben wir solches Aufeinandereinstellen eingeübt, als dass uns die Besonderheit noch im aktiven Gedächtnis bleiben würde. Das liegt wahrscheinlich auch daran, dass ähnliche Situationen schon oft erlebt wurden.

Superschwache Beziehungen, so könnte man es sagen, verbinden Menschen, die kaum etwas miteinander zu tun haben. Sie erhöhen die Reichweite von Kultur in einem ganz enormen Maße. Besitzen schon schwache Beziehungen einen deutlich erweiterten Wirkungskreis als starke Verbindungen, so reicht das, was superschwache Beziehungen an kultureller Verknüpfung ermöglichen, nochmals viel weiter. Sie sorgen dafür, dass überhaupt so etwas wie ein Common Sense entstehen kann. Unter dem Begriff Common Sense verstehe ich jene Teile von Kultur, die unhinterfragt unser tägliches Verhalten ausmachen und unser Denken bestimmen. Diese sind nicht leicht zugänglich – wir können diese Teile nur schwer erkennen oder infrage stellen. Superschwache Beziehungen sind also so etwas wie das Scharnier zwischen kleineren soziologisch anzugebenden Gruppierungen[14] und der gesamten Gesellschaft. In dieser Hinsicht können wir diesen Beziehungstyp also auch als Vermittlungsinstanz zwischen Mikro und Makro ansehen. Zumindest im Bereich der individualistischen Soziologie werden Handlungen von einzelnen Personen (Coleman 1991: 6) oft einfach kumuliert. Es entsteht dann erst durch das Zusammenspiel von Individuen etwas Neues. Eine Modellierung, bei der superschwache Beziehungen eine Rolle spielen, kann auch diesen Bereich dem relationalen Denken zugänglich machen. Übertragungen sind eben meist nicht von individuellen Entscheidungen abhängig.

Ganz grob könnte man das so sehen, dass das traditionelle Gebiet der Netzwerkforschung den Mikro- und Mesobereich der Gesellschaft abdeckt. Der neue Bereich der Analyse superschwacher Beziehungen besitzt hingegen auch eine makrosoziologische Bedeutung. Das gilt auch, obwohl zahlreiche Phänomene der Übertragung sich an bestimmten Orten und in spezifischen Situationen ereignen und damit eher zur Verbreitung von Spezialkulturen beitragen. Solche Übertragungen sind Teil der Diffusion von Verhalten. Wenn ein Verhalten erst einmal diffundiert ist, dann wird dieses öfters wiederholt. Das Werkzeug wird so übertragbar. Erst wenn per Übertragung die Verbreitung gelingt und es dadurch zu gegenseitigen Verhaltensanpassungen kommt, sprechen wir von der Kultur einer Gesellschaft. Ich möchte Kultur allerdings nicht nur auf Verhalten reduzieren. Wenn wir Traditionen, Rituale, Normen, Werte, gemeinsame Symbole – also auch Bedeutungen (Swidler 1986) – hinzunehmen, kommen wir dem gesamten Phänomen etwas näher.

Davon unbenommen bleibt, dass sich Kultur in jeder sozialen Situation weiterzuentwickeln vermag. In einigen Fällen, insbesondere dort, wo Rituale eine Rolle spielen, steht allerdings eine zu starke (bzw. zu eindeutige) Aufladung mit Bedeutung der Verbreitung im Wege. Abschauen und Bedeutungserklärung stehen dabei in einer gewissen Spannung zueinander. Warum die Krawatte bei einer Beerdigung schwarz sein muss[15] und ein roter Schlips nicht ausreicht, warum überhaupt schwarze Kleidung getragen wird, das erklärt sich hauptsächlich aus dem gegenseitigen Kopieren. Man trägt eben Schwarz, wobei die Farbe die Trauer symbolisiert, das ist die Tradition – woher das kommt, das interessiert uns weniger.[16]

An welchem Ort man sich gerade aufhält, das ist das Ergebnis einer Entscheidung, die zuvor getroffen wurde. Befindet man sich aber erst dort in einer solchen Situation mit anderen, dann kann man davon sprechen, dass man mit den anderen in einen Erlebnisraum hineingeworfen wurde. Mit „hineingeworfen" ist die Strukturation gemeint: Es handelt sich nur selten um einen Zufall, wo man sich gerade aufhält und welche Personen ebenfalls dort zu finden sind. Erlebnisraum hingegen bedeutet, dass man sich mit den anderen zu diesem Zeitpunkt am selben Ort befindet. Dort teilt man mit den Anwesenden, was es zu dieser Zeit zu erleben gibt. Das können ungewöhnliche Ereignisse sein, die die Aufmerksamkeit aller auf sich lenken, oder es kann sein, dass nichts Besonderes passiert, dann mag der Eindruck des Moments nicht so eindringlich sein. Ungewöhnliche Ereignisse, die in einer bestimmten Situation erscheinen, können sich gar zum Problem auswachsen. So sehen es zumindest Mische und White (1998), denn das Ereignis passt womöglich nicht zur „Domain" – so deren Begriff dafür. Eine solche Domain kann man als eine Art Verhaltensanweisung für einen bestimmten Typ von Situation begreifen. Etwas Ähnliches beschreibt Goffman (1974) als Framing. Wenn nun ein besonderes Ereignis eintrifft – ein Protestsong eines Schülers auf der Abifeier, der nicht vorgesehen war –, so öffnet dies nach Mische und White ein Fenster für die Neuaushandlung der in dieser Domain zulässigen Verhaltensweisen. Für die, einem bestimmten Typ von Situation zugeordnete, Kultur tut sich an diesem Punkt die Chance für eine Änderung auf. Wie mit der Situation umgegangen wird, beeinflusst auch künftige Zusammenkünfte derselben Art. Das ist umso wahrscheinlicher, weil bei einer Veranstaltung wie der Abitursfestivität ziemlich viele Personen anwesend sind; diese bekommen alle mit, wie mit dieser Herausforderung umgegangen wird. Die Anwesenden werden in diesem Fall Zeugen einer Herausforderung für die übliche Kultur. Die Veranstalter sind zuerst betroffen, weil das Ungewöhnliche deren Planung verhagelt und zunächst eine Reaktion von diesen erwartet wird – ihnen kommt das aufgrund ihrer Position auch zu. Allerdings, auch das Publikum ist betroffen, es ist irritiert – vielleicht findet es die Darbietung (so wie das im Beispielfall war) gar nicht so schlecht, weil die Lehrer so karikiert wurden, wie sie auch von den, mit ihrem Nachwuchs mitleidenden, Eltern erlebt wurden. Die Planung hingegen ist dazu da, dass sich alles vorhersehbar innerhalb traditioneller Linien bewegt. Das Publikum nun kann mit Protest oder Beifallsbekundungen auf den Fortgang der Veranstaltung einwirken.

Auch wird das Erlebnis, welches das Publikum nun gemeinsam hatte, dort in Erinnerung bleiben. Mit der gemeinsamen Erfahrung und der kollektiven Reaktion bleibt eine Einschätzung darüber, wie in einer Folgesituation reagiert werden könnte, wie dann eine Störung wirkt. Vielleicht ergibt sich aber auch in nachfolgenden Veranstaltungen eine Integration dessen, was die Störung hervorgerufen hatte. Man muss sich nicht kennen, man benötigt keine „Beziehung" im landläufigen Sinn, es reichen die superschwachen Beziehungen zu den anderen. Dann entfaltet ein solches Ereignis eine Wirkung, die ganz ähnlich dessen ist, wie wir sie in engeren Netzwerken erwarten würden.

Im geschilderten Beispiel soll das Ganze, laut den Schilderungen der Lehrerin, die im Rahmen eines meiner Seminare von einer Studentin interviewt wurde, so gewirkt haben, dass noch Jahre danach Vorkehrungen gegen eine Wiederholung getroffen wurden. Die veranstaltende Schule sorgte nach dem Vorfall dafür, dass sich nicht wieder ein Schüler mit Gitarre hinter dem Vorhang verstecken konnte. Jedenfalls sei der Beitrag des Schülers im Publikum sehr gut angekommen. Wenn das so ist, wäre es auch möglich gewesen, dass dieser Umstand zur Aufnahme neuer Elemente und zu Erweiterungen des Rahmens in Folgeevents geführt hätte. Hier jedoch ergab sich wohl ein Interessenskonflikt zwischen denjenigen, die in der Satire dargestellt wurden, und jenen, die sich darüber auf deren Kosten amüsieren konnten. Das Beispiel zeigt aber auch ganz gut, wie superschwache Beziehungen wirken – nämlich indem Erlebnismomente entstehen. Diese Erlebnisse erweitern die Handlungsspielräume der Personen, die anwesend sind und mit der speziellen Situation konfrontiert wurden.

Superschwache Beziehungen können auch einseitig sein. Wenn eine Person vielen bekannt ist, ohne diese selbst zu kennen, kann das auch zur Last werden. So erklärte mir einmal ein Professor, der in einer kleinen Universitätsstadt lehrte und dort dann auch eine Wohnung bezog, dass man hier abends zu oft seinen Studierenden begegne. Das sei der Privatheit nicht förderlich, wenn am nächsten Tag vor dem Seminar über die Kneipenbegegnung gesprochen würde. So weit könnte man auch noch von einer schwachen Beziehung sprechen – allerdings spielen die Storys auch eine Rolle in Gesprächen zwischen Personen, die gar nicht mehr zu den Studierenden dieses Professors gehören. Aus diesem Grund zog er später in eine Großstadt, die eine Zugstunde entfernt war. Eine befreundete Pfarrerin fährt zum Spazierengehen ein Stück mit dem Auto weg von ihrer Gemeinde, damit sie nicht der laufenden Beobachtung von Gemeindemitgliedern ausgesetzt ist. Für solche öffentlichen Personen gilt dann, dass sie von vielen gekannt werden, häufig ohne diese selbst zu kennen – ein Merkmal der öffentlichen Position ist also die Asymmetrie der Bekanntheit. Solche

Personen werden mehr als andere beäugt und auf ihr Verhalten und damit einhergehende mögliche moralische Vergehen hin untersucht. Da diese aber einer anderen Position als die anderen angehören – jedenfalls gegenüber den meisten Beobachtern, die in den Beispielen meist Studierende oder Gemeindemitglieder sind –, bedeutet das noch nicht unbedingt, dass sich sehr viele an diesen herausgehobenen Positionen orientieren. Zu diesem Punkt der Wirkung unterschiedlicher Positionen komme ich später noch einmal zurück.

Beziehungsstärken im Vergleich

Die folgende Abb. 2.1 vergleicht wesentliche Merkmale der unterschiedlichen Beziehungsstärkekategorien. Wie bereits dargestellt, sind die Beziehungstypen nicht eindeutige Typen, sondern nur analytische Kategorien. Was man unter einer starken Beziehung versteht, ist eben

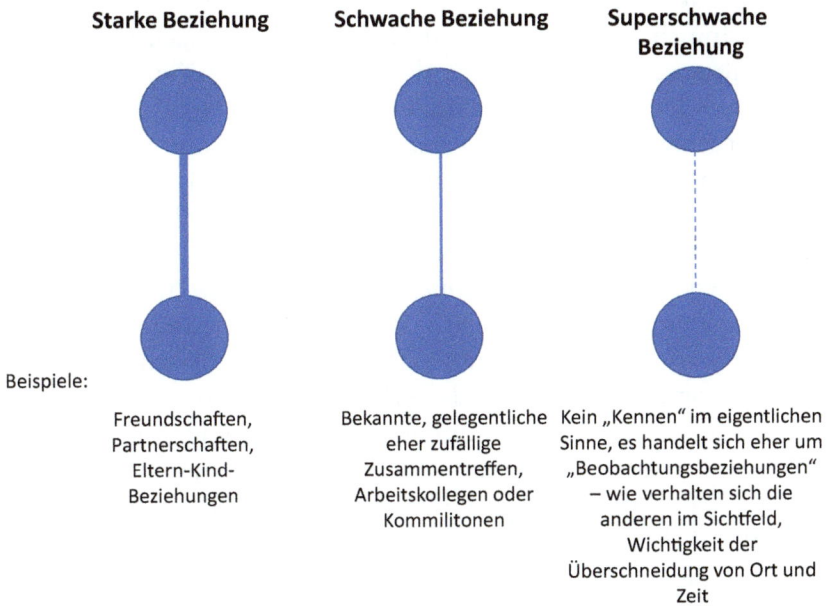

Abb. 2.1 Beziehungen nach deren Stärke geordnet

nicht eindimensional; darunter fallen zahlreiche, sehr unterschiedliche Arten, einander zu begegnen. Zudem müssen selbst starke Beziehungen nicht unbedingt symmetrisch sein. Die in der Abb. 2.1 genannten Beispiele wie Partnerschaften, Eltern-Kind-Beziehungen und enge Freundschaften sind prototypisch für starke Beziehungen. Die oft genannte Redundanz von Informationen ist hingegen nicht unbedingte Voraussetzung für starke Beziehungen – insbesondere, wenn es sich um kollegiale Verbindungen (Ties) handelt. Meist gehören regelmäßige Treffen zu starken Beziehungen, dies ist aber kein ausschließendes Merkmal. Das gilt auch für gegenseitige Unterstützung, die wir in starken Beziehungen regelmäßig vermuten würden; allerdings finden wir das auch in Beziehungen am Arbeitsplatz, die weit weniger stark sein können und eher von außen gestiftet wurden.

Emblematisch für schwache Beziehungen sind die Bekannten, die aus einem bestimmten Kontext stammen, die man selten sieht und oft nur zufällig trifft. Bei solchen Zusammentreffen werden anlässlich von Small Talk und Updates zu den eigenen Lebensumständen und gemeinsamen Bekannten auch manchmal weitergehende Informationen ausgetauscht. Solche schwachen Beziehungen, zu denen ich meist auch die Kollegen hinzuzählen würde, dienen auch der sozialen Integration. Sie besitzen damit eine wichtige Funktion für die Angehörigen eines Kollektivs.

Im Gegensatz dazu kennen wir die Personen, mit denen wir in einer superschwachen Beziehung stehen, nicht wirklich. Vielleicht wechseln wir mit der einen oder anderen Person einmal ein paar Worte – das ist aber keine Voraussetzung für diese Art von Beziehung. Solche Beziehungen werden über gemeinsame Erlebnisse in bestimmten Situationen gestiftet. Oft reicht das Beobachten (häufig, aber nicht immer gegenseitiges) dafür aus, dass eine superschwache Beziehung zustande kommt. Hierzu ist die gleichzeitige Anwesenheit zu einer bestimmten Zeit an einem bestimmten Ort notwendig. Möglich ist das auch über das Internet – wenn etwa Personen, die man auf Instagram gefunden hat, immer reich bebildert von ihren Erfolgen berichten, so wirkt auch dies für das eigene Tun orientierend.

In all diesen Fällen findet kulturelles Lernen statt, wodurch potenzielle Verhaltensübertragungen möglich werden. Nicht nur das: Es kann auch sein, dass in solchen Situationen etwas anderes übertragen wird, was aber von weiteren Umständen, etwa der Nähe zueinander, abhängt: Ansteckungen mit einem Krankheitskeim, wie dem bekannten Corona-Virus. Superschwache Beziehungen und die gemeinsame raumzeitliche Anwesenheit reichen oft schon aus, sofern dies in einem Raum passiert, der schlecht gelüftet ist, und körperliche Nähe unter bestimmten Umständen entsteht – im Seilbahnwaggon oder beim Feiern, Tanzen und Singen im Karneval.

Abgesehen von der gleichzeitigen Anwesenheit in einer Situation gibt es noch eine weitere Bedingung dafür, dass Verhaltensaneignung und kulturelles Lernen stattfinden. Entweder muss eine gewisse Ähnlichkeit vorhanden sein – man findet die Leute, die man dort beobachtet, selbst gut. Sie verfügen über bestimmte ähnliche Merkmale wie man selbst, beispielsweise handelt es sich ebenfalls um Demonstrierende gegen die Nutzung von Atomkraft oder sie sind ebenso Fans desselben Musikstils, den man auch gut findet. Sympathie generiert über Homophilie, also über gemeinsame Eigenschaften kann eine Voraussetzung sein. Die Übertragung wird nicht gut gelingen, wenn man beispielsweise mit den Personen vor Ort nicht einverstanden ist. Wenn Leute gegen Impfungen auf die Straße gehen und diese antidemokratische Personen in ihren Reihen haben, wird man als jemand, der sich nach der Impfung sehnte, um das Erkrankungsrisiko für sich selbst, aber auch für andere zu begrenzen, diesen Personen gegenüber kaum Zuneigung empfinden können. Entsprechend wird auch kaum etwas von deren Verhalten überspringen. Anders zwischen den Demonstrierenden selbst, die sich untereinander sehr wohl in ihrem Verhalten aneinander orientieren.

Außer von der gegenseitigen Anziehung zwischen Menschen aufgrund von Ähnlichkeiten (Homophilie: McPherson et al. 2001), spricht man in der Netzwerkforschung noch von einem anderen Mechanismus, der gegenseitig orientierte Beziehungen herstellt: Gleichheit der Position (Burt 1987). Das ist eine zweite Dimension, die sich am gerade genannten Beispiel der Corona-Demonstration aufzeigen lässt. Die Zuschauenden befinden sich in einer anderen Position als die Teilnehmenden. Die Teilnehmenden haben ähnliche Beziehungen zu den anderen Mitdemonstranten. Die Beteiligten an der Demo verfügen alle über einen gleichartigen Bezug zu den Zuschauern. Umgekehrt gilt das für die Zuschauenden auch – sie sind Passanten oder werden durch den Lärm gestört. Sie stehen gemeinsam im Stau wegen der notwendigen Sperrungen. Gleichwohl ist es möglich, den Status zu ändern. Wenn jemand die Demonstration sieht und die Ziele der Demonstrierenden teilt, reiht er sich vielleicht ein und wechselt die Position vom Passanten zum Demonstranten. Im Beispielfall kann es aber auch zu Übersprüngen kommen, etwa wenn ein Passant mitskandiert und so seine Unterstützung äußert. Dann kann diese Person etwas vom Gesehenen für sich mitnehmen. Das Beobachtete reichert dann ihr Repertoire an. Bestimmte Teile diese Repertoires lassen sich später in ähnlichen Situationen anwenden. Im Prinzip kann das auch für diejenigen gelten, welche die Ziele der Demonstration ablehnen; sie lernen durch das Zuschauen etwas über einige Möglichkeiten der Äußerung während eines Protests. Diese Möglichkeiten (Formen des Protests) werden potenziell dann in einer eigenen Protestsituation mit anderer Thematik aktualisiert und vom ehemaligen Zuschauer dann aktiv zum Einsatz gebracht.

Als Passant einer Anticoronamaßnahmendemonstration habe ich mich beispielsweise darüber geärgert, dass dort „Get up – Stand up" von Bob Marley gespielt wurde. Ein Song, den ich aus der eigenen Protestzeit noch gut kannte – für mich stellt das einen Missbrauch meiner eigenen Demonstrationsgeschichte dar, wobei der Song nun in einem, aus meiner Perspektive, kaum vertretbaren Kontext wieder auftaucht. Die soziologische Erklärung allerdings ist mit dem hier geschilderten durchaus kompatibel: Einige der Demonstranten kannten diesen Titel ebenfalls bereits aus zurückliegenden Protestbeteiligungen und übertrugen diesen nun auf ihre Situation. Es zeigt aber auch, dass solche Elemente einer Kultur viel weniger an Inhalte, als an vergleichbare Situationen mit ähnlichen Formen gebunden sein können. Die Formen des Verhaltens und die zugehörigen Rituale scheinen eine gewisse Ähnlichkeit aufzuweisen, auch wenn die Gründe für den Protest sehr weit auseinanderliegen mögen.

Eindeutiger werden die positionalen Unterschiede in einem der beiden später im Buch ausführlicher behandelten Beispiele – dem des schiefen Turms. Die Einheimischen an zahlreichen touristischen Hotspots empfinden das Verhalten der Besucher in manchen Situationen als ziemlich skurril. Sie würden niemals auf die Idee kommen, sich den Touristen anzupassen. Mehr will ich an dieser Stelle nicht verraten – schauen Sie sich bitte die beiden genauer geschilderten Fälle an.

Das Zusammenspiel verschiedener Beziehungsstärken

Über schwache Beziehungen, so eine wohlbekannte Meinung in der Forschung zu Netzwerken, werden die Informationen verbreitet, die dann in starken Beziehungen zur Wirkung gebracht werden (Granovetter 1973; Burt 1992). Hier findet also ein Zusammenspiel statt. Nur durch die Kombination von Beziehungen der beiden Stärketypen, so die Theorie, können beispielsweise sog. Brokerbeziehungen wirksam werden. Brokerbeziehungen makeln mit Wissen zwischen Gruppen; sie stehen quasi zwischen diesen Gruppen. Wenn es nur starke Beziehungen gibt, die ohne ein gewisses Maß an schwachen Beziehungen bestehen, dann bedeutet dies, dass sich Stillstand einstellt – es fehlen die Impulse, die eben meist von außen kommen. Alle, die untereinander in einer starken Beziehung stehen, gleichen sich einander an. Dieser Prozess betrifft nicht nur das Wissen, es gilt auch für das Verhalten[17] oder mögliche Problemlösungen. Viele Leistungen, die die Menschen einander gegenseitig erbringen, sind an Beziehungen geknüpft. Dazu gehören Leistungen, die man sich nicht kaufen kann – oder deren Kauf als moralisch nicht zulässig gilt: „Gekaufte Liebe" ist eigentlich definitionsgemäß keine Liebe im eigentlichen Sinn, sondern „nur profaner Sex". Anstatt Freunde für einen Umzug anzuheuern, kann man natürlich auch Helfende beim studentischen Schnelldienst anfordern oder ein Umzugsunternehmen mit dem Schleppen und Fahren der Kartons beauftragen. Gleichwohl wird jedem klar sein, dass Freundschaft nicht auf diese Formen der Dienstleistung reduzierbar ist.

Schwache Beziehungen sind kaum in der Lage, solche Unterstützungen zu leisten. Etwas anders formuliert kann man sagen, dass schwachen Beziehungen weniger vielfältige Aufgaben zufallen. Etwas, was beispielsweise nicht dazu gehört, ist der Umzug – hier sind die

Beziehungen zu schwach, es fehlt sprichwörtlich die Power. Diese reicht für das Schleppen der schweren Umzugskartons eben nicht aus. Informationsübertragung ist aber nur eine der Aufgaben, die andere ist, dass über solche schwachen Beziehungen auch Geschichten entstehen. Diese bereichern dann die starken Beziehungen mit Storys – Erlebnissen, die wir über Klatsch oder Zweitehanderzählungen erfahren und die wir weitergeben können. Um ein weniger ernsthaftes Beispiel zu nennen – das Hören und Weitererzählen von Witzen funktioniert auf die gleiche Weise: Man schnappt einen Witz auf – vorzugsweise bei solchen Personen, mit denen man nicht so eng vertraut ist. Der Witz wandert dann in die starke Beziehung. Dort lernen alle ihn kennen, und dann diffundiert er wieder weiter über schwache Beziehungen einer anderen Person im engen Kreis.

Wir haben in einem Projekt zu den Auswirkungen der Corona-Pandemie erfahren[18], dass starke Beziehungen ohne deren schwaches Pendant problematisch sein können. Es fehlt nämlich an Input, wenn man nicht mit Leuten außerhalb der engen Beziehung zusammentrifft. Das war lange Zeit während der verschiedenen Lockdowns der Fall. Wenn die Uni geschlossen ist, kann man dort niemanden treffen; Ähnliches gilt auch für die Sportvereine und Fitnessstudios oder die anderen Orte, an denen eine große Chance besteht, auf Bekannte zu treffen. Ohne die anderen, mit denen man selbst nicht so eng ist, fehlt der Inhalt für Gespräche mit denjenigen, mit denen wir enger verbunden sind. Es sind aber nicht nur die fehlenden Themen – wenn wir wenig Neues erfahren, dann leiden auch die „Aushandlungen" im Nahbereich darunter. Das meint, dass man sich über die anderen unterhält: sich also über diese lustig macht, sich ohne deren Anwesenheit über die Ideen auseinandersetzt und zusammen alternative eigene Gedanken zu diesen Themen entwickelt. Man kann auch sagen, dass die engen Beziehungen in der Auseinandersetzung mit den anderen, nicht so engen, ihr eigenes Profil und ihre eigene Stärke erst entwickeln.

Superschwache Beziehungen hingegen können genauso für Aushandlungen innerhalb von stärkeren Beziehungen herhalten. Sie sind sogar auf eine bestimmte Weise dafür besser geeignet als die anderen Beziehungsformen. Weil wir die Leute, denen wir so begegnen, gar nicht kennen, können wir uns ziemlich frei über deren merkwürdiges

Verhalten oder deren Unbeholfenheit mokieren. Vielleicht haben wir auch ein pfiffiges Verhalten beobachtet, deren Übernahme wir nun im engen Kreis erst einmal besprechen und die Reaktion der anderen darauf testen können. Insofern finden sich auch hier Kombinationen, bei denen unterschiedliche Stärken von Beziehungen aufeinander angewiesen sind. Im Umgang mit solchen Beobachtungen im Kontext superschwacher Beziehungen und hinsichtlich deren möglicher Adaption sind wir sogar ein wenig freier, als wenn wir uns von Bekannten oder gar Freunden inspirieren lassen. In deren Augen imitieren wir nicht nur etwas, wir innovieren sogar – und setzen Verhaltens- oder Ansichtsmaßstäbe für die näheren Bekannten.

Das Geschilderte hört sich an dieser Stelle vielleicht etwas abstrakt an, im nächsten Kapitel illustriere ich das Gesagte stärker mit einfach nachvollziehbaren Beispielen. Wir schauen dann genauer auf die superschwachen Beziehungen selbst und analysieren dann auch die Zusammenhänge mit anderen Beziehungsstärken.

Anmerkung
1. Neben der Erfassung von sog. Gesamtnetzwerken (das ist das, was ich im vorhergehenden Absatz beschrieben habe), betrachtet die Netzwerkforschung außerdem noch egozentrierte Netzwerke, auf die gehe ich aber hier weniger ein.
2. Einen Überblick über neuere Entwicklungen bei einem Großteil der Forschung auf diesem Gebiet, insbesondere in Kombination der Analyse von bimodalen Netzwerken und ihrer Bedeutung für die Herausbildung von Kultur und umgekehrt, bietet der Aufsatz von Mützel und Breiger (2021): Duality beyond Persons and Groups.
3. Die vielen Algorithmen, die Netzwerkforscher zur Zuordnung der Damen zu den Gruppen entwickelt haben, zeigten allerdings ein etwas unklares Ergebnis für zwei der Frauen, die an Events beider „Gruppen" teilgenommen hatten. Wie diese beiden zuzuordnen seien, darüber streiten sich die Forscher. Eine Sammlung von einigen der zahlreichen Reanalysen als Metaanalyse aufbereitet, findet sich bei Freeman (2003).
4. Das Buch zur Untersuchung der sozialen Struktur von Wikipedia finden Sie hier: Stegbauer (2009).

5. Eine ähnliche Szenerie wird auch von der Massenpsychologie beschrieben (Le Bon 2021, zuerst 1911: 37). Die klassische Referenz von Le Bon geht allerdings davon aus, dass sich die Masse lenken ließe und auf einen niedrigeren kulturellen Stand zurückfalle. Das, was sich hier in der Masse abspielt, kann man aber als eine an diese und ähnliche Situationen gebundene Kultur bezeichnen, die aus superschwachen Beziehungen mit gegenseitiger Orientierung gebildet wird. Was Le Bon kritisiert, ist eigentlich etwas, was aus verschiedenen Ritualen besteht, die in einer Kette von Events weitergegeben werden.
6. https://www.facebook.com/help/211926158839933 (26.05.2022).
7. Hier findet sich eine Analogie zur Marktsoziologie von Harrison White (2002). Er argumentiert, dass die Produzenten (bei ihm handelt es sich aber eher um Industriegüter) gar nicht in der Lage sind, ihre Kunden zu beobachten. Aus diesem Grund sind sie darauf angewiesen, die Mitbewerber im Auge zu behalten und sich an diesen zu orientieren.
8. Dunbar leitet diese Zahl aus dem Vergleich von Hirngrößen mit Affen ab. Ein Vorgehen, welches für soziologisch gebildete nicht ganz einfach zu akzeptieren ist. Ich denke aber, dass wir uns darauf einigen können, dass die Zahl der Menschen, mit denen wir es zu tun haben können, kognitiv begrenzt ist. Wo die genaue Größenschwelle liegt, das spielt hier zunächst keine so große Rolle.
9. Selbst wenn sich die vier Bestandteile bei Granovetter auf eine einfache Weise messen ließen, ergäbe sich dennoch das für Regressionsanalysen große Problem, dass die einzelnen Komponenten untereinander hoch korreliert sind. Um ein gutes Modell zu bauen, müssen die Variablen untereinander möglichst unabhängig sein, dann könnte man den Anteil der einzelnen Komponenten an der Beziehungsstärke messen.
10. Manchmal wird darüber berichtet, dass sich die Menschen tatsächlich nicht denjenigen anvertrauen, mit denen sie in der engsten Beziehung stehen (Small 2017). Dies sei dann weniger der Fall, wenn die Personen beispielsweise in einem Konkurrenzverhältnis zueinanderstehen. Wenn auf weniger enge Beziehungen aus-

gewichen wird, so handelt es sich aber dennoch eher nicht um superschwache Beziehungen.
11. Lewin beschreibt in einem Aufsatz in seinem Buch sozialpsychologische Unterschiede zwischen den Vereinigten Staaten und Deutschland. Der Aufsatz ist zuerst 1936 erschienen.
12. Tatsächlich gibt es Forschung dazu, inwiefern solche ganz schwachen Beziehungen dazu helfen, dass wir uns zugehörig fühlen. Ferner hebt das die Stimmung der Menschen (Sandstrom und Dunn 2014a, b).
13. Spätestens seit Elizabeth Botts (1957) ethnologischer Arbeit über Londoner Familien wissen wir, dass an der internen Aushandlung in vielfacher Weise auch die Freunde und die Verwandten beteiligt sind. Das unabhängige Paar, welches alles Interne unter sich ausmacht, gibt es also genauso wenig, wie das unabhängige Individuum.
14. Wir reden hier z. B. von sozialen Gruppen, aber auch davon, was es sonst so gibt an Bereichen, die über ein äußeres System verfügen, wie beispielsweise Homans (1951) es beschreiben würde. Auch losere Verbindungen von Personen, die zusammen abhängen – beispielsweise Leute, die sich zum Surfen am Strand treffen –würde ich dazu zählen (Freeman und Webster 1994).
15. Wenn man die Frage recherchiert, kommen eine Reihe von Gründen zusammen, die nicht unbedingt alle kompatibel sind. Einige behaupten, dass es sich um ein christliches Symbol handele, andere begründen das Verhalten mit den Kosten für das Färben der Kleidung oder dass Königin Victoria schwarz als Trauerfarbe eingeführt habe. Man sieht – die Bedeutung ist eher uneindeutig, zumal andere Kulturen auch andere Trauerfarben zulassen. https://www.faz.net/podcasts/wie-erklaere-ich-s-meinem-kind/kindern-erklaert-schwarz-als-trauerfarbe-und-farbsymbolik-17024297.html (13.07.22); https://www.stylebook.de/fashion/beerdigungen-schwarz-dresscode (13.07.22).
16. Ähnliches berichtet Schweizer (1996) über Festivitäten bei Reisbauern auf Java.
17. In der Forschung ist das für verschiedene durchaus auch gesundheitsgefährdende Verhaltensweisen belegt, etwa das Rauchen, Über-

gewicht, angeblich gilt das sogar für Glück (Fowler und Christakis 2007, 2008, 2010).
18. Das Projekt trägt den Titel: „Auswirkungen der coronabedingten Digitalisierung auf die kognitive Sozialstruktur organisationaler Lern- und Arbeitswelten" wird zusammen geleitet von Christian Stegbauer und Stefan Klingelhöfer und wird vom Goethe-Corona Fonds der Frankfurter Universität finanziert.

3

Komponenten der Wirkung superschwacher Beziehungen

In diesem Kapitel behandele ich unterschiedliche Komponenten der Wirkung von Beziehungen und richte den Blick dabei hauptsächlich auf die superschwachen Beziehungen. Wie bereits gesagt, werden superschwache Beziehungen klassischerweise in der Netzwerkforschung noch nicht einmal als solche anerkannt.

Man kann sagen, damit Beziehungen ihre Wirkung entfalten können, müssen verschiedene Komponenten zusammenkommen. Diese Teile steuern das, was passiert und zwischen wem es geschieht. Die Komponenten sind ebenfalls alle untereinander verbunden. Dennoch versuche ich im Folgenden, diese zumindest in einem analytischen Sinne voneinander abzutrennen. Wir haben es also zunächst einmal mit der Situation zu tun. Die Situation ist der Moment, in dem die Menschen zusammenkommen und die Wirkung der anderen Anwesenden sich entfaltet. Das gilt für alle Beziehungsstärken, auch für die, die so schwach ist, dass wir diese im Alltagsleben gar nicht als Beziehung kennzeichnen würden.

Wer wann mit wem zufällig zusammenkommt, das ist aber eben kaum wirklich Zufall. Vielmehr ist unser Alltag, mit der Arbeit, die wir zu erledigen haben, der Freizeit mit ihren speziellen Beschäftigungen, den Wegen, denen wir folgen, und auch den Veranstaltungen, die wir besuchen, keine reine Fügung des Schicksals. Vielmehr sind diese Aktivitäten abhängig von einer Reihe von Prädispositionen, beispielsweise von unserem Wohnort, unserem Alter und unserem Bildungsstand und von unserer Arbeit. Die relevanten Punkte ließen sich noch stark erweitern, so etwa um das Geschlecht und die Herkunft, die Eingebundenheit in andere (stärkere) Beziehungen usw.

Hinzu kommt, dass Situationen immer auch schon vorab in einer bestimmten Weise kulturell kodiert sind. Was unser Verhaltensspektrum ausmacht, die Art und Weise, wie und mit wem wir die Möglichkeit haben, zu kommunizieren, das ist abhängig von dem Typ der Situation, in der wir uns befinden. Wenn wir uns auf einem öffentlichen Platz bewegen, so sind die Usancen für unser Verhalten ganz andere als im Bus oder in einer Nachtbar. Je nachdem, welches Genre die Situation anspricht, mag sie uns vertrauter vorkommen (weil wir schon viele ähnliche Situationen durchlebt haben) oder die Umgebung mit den anderen Leuten kommt uns ziemlich fremd vor. Gerade in letzterem Fall sind superschwache Beziehungen sehr wichtig, denn durch eine Orientierung an den anderen entsteht ein wenig Halt für uns. Wir gewinnen an Sicherheit.

Wir haben nur geringe Möglichkeiten einer umfassenden Wahrnehmung, und unsere Aufmerksamkeit ist in der Situation derart beschränkt, dass wir bestimmte Dinge, die in Wirklichkeit da sind, nicht wahrnehmen. Das bedeutet zum Beispiel, dass wir als Menschen, die sich im Gespräch befinden, so gebunden sind, dass wir andere Dinge nicht mitbekommen. Kinder sind im Straßenverkehr gefährdet, weil sie zu sehr mit der Interaktion in der Gruppe zu tun haben und von daher von der notwendigen Vorsicht gegenüber anderen Verkehrsteilnehmern überfordert sind[1]. In diesem Sinne mag es sein, dass denjenigen, die nur beobachten, ohne in Beziehungen verwickelt zu sein, wie es auf die superschwachen Beziehungen zutrifft, das Verkehrsgeschehen gerade nicht entgeht.

Wir beginnen nun mit einer genaueren Betrachtung der ersten Komponente der Wirkung superschwacher Beziehungen, den Situationen.

Situationen: Wo wir aufeinandertreffen und was dort weitergegeben wird

Superschwache Beziehungen wirken in Situationen, in denen man mit anderen zusammenkommt. Bedeutend ist, dass man die anderen, also diejenigen, zu denen eine superschwache Beziehung entsteht, wahrnimmt. Meistens geschieht dies durch Beobachtung, es können aber auch andere Wahrnehmungskanäle beteiligt sein. Was aber ist eigentlich eine Situation? „Als Situation gilt jedes Zusammentreffen von Menschen." (Stegbauer 2016: 43).

Und was passiert in der Situation? In den Situationen treffen wir also auf andere Leute. Dieses Zusammentreffen ist nicht unbedingt abhängig von der Beziehungsstärke. Wenn wir von der Arbeit in unsere Familie zurückkehren, haben wir es mit einer Situation zu tun (und kommen in starke Beziehungen), das gilt aber auch dort, wo wir die anderen nicht kennen, die gleichzeitig anwesend sind (und hier sind es superschwache Beziehungen). Als ein prototypisches Bild davon habe ich, wie bereits erwähnt, an ein großes Musikfestival gedacht. Wir können dieses alleine besuchen – die meisten sind aber mit Freunden oder Partnern unterwegs. Das Festival ist nun der Ort, an dem wir lernen, wie man sich in einer solchen Situation verhält. Dort ist es, wo etwas passiert. Das gilt natürlich auch für starke und für schwache Beziehungen. Modelliert wird das in der Netzwerkforschung mittels bimodaler Netzwerke. Ein solches Netzwerk besteht aus einer Matrix, bei der man in den Zeilen Personen abträgt und in den Spalten die Events. Durch mehrmalige Teilnahme an ähnlichen Events lernt man mehr und mehr vom Verhalten, welches das Event erfordert. Man gewinnt bei wiederholter Teilnahme an Sicherheit. Diese wiederum wird an Novizen solcher Situationen weitergegeben. Das kann ein aktiver Prozess sein, etwa, wenn die Teilnahme am Festival vorbereitet wird. Die Erfahrenen geben dann Wissen weiter, etwa was zum Event mitzunehmen ist und was man vor Ort einkaufen kann. Ein Teil der Übermittlung von Wissen in der Situation des Festivals ist aber weniger in einen aktiven Prozess der Wissensvermittlung eingebunden, sondern an die Wahrnehmung dessen, was die anderen um einen herum so machen. An solchen Punkten wird beispielsweise deutlich, dass man nicht die richtige Kleidung gewählt hat oder dass die anderen über ein angemesseneres bzw. attraktiveres passendes Outfit für diese Situation verfügen.

Der situationale Prozess mit engeren Kontakten läuft folgendermaßen ab: Man trifft sich, ist mit den Menschen zusammen, tauscht sich aus. Man kommt nicht nur einmal zusammen, sondern häufiger. Wenn man häufiger miteinander Umgang hat, weiß man Dinge von den anderen. Welche Verschrobenheit jemand hat, wie der andere redet, was sind typische Themen für eine Unterhaltung und welche umschifft man lieber. Ich kenne und schätze eine Person, deren politische Präferenz nun mal gar nicht mit der meinigen übereinstimmt. Wenn das Gespräch auf diese Differenzen kommt, versuche ich immer, das Thema zu wechseln. In der Partnerschaft gibt es Tabuthemen, auch das sind solche Konfliktpunkte, von denen man weiß, dass sie besser nicht angesprochen werden.

Zwischen Personen, die sich nicht persönlich kennen, sind die weitergegebenen Informationen weniger persönlich. Wir wissen nicht genau, wie die anderen ticken. Wir kennen deren politische Einstellungen und persönliche Werte nicht, und dennoch werden zahlreiche Informationen in der Situation vermittelt. Dabei geht es nicht darum, welche Einstellungen jemand hat – wir wissen trotzdem bei einem Festival etwas darüber, wie sich die Masse der Teilnehmer verhält. Die Situation ist also nicht persönlich (abgesehen von den Freunden, mit denen man dort ist und die für die Reflexion des Erlebten von Bedeutung sind), sondern unpersönlich, und dennoch ist sie kulturell wirksam, ähnlich wie eine Mikrosituation, in der man sich nur mit einem engen Freund trifft. Ein weiterer Unterschied ist, dass in der Massensituation der Einzelne weniger Einfluss auf die dort geltenden kulturellen Standards hat, das ist im intimen Aufeinandertreffen zweier Personen anders.

Dennoch haben auch Einzelne einen Einfluss – dieser ist jedoch gestaffelt. So gibt es bei Zusammenkünften wie Musikfestivals Zeremonienmeister, die Verhalten explizit vorgeben. Aber es ragen auch einzelne Gestalten aus der Masse heraus, weil sie sich extrem ge- bzw.

3 Komponenten der Wirkung superschwacher Beziehungen

verkleidet haben. Solche Personen werden sichtbarer, und sie besitzen dadurch das Potenzial, stilbildend auf andere zu wirken.

Zusammengefasst lässt sich sagen, dass wir in Situationen auf Leute treffen. Auf diejenigen, mit denen wir starke und schwache Beziehungen unterhalten, treffen wir mehr als einmal. Diejenigen, mit denen wir nur in einer passageren superschwachen Beziehung stehen, treffen wir meist nur einmal – oder wenn es ein zweites Mal gibt, dann bleibt die Beziehung unpersönlich, man kennt sich nicht. Allerdings finden sich auch dort Übergänge, wenn wir immer wieder denselben Supermarkt betreten – irgendwann wird uns die Kassiererin bekannt vorkommen. Vielleicht redet man dann auch ein paar Worte oder ist besonders freundlich. Dann kann es sein, dass mit der Zeit aus der superschwachen Beziehung eine schwache Beziehung wird.

Aber Situationen sind noch durch anderes gekennzeichnet, so handelt es sich eben nicht um zufällige Zusammentreffen, auch wenn es uns so vorkommt: Wir haben nicht die Chance, irgendeine x-beliebige Person zu treffen. Treffen sind an Bedingungen geknüpft.

Superschwachen Beziehungen kommt eine besondere Funktion beim Sichern von Kultur zu: Das, was man vom Verhalten der anderen sieht und was davon bei der Orientierung hilft, wirkt sich auf das eigene Verhalten aus. Dieses ist wiederum Teil der Beobachtung durch die anderen. Die gegenseitige Angleichung wirkt also stabilisierend. Einige der hier verwendeten Beispiele stammen aus der Welt der Musik – und hier insbesondere der Festivals und der aktiven Beteiligung des Publikums. Die Besucher machen deutlich mehr mit, wenn es sich um Populärmusik handelt, bei Jazz-Konzerten sitzt die Mehrheit reglos da, selbst wenn die Musik eigentlich zum Mitmachen einlädt, und bei Klassikkonzerten findet sich noch weniger Beteiligung – insbesondere ist dort noch stärker reguliert, wann Beifall erwartet wird. Allerdings habe ich es auch einmal in der Oper erlebt, dass ein Zuschauer nach der Pause den Dirigenten lautstark dazu aufforderte, schneller zu werden. Bei „Carmen" handele es sich nicht um Schlafmusik. Bei Populärmusikfestivals würde jemand aus dem Publikum vor der Bühne gar nicht gegen die großen Boxen mit ihrer vielfach verstärkten Stimme durchdringen. Was ich sagen will, ist, dass durch die gegenseitige Beobachtung innerhalb der superschwachen Beziehungen auch solches

Verhalten entwickelt und weitergegeben wird. Wir lernen, dass es sich trotz im Prinzip gleichem Genre, nämlich dem des Open-Air-Festivals, um völlig unterschiedliche Kulturen handelt. Am Beispiel von Pop, Jazz und Klassik zeigt sich, dass sich die Zuschauer komplett unterschiedlich verhalten.

Oh, welch ein Zufall! Nein, Zufall ist es nicht, wen wir zufällig treffen – das Wirken der Strukturation

Dass es kein Zufall ist, dass wir die Kassiererin im Supermarkt wiedertreffen, scheint uns klar zu sein. Schließlich handelt es sich um den für uns nächsten Markt, der zudem noch in unserer Straße liegt. Wir wissen auch, dass diese Frau dort angestellt ist. Da die Filiale der Kette bis abends um 22:00 Uhr geöffnet ist, rechnen wir nicht damit, dass sie fortwährend an der Kasse sitzt. Es kann auch sein, dass sie gerade Waren nachbestellt oder Regale einräumt. Da sie aber zur Filiale gehört, ist es eben kein Zufall, sie dort zu treffen.

Was wir aber auch sehen, ist, dass es einiger Voraussetzungen bedarf, damit wir zusammentreffen: Wir müssen uns am selben Ort befinden. Möglichst so, dass wir uns sehen und eventuell auch hören können. Das bedeutet, dass wir uns zur selben Zeit dort einfinden müssen. Das gilt übrigens auch für das Internet, obwohl dieses in der Lage ist, Zeit und Raum zu überwinden. Auch dort finden sich Räume; auch wenn diese selbst nur virtuell sind, so finden sich dennoch Begrenzungen zwischen diesen Räumen (Stegbauer 2008). Darin kann man zusammenkommen und miteinander interagieren. Das geschieht auch, ohne sich gegenseitig zu kennen.

Was bedeutet aber der „Zufall"? Was Zufall im Alltagsdenken ist, wird in der Soziologie manchmal „Strukturation" genannt. So treffen wir nicht auf die gewohnte Kassiererin, wenn wir in einer anderen Filiale einkaufen – und sei es sogar eine derselben Supermarktkette. Das Treffen mit jener Mitarbeiterin ergibt sich also nur dadurch, dass wir immer in der Nähe unserer Wohnung einkaufen.

Das Gleiche gilt auch für die meisten Arbeitskollegen. Wenn wir nicht regelmäßig zur Arbeit gehen, dann sehen wir diese Personen auch nicht. Sie laufen uns über den Weg, weil ihr Büro auf demselben Flur liegt. Weil wir uns auf dem Weg zur Toilette begegnen oder weil in der Abteilung soziale Events organisiert werden.[2] Auf dem Weg zum Örtchen begegnen wir natürlich nur denjenigen, für die dieses auch am nächsten liegt. Mit diesen Kollegen reden wir am ehesten Mal ein paar Worte.[3] Möglicherweise geht es dann um Abteilungstratsch oder darum, wohin der nächste Urlaub führen soll. Solche Situationen haben zwar etwas mit dem Zufall des Moments zu tun, dass beiden zum gleichen Zeitpunkt die Blase drückt. Aber selbst hier spielen Gewohnheiten des Tagesablaufs eine Rolle – etwa wann man das Frühstück einnimmt, was und wie viel dazu getrunken wird. Zufällig begegnen wir dann manchen der Kollegen häufiger als anderen – nämlich solchen, deren tägliche Routinen eher mit den eigenen übereinstimmen. Solche regelmäßigen Treffpunkte sind Bedingungen dafür, dass sich schwache, aber auch möglicherweise daraus folgende starke Beziehungen entwickeln. Wenn man sich nicht regelmäßig trifft, ist es viel schwerer, eine Beziehung zu etablieren und diese aufrechtzuerhalten.

In jedem neuen Semester treffen sich die Studienanfänger, die „Erstis", zunächst einmal in der Orientierungswoche. Dort durchlaufen sie in einer kleinen Gruppe eine Reihe von Stationen und Vorstellungsrunden. Wer sich dort anfreundet, hat gute Chancen, hier Studienkollegen fürs gesamte Studium zu treffen. Im Prinzip sind zu diesem Zeitpunkt alle Anwesenden dafür offen, neue Beziehungen einzugehen; das ist der Moment des Kennenlernens all derjenigen, mit denen man die nächsten Jahre in der gleichen Position verbringt. Allerdings finden wir auch hier wesentliche Unterschiede, je nachdem, ob die Studis in einen Ort extra für das Studium ziehen, um dort zu lernen, oder ob sie an diesem Ort aufgewachsen sind. Die Chance, am Studienort neue Freunde zu finden, ist ungleich größer für die neu hinzugezogenen. Diese knüpfen allerdings die Kontakte weitestgehend zu solchen, die ebenfalls aus einer anderen Gegend als dem Studienort kommen. Die etablierten Bewohnerinnen der Unistadt haben meist schon genug Kontakte, die oft noch aus ihrer Schulzeit stammen. Diese

Studierenden sind dann etwas weniger zugänglich; es ist schwerer, diese näher kennenzulernen.

Beziehungen sind also nicht statisch – sie können sich verändern. Es sei denn, sie sind auf eine kurze Begegnung begrenzt und dann auch nur passager – die superschwache Beziehung. Aber auch diese unterliegt denselben Bedingungen wie die starken und „halbstarken" Relationen. Wir müssen uns mit den anderen am selben Ort zur selben Zeit befinden.

Zufällig ist auch das nicht, auch wenn wir nicht wissen können, auf wen genau wir treffen, so gibt es doch einige Einschränkungen dafür, wen wir überhaupt treffen könnten. Superschwache Begegnungen entstehen nur, wenn wir uns am selben Ort befinden, sagen wir mal im Urlaub. Wir fahren nach Frankreich, an die Loire, und zwar mit Auto und Zelt. Wen treffen wir zufällig nebenan? Leute, mit denen wir gemeinsame Bekannte teilen. Das ist ja ein Zufall, wie einer der beiden Protagonisten im Aufsatz von Stanley Milgram (1967) ausruft, wenn er – aus den USA stammend – in Tunis jemanden trifft, mit dem er einen gemeinsamen Bekannten hat. Nein, nein, so ein großer Zufall ist das auch wieder nicht, auch wenn es uns so vorkommt. Wenn wir unsere „Nachbarn" in Frankreich auf dem Campingplatz treffen, dann liegt das zum Teil daran, dass diese ebenfalls Kinder haben. Die Bundesländer passen ihre Ferienzeiten in ein bestimmtes Schema, was dazu führt, dass nicht alle Deutschen dieselbe Wahrscheinlichkeit haben, dort aufeinanderzutreffen. Die Bayern sind immer recht spät dran mit ihrer sommerlichen Auszeit – denen können wir schon mal gar nicht begegnen, denn dort geht die Reise erst los, wenn unsere Kinder, die oberhalb des Weißwurstäquators leben, bereits wieder die Schulbank drücken. Die Stadt an der Loire, von wo die kleine, selbst erlebte Anekdote stammt, ist aber auch ein relativ anspruchsvolles Reiseziel – eines, wohin eigentlich keine Pauschalreisen führen. Die Stadt ist eher unter Weinkennern ein Begriff – auch diese Eigenschaft schränkt die Zahl möglicher Besucher ein. Gelegentlich kommen zwar auch Reisegruppen in diese Stadt, aber dabei handelt es sich nicht um Massentourismus. Im Beispiel kommt aber noch etwas hinzu – der Ort an der Loire ist als Partnerstadt mit dem Ort verbunden, in dem meine Frau aufwuchs. Wir haben einmal auf dem Stadtfest einen Wein von

3 Komponenten der Wirkung superschwacher Beziehungen 63

dort probiert – und darüber wurde uns der Ort ein Begriff. Die Zeltnachbarn wohnten in einem Ortsteil dieser Stadt. Es gab also auch hier zusätzlich zu den genannten Auswahlmechanismen eine Vororientierung, die uns dort zusammenbrachte.

In Frankreich ist es immer noch ratsam, mindestens ein paar Worte Französisch zu sprechen und zu verstehen (mindestens für die Speisekarte ☺). Das bedeutet, dass die Chance groß ist, vor allem solchen Leuten zu begegnen, die auch Französisch in der Schule gelernt haben. Vielleicht ist dann die Verwechslung von Canard und Kaninchen wegen der Lautnähe gar nicht so problematisch – so ist es zumindest nichtfranzösischsprechenden Bekannten ergangen. Die Geschichte, dass versehentlich „Tripes"[4] bestellt wurde, habe ich mehrmals gehört, wobei mir der Begriff in meinem französischen Schulunterricht ebenfalls nicht untergekommen ist. Nun, man kann sich fragen, wer über einige Sprachkenntnisse des Französischen verfügt: Es dürfte sich vor allem um diejenigen handeln, die eine gymnasiale Ausbildung genossen haben. Also ist auch die Sprachkompetenz ein Faktor, der sich hinsichtlich der Strukturation auswirkt – diese wird zu einer Bedingung der Möglichkeit, überhaupt in der Beispielsituation aufeinandertreffen zu können.

Auf dem Campingplatz andere Leute kennenzulernen – auch das schließt zusätzlich eine Reihe von Menschen aus. Diejenigen, die sich selbst nicht als Campingtypen bezeichnen würden. Ältere, denen die Isomatte zu hart und die Sanitäranlagen auf dem Platz zu wenig Hygiene und mangelnden Komfort bieten. Mit einem Wohnwagen unterwegs sind wiederum andere Leute. Mit anderen Worten, wen man dort treffen kann, das hängt von verschiedenen Voraussetzungen ab. Diese Voraussetzungen strukturieren den Zufall – dieser gehört zwar auch noch dazu, aber von purem Zufall kann keine Rede sein.

Das meiste, was ich bis jetzt in diesem Unterkapitel beschrieben habe, betrifft eigentlich nicht die superschwachen Beziehungen. Dabei geht es eher um die anderen Beziehungskategorien. Etwas Ähnliches finden wir aber auch bei den schwächsten Kontakten überhaupt. Voraussetzung für ein Lernen an den Verhaltensweisen der anderen, für eine Übertragung, ist, dass wir uns am selben Ort mit diesen Personen befinden. Die superschwachen Beziehungen befinden sich überall da, wo ich auch bin: im Club, in der Bar, beim Festival, beim Samstagseinkauf. Die Bedingung der Möglichkeit für ein Zusammentreffen ist also gebunden an den Ort und die Zeit, die ich mit diesen Personen teile.

Wovon hängt ab, wo ich zu welcher Zeit bin und zu wem ich solche superschwachen Beziehungen überhaupt haben kann? Zum Beispiel hängt das an meiner beruflichen Lage. Für Handwerker beginnt die Arbeit sehr früh. Das bedeutet, dass diese morgens sehr zeitig aufstehen und sich auf den Weg zum Betrieb und dann zur Baustelle begeben müssen. Sehr zeitig heißt beispielsweise, dass diese um halb sieben oder sogar noch früher am Morgen schon in der Bahn sind. Dort begegnen sie anderen, ebenfalls noch sehr schläfrigen Menschen, die in einer mir ähnlichen Lage sind. Früh aufstehen bedeutet aber auch, es schwer zu haben, zur wichtigsten Zeit am späten Abend in dem gerade angesagten Club sein zu können – jedenfalls während der Woche. An Samstagen ist es dort so voll, dass es Probleme gibt, überhaupt am Türsteher vorbeizukommen. Eine Schwierigkeit, die viele Leute haben und die ihnen ein Teil der Welt abschneidet. Wenn man aber nicht in den Club kommt, ergibt sich auch nicht die Gelegenheit, dort die Partnerin des Lebens oder wenigstens für die eine Nacht zu treffen. Diese muss an anderer Stelle oder anderen Wochentagen und jedenfalls deutlich früher als nach Mitternacht gefunden werden. Wenn wir nun zu dieser Perspektive diejenige der potenziellen Partnerin hinzufügen, dann ist die Wahrscheinlichkeit, dass die potenziell zukünftig Angebetete wochentags bis in die Morgenstunden im Club abhängt, stark reduziert. Diejenigen, die dort bis nachts abtanzen, haben also ganz andere Partnerschaftsoptionen.

Es geht aber gar nicht darum, eine Partnerin oder einen Partner zu finden – die Frage, die sich stellt, ist, ob die Belegung von bestimmten Zeiten und Räumen auch dazu führt, dass nur bestimmte Menschen zusammentreffen. Die Auswahl derer, die gerade anwesend sind, ist also keineswegs zufällig. Die Feiernden aus der Nacht trifft man nicht, oder sie sind auf dem Nachhauseweg, wenn ich auf dem Weg zur Arbeit bin. Sie dürften dann kaum Augen für die Frühaufsteher haben. Gleichwohl prägt auch deren Verhalten dasjenige, welches in der Situation Bahn zu diesem Zeitpunkt möglich ist.

Es geht hier aber gar nicht so sehr darum, wen man „daten" kann. Was uns interessiert, ist, wen wir überhaupt antreffen können. Wenn wir also andere beobachten, dann fragen wir uns, was wir von den anderen lernen können. Hier spielt die Frage eine Rolle, ob sich diejenigen in dem Club anders verhalten als diejenigen, die aufgrund ihrer Umstände ausgeschlossen sind. Unterscheiden sich die Möglichkeiten, etwas über die Kultur, also über das Verhalten in solchen Situationen zu lernen? Wie verhält man sich angemessen? Welcher Drink ist in? Worüber sprechen die Leute dort? Über Filme, die ebenfalls erst spät abends im Fernsehen laufen? Das ist angesichts der Mediatheken nicht mehr zuerst ein Strukturationsproblem – vielmehr schlägt hier wieder das Kulturproblem zu, weil das Interesse an bestimmten Inhalten auch davon geprägt wird, was die anderen um einen herum interessant finden. Geht es bei den Gesprächen um die Serien auf Arte oder Netflix oder geht es um die sogenannten Trash-TV-Sendungen, die in den privaten Sendern laufen. Es spielt also mehr eine Rolle, als nur anwesend zu sein – diejenigen, die nicht da sind, lernen nichts über die Situation und über den Kontext. Sie sind ausgeschlossen von dieser Art des Situationalen, von der Möglichkeit, in diesen Kontexten die eigene kulturelle Toolbox anzureichern.

Was uns erlaubt ist und was nicht – die Eigenlogik der Situation

Welche Verhaltensweisen im Bereich des Möglichen liegen, das ergibt sich aus der, ich nenne es, „Eigenlogik der Situation". Mit anderen Worten könnte ich das auch die „Kultur" der Situation nennen. Wenn Situationen mit bestimmten Ritualen, mit speziellen Symboliken und speziellem Verhalten verbunden sind, so ist das mit dem schon genannten Begriff von Kultur durchaus kompatibel. Das bedeutet, man kann Situationen aufgrund ihrer Situiertheit unterscheiden: Jede Situation lässt nur eine beschränkte Anzahl an Verhaltensmöglichkeiten zu. Beispiele hierfür könnten der Besuch in einem Restaurant, einer Trauerfeier u. ä. sein.

Solche Eigenlogiken sind hinsichtlich der Wirkung auf das Verhalten der beteiligten Personen manchmal wichtiger als routinierte Verhaltensmuster in den Beziehungsnetzwerken. Sie sind bereits im Vorhinein kulturell kodiert. Die Menschen besitzen einen gewissen Grad an Wissen darüber, wie der Typ der neuartigen Situation gehandhabt wird. Was dann häufig vorkommt, ist, dass die Anwesenden unsicher darüber sind, wie man sich am besten verhält. Das liegt unter anderem auch daran, dass vielleicht vielen klar ist, wie man sich nicht verhalten sollte[5]. Was also innerhalb unsichtbarer Grenzen geschieht, ist weitgehend unbestimmt und damit eher Gegenstand von Unsicherheit. Wir wissen also weniger über das „positive" Verhaltensspektrum, als über die Übertretungen. Unangemessenes Verhalten wird uns schließlich immer wieder vor Augen gehalten. Dies geschieht dadurch, dass Gerede und Klatsch häufig genau jene Übertretungen thematisiert. Wenn sich jemand „falsch" verhält, dann passiert etwas in der Folge, denn der Fehler im Benehmen wird mitteilenswert. Solange sich alle im Rahmen bewegen, hat man nur wenig zu erzählen. Das bedeutet aber auch, dass Übertretungen in besonderem Maße Beachtung finden – mitzuschwimmen im für die Situation typischen Verhalten, bleibt häufiger unterhalb der Mitteilungsschwelle.

Man kann sich dessen gewiss sein, dass Übertretungen von den Anwesenden registriert werden – Mische und White (1998) sprechen (hiervon war bereits die Rede) von der Verletzung einer „Domain". Wenn das geschieht, dürften die Anwesenden in besonderem Maße aufmerksam sein, denn solche Verletzungen sind immer Gelegenheiten zur Neuaushandlung. Genau dann kommen superschwache Beziehungen ins Spiel. Wie verhalten sich die anderen? Kommt es zum Eklat? Wie gehen diese mit den Verhaltensabweichungen um?

Die rote Krawatte zur Beerdigung wird zwar als Übertretung aufgefasst, aber das traut sich dann niemand in dieser Situation der auf diese Weise falsch beschlipsten Person zu sagen. Es besteht Unsicherheit, ob der eine Grabrede haltende Freund des Verstorbenen von seiner lang dauernden Affäre sprechen soll, zumal die frisch verwitwete Ehefrau anwesend ist. Erst hinterher wird darüber getratscht. Ohne diesen Klatsch könnte es so aussehen, als seien rote Krawatten zu Traueranlässen keine Übertretung und im normalen Bereich des Möglichen.

3 Komponenten der Wirkung superschwacher Beziehungen

Im Falle von superschwachen Beziehungen haben wir sehr oft gar keine Möglichkeit, den Klatsch wahrzunehmen, und es bleibt uns alleine die Beobachtung, um einschätzen zu können, wie man sich in einer Situation verhält. Die Mehrzahl der schwarzen und grauen Krawatten gibt dem Beobachtenden einen Hinweis. Auch soll man über Verstorbene nur Gutes sagen – Normübertretungen, die der Tote während seines Lebens beging, dann am Grabe zu thematisieren, das kann beim Redner also durchaus Unsicherheit erzeugen.

Die Mehrzahl der Spanier mag das Kiffen auf bestimmten öffentlichen Plätzen gar nicht gutheißen, für die Besucher jedoch bleibt diese Verhaltenskritik ungehört. Wir wissen nicht, wie die Spanier dazu stehen, zumindest solange wir niemanden persönlich kennen, der uns darüber informieren könnte, oder wir dies aus den Medien erfahren würden. Eine weitere Hürde könnte die Sprachbarriere zwischen ihnen und uns sein. Was wir hingegen olfaktorisch wahrnehmen, ist, dass es offenbar zumindest in großen Städten „normal" zu sein scheint, wenn dort in der Öffentlichkeit Cannabis konsumiert wird. Wir hätten also nur begrenzte Hemmungen, es den anderen gleichzutun (wenn wir nicht bereits heraus aus dem Alter wären und sich so das Bedürfnis in Grenzen halten würde). Allerdings würden wir wahrscheinlich dann doch davon Abstand nehmen: etwa aus Sorge, dass wir zu wenig über das Recht im Land wissen – schließlich könnte der Kauf, der Besitz und/oder auch der Konsum trotz des anderen Augenscheins unter Strafe stehen. Unter anderen Umständen denken wir, dass die wahrgenommene Normalität des Beobachteten solche Bedenken, mit dem Gesetz in Konflikt zu geraten, etwas abmildert.

Superschwache Beziehungen – welche sich erst über die Beobachtung von anderen Personen am selben Ort herstellen – sind immer dann von besonderer Bedeutung, wenn Unsicherheit besteht. Dies ist häufig der Fall, wenn wir nur über wenig Wissen in den jeweiligen Situationen verfügen, etwa, wenn uns die Routine fehlt. Das kommt dann vor, wenn uns bestimmte Genres von Situationen nur selten begegnen oder wir diesen fremd sind. Dann ist die Orientierung an anderen und auch an solchen Personen, die man nicht oder allenfalls kaum kennt, besonders notwendig.

Wir haben bereits besprochen, dass Situationen übergreifend kulturell kodiert sind und hierzu auch spezifisches situationstypisches Wissen gehört. Solches Wissen bildet den Rahmen für Verhalten. Wenn man aber auf eine gewisse Typik von situationalem Verhalten eingespielt ist, dann können Störungen des Üblichen dazu führen, dass es zu einer Erneuerung und Erweiterung des situationalen Wissens kommt. Ann Mische und Harrison White (1998) behaupten, dass solche Innovationen immer dann eintreten, wenn das Gewohnte infrage gestellt wird, etwa durch „Switching zwischen Domains". Solche Domains sagen nicht nur etwas aus über die Verhaltensgrenzen, sie bestimmen auch die Positionen der Beteiligten und die zugehörige Sprache. Sie sind also so etwas wie Bereiche situational festgelegter Kulturen. Wenn nun die Grenzen verwischen, verändern sich auch die Bedingungen, unter denen man an diesem Ort zusammenkommt. Werden diese infrage gestellt, so ergibt sich auch eine Chance, die Kultur zu ändern.

Hierbei tritt freilich das Problem auf, welches immer dann entsteht, wenn lokale Kulturen sich verändern. Damit sind die Bedingungen der Situation eben auch nur lokal geändert – das betrifft also nicht den Common Sense des Umgangs mit ähnlichen Situationen über die eine Änderung hinaus. Zwar ist ein Anstoß gegeben, sich auch dort auf eine neue Weise zu benehmen, dazu müsste die frische Invention sich aber erst weiterverbreitet haben. Es wäre also ein zusätzlicher Innovationsschritt notwendig.

Wenn nun die Störung der Domain etwa auf einer akademischen Feier stattfand – so ändert sich dadurch die lokale Domain. Eine solche Veränderung des Ritus bleibt so lange lokal, soweit eben auch nur lokale Akteure (die über starke und schwache Beziehungen verbunden sind) anwesend sind. Die normalen Bekannten sind an dieser Stelle zwar auch bedeutend, denn auch deren Kontakte reichen über den engeren Kreis hinaus. Superschwache Beziehungen besitzen aber eine noch größere Reichweite. Die nicht lokal verankerten Personen haben eigentlich keine Beziehung zu den anderen Anwesenden – sie sind im wesentlichen Beobachter. Sie sind zwar anwesend, verfügen aber nicht über die lokalen Netzwerke der anderen.

3 Komponenten der Wirkung superschwacher Beziehungen

Ein Beispiel für eine solche Beziehungskonstellation findet sich in Ron Breigers (1976) Untersuchung der Beziehungen von Teilnehmern einer wissenschaftlichen Tagung. Breiger stellte fest, dass es Unterschiede hinsichtlich der Bekanntheit der Teilnehmenden gab. Die Aktivisten des Forschungsfeldes kannten sich untereinander. Das Kennen war aber nicht zwischen allen symmetrisch – die Arrivierten waren vor allem den Nachwuchskräften bekannt. Allerdings kannten die Altbekannten des Forschungsgebietes die Nachwuchskräfte nicht. Die Wissenschaftler, die Breiger zu diesen Gruppen ungleicher Wahrnehmung zusammenfassen konnte, gehörten zum engeren Feld dieses Forschungsgebietes.

Darüber hinaus gab es aber noch eine weitere Gruppe. Es handelt sich allerdings um keine Gruppe im Sinne der Gruppensoziologie – ich bezeichne diese hier vorläufig nur so, weil sie aufgrund ihrer Beziehungsstruktur in eine Kategorie sortiert wurden –, im Netzwerkjargon spricht man von Clustern strukturell äquivalenter Personen. „Blöcke" werden solche Cluster in der Netzwerkanalyse genannt. Breiger führte in der Tagungsstudie eine der ersten Blockmodellanalysen durch, die veröffentlicht wurden. Die Analysemethode wurde von Harrison White entwickelt, der bis spät abends im Qualm seines Zigarettenrauchs in einem Computerterminalraum in Harvard sitzend daran arbeitete. Breiger als einer seiner damaligen Schüler erlebte diesen Prozess aus unmittelbarer Nähe mit. Eine Blockmodellanalyse gruppiert die Teilnehmer nach ihrem Beziehungsmuster untereinander. Man nennt diese hinsichtlich ihrer Beziehungsstruktur ähnlichen (äquivalenten) Gruppen auch „Blöcke". Eine weitere Gruppe (bzw. der weitere Block) ist an dieser Stelle bedeutsam, weil diese Personen weder die Akteure des Feldes kannten, noch wurden sie von diesen gekannt. Man kann diesen Umstand so interpretieren, dass diese Teilnehmer an der Tagung aus anderen Forschungsfeldern stammen; allerdings interessieren sie sich für das Forschungsgebiet. Wenn diese Personen niemanden kennen, aber an der Tagung teilnehmen, dann kann man behaupten, dass dieses Cluster nur über superschwache Verbindungen zu den anderen Tagungsteilnehmern verfügt. Dieser Block von teilnehmenden Wissenschaftlern ist also lediglich als Beobachter dabei. Gleichzeitig würde man im Sinne von Ideen zum Cultural Toolkit sagen (Swidler 1986), dass diese Gruppe mitbekommt, mit welchen kulturellen Tools in dem ihnen fremden Gebiet die situationalen Probleme gelöst werden. Diese Gruppe erfährt, wie die Domain des Kongresses ausgestaltet ist – wie die Teilnehmenden miteinander kommunizieren und welche Seitenhiebe sie verteilen – zumindest solange diese für Außenstehende verständlich sind. Sie erfahren auch, was das Buffet bereithält und welche Rituale sich um die Pausen herum entwickelt haben. Diejenigen, die eng mit dem Forschungsfeld verbunden sind, dürften das meiste davon als völlig normal erachten. Die beobachtende Gruppe hingegen ist vermutlich erstaunt darüber, wie hier miteinander umgegangen wird. Sie fremdeln mit der Kultur. Als jemand, der selbst ab und zu von Wissenschaftlern oder Praktikern anderer Fächer eingeladen wird, habe ich eine Vorstellung davon, was sich hier abspielt. Beispielsweise habe ich an Tagungen, die von kirchlichen Institutionen (evangelische und katholische) organisiert wurden, teilgenommen, einmal war ich sogar in einem Kloster. Ich war bei Praktikern der Sozialen Arbeit eingeladen, bei Informatikern, Germanisten, Linguisten und bei Kultur- und Musikwissenschaftlern. Während man bei Tagungen, die reichlich gesponsert werden, auch kulinarisch auf seine Kosten kommen kann, gab es bei den Germanisten in Mannheim mehrmals am Tag Butterbrezeln. Diese gehören bei dem Jahreskongress zur Tradition.

Die jeweiligen Tagungen unterschieden sich auf verschiedenerlei Weise, und tatsächlich gab es auch Unterschiede dahingehend, wie die Teilnehmenden miteinander umgingen. Es differierten auch die Pausenrituale, obgleich es auf allen Tagungen Kaffeepausen gab. Am einander ähnlichsten waren wahrscheinlich noch die Pausenkekse und der aus großen Behältnissen abzapfbare Kaffee.

Diejenigen, die nur über superschwache Beziehungen in solche Communities verfügen, nehmen die Differenz zwischen ihnen erst wahr und können diese auch anderen mitteilen. Sie reichern beim Besuch von Veranstaltungen mit ihnen „fremden" kulturellen Umgangsmustern ihr eigenes Toolkit an. Sie lernen etwas darüber, was es außerhalb des eigenen Faches gibt, was sie bisher aber noch nicht kannten. Sie werden damit potenzielle Innovatoren, indem sie solche Tools in ihrem Kopf gespeichert haben; diese können dann, sofern es die Situation erlaubt, übertragen werden.

Skandale, die wir an diesem Platz einmal als Störung innerhalb von Situationen beschreiben wollen, können potenziell zu Veränderungen des soziologischen Rahmens und der Beziehungen innerhalb dieses Rahmens führen. Solche Störungen eröffnen ein Feld des Lernens über die engeren und die schwächeren Bekanntschaften hinaus, insbesondere wenn wir an die Anwesenden denken, die nur über superschwache Beziehungen verfügen. Die Wahrscheinlichkeit, dass solche fallbezogenen Inventionen auch zu Innovationen in anderen Domains führen, wird durch superschwache Beziehungen drastisch erhöht. Etwas Ähnliches gilt, wenn wir superschwache Beziehungen als potenzielle Überträger von Kultur betrachten, die an Orten, an denen sie nicht zugehörig sind, neue Tools aufsaugen. Diese (die neu kennengelernten Tools) warten dann auf den Moment, an dem sie in einem gänzlich anderen Kontext helfen, situationale Probleme zu lösen.

Wir sind alle sehr beschränkt, vor allem in sozialer und kognitiver Hinsicht

Kognitive Beschränkungen? Dabei fragen wir, wie es um die Wahrnehmungsfähigkeit von uns allen steht. Der Mensch ist aufgrund seiner Sinnesausstattung und seiner Kapazität zur Verarbeitung von Informationen nicht überall in der Lage, alles aufzunehmen. Viele von uns kennen die manchmal als magisch bezeichnete Millersche Zahl: 7 ± 2 (Miller 1956). Gemeint ist damit, dass unser Kurzzeitgedächtnis nur mit wenigen Komponenten gleichzeitig in seinem Speicher umgehen kann. Sehr schnell sind wir überfordert, wenn zu viele Komponenten auf einmal auf uns hereinprasseln.

Diese Überforderung ist aber auch ein Grund dafür, dass wir nicht alles, was um uns herum passiert, in gleicher Weise wahrnehmen und hinterfragen können. Es gibt vieles an unserer Kultur, was uns so selbstverständlich geworden ist, an das wir uns bereits seit langem angepasst haben, in das wir bereits als Kinder hineinsozialisiert wurden, als dass uns dies noch auffallen würde. Kulturelle Gewissheiten sind Routinen im Verhalten, die nicht hinterfragt werden müssen. Sie gelten immer, wenn Menschen zusammenkommen. Dennoch werden sie an manchen Stellen sichtbar, etwa dann, wenn gegen diese verstoßen wird oder wenn diese durch Krisenexperimente (Garfinkel 1973) offengelegt werden. Wenn Verhalten kulturell weitestgehend akzeptiert ist, gibt es uns Sicherheit; wir müssen dann nicht lange nachdenken. Die Gewissheiten betreffen das Verhalten der anderen uns umgebenden Personen, die nicht aus ihren Rollen ausbrechen sollen. Solange sie sich in diesem Rahmen verhalten, sind wir nicht verunsichert. Unsicherheit entsteht aber dann, wenn etwas Unvorhergesehenes passiert. Es kann beispielsweise sein, dass wir uns in der Innenstadt bewegen und plötzlich jemand beginnt, laut zu schreien. Solche Äußerungen erregen plötzlich unsere Aufmerksamkeit – wir werden unsicher über die Umstände dessen, was dort geschieht und was die Absichten des Schreienden sind; wir suchen eine Erklärung für das unerwartete Verhalten. Den Kontrast zwischen erwartetem und unerwartetem Verhalten machen sich manchmal auch Leute zu Nutzen; beispielsweise bei der Inszenierung sogenannter Flashmobs. Ich glaube, das ist ein ganz gutes Beispiel, auch wenn Flashmobs gerade etwas aus der Mode gekommen sind. Dabei verabredet sich eine Reihe von Personen zu einer Aktion, Tanzen zum Beispiel oder sie tun so, als ob die Gruppe bei einem militärischen Salut getroffen und tot umfallen würde.

Das Außergewöhnliche überlagert dann alle anderen Möglichkeiten der Aufmerksamkeit. Vor allem auch, wenn so etwas passiert, bei dem sich die Leute in besonderer, ja abweichender Weise verhalten. Unter Umständen können sich dann viele anschließen – das gilt insbesondere dann, wenn es sich um ein Verhalten handelt, welches man sich alleine nicht trauen würde, aber in einem anderen Kontext durchaus wünschenswert sein könnte. Ein Beispiel ist etwa, dass einige Leute ein populäres Lied anstimmen, welches zum Mitsingen stimuliert. Die Übertretung der individuellen Regel, nicht laut öffentlich zu singen (insbesondere ohne eine ausreichende Musikalität und Stimmbildung), wird in diesem Moment durch das Vorbild der anderen in die Möglichkeit verwandelt, dass man sich solchen Kollektivereignissen anschließen kann. Die schiefe Tonlage des Einzelnen verbindet sich durch die kollektive Weisheit – einige singen zu tief, andere zu hoch, aber das Mittel trifft den Ton (Surowieki 2004). Der Gesang wächst sich angesichts der Masse an Ungeübten zu einer breiten Tonfülle aus, die gerade den Reiz der kollektiven Stimmleistung ausmacht. Die Aktivisten sind uns unbekannt – wir schließen uns aber an (oder wenden uns angesichts des Geschehens ostentativ ab, was aber ebenfalls einen Bezug zu den anderen herstellt). An einem Flashmob wird sehr offenbar, wie superschwache Beziehungen wirken – man muss vor Ort des Geschehens sein, und weder starke noch schwache Beziehungen zu den anderen sind notwendig, damit die Verhaltensübertragung funktioniert. Abgesehen von einem Kern von Personen, die sich das Ganze ausgedacht und organisiert haben und die dann aber über stärkere Beziehungen verfügen müssen, reichen superschwache Beziehungen aus. Durch das Geschehen selbst wird die Aufmerksamkeit geleitet, und die superschwachen Beziehungen werden etabliert. Das abweichende Verhalten der anderen erregt die Aufmerksamkeit, die ansonsten für die Erfassung vieler Aspekte des „normalen" Geschehens um uns herum aufgrund unserer menschlichen Beschränkungen nicht ausreichend wäre.

Was wir wahrnehmen, wird von anderen bestimmt

Die beschriebenen Beschränkungen sind also auch ein Grund dafür, dass wir nicht alles gleichzeitig wahrnehmen können. Was unsere Aufmerksamkeit erregt, ist einerseits an den Fokus der Tätigkeit gebunden – ich fahre mit dem Fahrrad zum Markt, um für das Abendessen etwas Gemüse einzukaufen. Während der Sommerferien macht mein Lieblingsverkaufsstand Urlaub. Welcher von den verbliebenen Marktständen verkauft ebenfalls die Navette, die kleinen Rübchen, die beim heutigen Rezept eine zentrale Rolle spielen. Ich gehe also die verschiedenen Stände ab und schaue, ob ein anderer Händler dieses Gemüse im Angebot hat. Meine Aufmerksamkeit ist zu großen Teilen von dieser Tätigkeit absorbiert.

Plötzlich beginnt ein Chorgesang um mich herum: Der Gesangsflashmob, von dem eben schon die Rede war. Trotz der nur superschwachen Beziehungen zu den Personen um mich herum (durch die Gleichzeitigkeit der Anwesenheit und potenziell gegenseitige Beobachtung) wird meine Aufmerksamkeit abgelenkt hin zu einer Beobachtung des Geschehens und evtl. dazu, dass ich mich spontan beteilige. Für den Moment vergesse ich die Rübchen und konzentriere mich auf die Beobachtung der anderen und meine eventuelle Teilnahme. So gesehen ist der Flashmob ein gutes Beispiel dafür, wie unsere Wahrnehmung selektiv ist und sozial gesteuert wird.

Die Beobachtung, die ich hier in eine Geschichte vom Flashmob gepackt habe, lässt sich auch durch Experimente unterfüttern. Jeder kann die Begrenztheit seiner Aufmerksamkeit überprüfen, wenn er auf Youtube nach dem unsichtbaren Gorilla sucht (Achtung – wenn Sie das nachvollziehen möchten, ist es besser, nicht zuvor schon diesen Absatz gelesen zu haben. Wenn Sie ihn gelesen haben sollten, dann steuert Ihr Wissen Ihre Wahrnehmung und das ganze kleine Experiment funktioniert nicht mehr. Sie können das Experiment dann nur noch mit anderen unbedarften Probanden durchführen (dazu eignen sich starke Beziehungen, die davon noch nichts gehört haben)). Als ein Kollege in einem gemeinsamen Seminar den Videoclip zeigte, war ich völlig auf die Erfüllung der dort gestellten Aufgabe konzentriert – bei mir klappte also das Experiment so wie bei schätzungsweise zwei Dritteln der Studierenden des damaligen Seminars. Was also unsere Aufmerksamkeit bindet, das sehen wir auch – insbesondere, wenn wir uns konzentrieren müssen, anderes bleibt ausgeblendet. Was in dem kleinen Video gezeigt wird, ist, dass zwei Basketballmannschaften miteinander spielen (in einer Szene tun sie dies vor einem Aufzug). Die Aufgabe ist nun zu zählen, wie viele Würfe die Mannschaft mit den weißen Trikots austauscht. Man muss sich etwas konzentrieren, da auch die schwarz Bekleideten ihren Ball werfen. Während man auf das Zählen konzentriert ist, sieht man nicht, dass ein Mann im Gorillakostüm durch das Bild läuft und dazu noch mit den Fäusten auf seine Brust trommelt (Herrmann 2015). Wenn danach die eigentliche Intention des Videos aufgeklärt wird, hält man es für nicht möglich, diesen Affenmenschen übersehen zu haben. Hat man ihn erst einmal wahrgenommen, lässt er sich nicht mehr übersehen.

Man kann sich schon vorstellen, dass die Einführung von kulturellen Routinen, deren Befolgung habituell erfolgt, ein gutes Mittel ist, sich vor Aufmerksamkeitsüberforderung zu schützen. Ich denke nicht, dass sich die Menschheit oder auch nur viele Einzelne sich dies überlegt haben. Es handelt sich vielmehr um etwas, was sich über die Jahrtausende als Teil in die Kultur eingeschlichen hat, um mit den Wahrnehmungsdefiziten umzugehen.

Was aber hat das mit der Wirkung superschwacher Beziehungen zu tun, so könnte man fragen? Wir orientieren uns auch an solchen Personen, zu denen wir über keine der klassischerweise in der Netzwerkforschung betrachteten Beziehungen verfügen. Solche Orientierungen sind zwar auch Teil unserer kulturellen Umgebung, sie sind aber auch anthropologische Konstanten. Sie besitzen eine körperliche Grundlage, die uns zwingt, mit den Defiziten in einer bestimmten Weise umzugehen. Wie das geschieht, ist wiederum abhängig von kulturellen Vereinbarungen.

An anderen Stellen (Stegbauer 2016) habe ich von ausgehandelter Mikrokultur gesprochen und der Tatsache, dass jede Beziehung eine solche eigene Kulturentwicklung durchläuft. Das geschieht allerdings vor dem Hintergrund des weiterhin gültigen kulturellen Musters, welches von viel mehr Menschen geteilt wird, z. B. um das Zusammenleben auch zwischen Fremden zu regulieren. Allerdings unterscheiden sich auch die Arten und Weisen, wie solche Probleme gelöst werden. Hierfür nur ein Beispiel: Wie sich Menschen verhalten, wenn es darum geht, an der Bushaltestelle zu warten und einzusteigen, wenn der Bus kommt, das unterscheidet sich stark. Von der geordneten Schlange in England, die sich bereits bei Eintreffen der Wartenden bildet, bis dahin, dass in manchen Ländern die ersten Wartenden bereits einsteigen, bevor auch nur ein Passagier ausgestiegen ist. Auch hier orientieren wir uns als Touristen an den superschwachen Beziehungen zu den anderen Menschen an der Bushaltestelle. Dort, wo das Verhalten der anderen uns vormacht, dass man in Reihe steht, sind wir geneigt, wenn wir das Verhaltensprinzip einmal erkannt haben, mitzumachen und uns in gleicher Weise einzureihen. Natürlich versuchen wir auch uns der von uns als chaotisch wahrgenommenen Situation anzupassen. Der Einstieg gegen den Strom gelingt natürlich den jungen wendigen schlanken

Jungs viel besser als uns – da scheint die britische Fairness doch etwas besser zu unserer derzeitigen Konstitution zu passen.

Wenn wir an die Aushandlungsfähigkeit in Mikronetzwerken denken, dann wird eigentlich sofort klar, dass es einfach ist, selbst an der Fortentwicklung der Kultur im kleinen Kreis mitzuwirken. Durch Verhalten und Gespräche ein gemeinsames Verständnis herzustellen und in bestimmten Situationen sich entsprechend zu verhalten[6]. Ähnlich wie in Fines (1979) Untersuchung zu den Jugendbaseballmannschaften, bei denen Spitznamen vergeben wurden und Rituale entstanden – an die sich auch noch Generationen von Spielern hielten, auch dann, wenn ihnen die Begründung für deren Einführung niemals mitgeteilt wurde –, entwickelt sich auch eine Mikrokultur in Beziehungen zwischen Freunden. Einmal eingeübte Treffpunkte müssen nicht mehr ausgehandelt werden und auch Gesprächsthemen und das, was man mit bestimmten Begriffen meint, ist bereits allen klar, ohne es aussprechen zu müssen. Das, was dort geschieht, ist einerseits Grundlage der „großen" Kultur – nur wenn man sich im „Kleinen" (wie im Haltestellenbeispiel) an die Warteschlange hält, wird sie bestehen bleiben. Wenn es zahlreiche Leute gibt, die an der Schlange vorbeigehen und diese ignorieren, wird die Tradition nicht lange erhalten bleiben. Wenn man sich nun anders verhält, kann es sein, dass dieses andere Verhalten beobachtet wird und sich die anderen daran anschließen. Das kannibalisiert die zivilisatorische Leistung, den Einstieg nach Zeitpunkt der Ankunft zu regulieren und dies unabhängig von Alter und Konstitution zu regeln, also eine Art Gleichheit und Fairness herzustellen. Man kann also im Kleinen daran arbeiten, solche kulturellen Institutionen zu zerstören. Das wäre ein Beispiel dafür, wie Mikrokulturen auf die große Common-Sense-Kultur übergreifen können.

Dennoch gilt die Regel, dass je weniger Personen beteiligt sind, umso eher lässt sich etwas Neues aushandeln: Man kann sagen, dass die Innovationsfähigkeit von Mikronetzwerken größer ist, diese aber normalerweise nur eine kleine Reichweite besitzen. Je mehr Personen beteiligt sind, umso weniger ist ein direkter Austausch möglich. Das bedeutet wiederum, dass man kaum noch die Usancen des Umgangs miteinander aushandeln kann. Im Gegenteil: Viele dieser Verhaltensweisen spiegeln sich in Verhaltenserwartungen und Erwartungserwartungen, sind also doppelt gesichert. Konventionalität reguliert dann meist den Umgang miteinander.

Das in Netzwerken mit mehr Anwesenden Gelernte sollte daher über eine größere Reichweite verfügen. Damit meine ich, dass es in der Regel öfter anwendbar sein sollte als das kulturelle Wissen, welches unter wenigen, also im Kleinen, miteinander entwickelt wird und eher an spezielle und stärkere Beziehungen gebunden ist. Allerdings finden wir auch spezielles Wissen, das nur an bestimmten Orten brauchbar ist. Wir sehen das später am Beispiel des Domplatzes in der toskanischen Stadt Pisa.

Woher wissen wir, wie wir uns verhalten sollen?

Was wir an Erfahrungen mitbringen, spiegelt sich in unserem kulturellen Werkzeugkasten. Nach dieser Vorstellung verfügen wir über ein kognitives Cultural Toolkit (Swidler 1986), in dem Erinnerungen an alles, was im Alltag mit anderen benötigt wird, abgespeichert ist. Solche Tools bestehen ganz allgemein aus Werten und Normen, aber auch aus dem Wissen darüber, wie bestimmte Symboliken zu deuten sind. Die Werkzeuge sind also bedeutend für das Verstehen von Situationen. In der Kiste befinden sich aber auch Verhaltensweisen, die angepasst auf die jeweilige Situation angewendet werden können. Manchmal gleichen sich die Situationen so sehr, dass es ausreicht, einmal eine solche erlebt zu haben. Andere Situationen sind komplexer und tragen zahlreiche Neuigkeiten in sich – in diesem Fall benötigen die Beteiligten eine größere Erfahrung, um angemessen damit umzugehen.

Wenn Unsicherheit bei vielen vorhanden ist, dann beobachten sich die Beteiligten gegenseitig. Sie versuchen zu lernen, wie sie mit der Situation und ihrer typgemäßen Eigenlogik umgehen können. Einzelne erfahrene Personen können dann zu Leitfiguren werden, wenn sie mit einem entschlossenen Verhalten vorangehen; manchmal ist dafür etwas Mut notwendig, um sich auf eine bestimmte Weise zu verhalten. Solange sich dies im Bereich dessen bewegt, was in der Situation kulturell zulässig ist, besteht eine große Chance, dass die anderen diesem Verhalten folgen werden. Wenn man sich als zweiter

Vortragender in einem Panel auf einer Tagung einen Stehtisch besorgt, um eine Ablage für sein Manuskript zu haben, so wird dieses Arrangement von den folgenden Präsentierenden sehr gerne angenommen. Die meisten von ihnen hätten sich weder getraut, den Tisch zu organisieren, noch, ihn wieder wegzustellen. Sie hätten mit ihren Vortragsunterlagen in der Hand unsicher agiert, was sie in ihrer eigenen Aufmerksamkeit für ihre Präsentation eingeschränkt hätte. Ein kleiner Einfall, der sich aber auch von denjenigen, die anwesend waren, nicht nur den Vortragenden selbst, relativ leicht übertragen lässt. Ähnliche Situationen wiederholen sich in vielen unterschiedlichen Kontexten immer wieder.

So wie sich hier erfahrene Vortragende die Situation so vorher arrangieren, dass es für sie angenehm ist, sind sich viele Menschen sicher darüber, was man in einer bestimmten Situation tut. Eine andere Situation ist der erste Besuch auf einer Pferderennbahn. Zu meiner Überraschung geht es dort gar nicht so sehr um das Rennen selbst, eine viel größere Rolle spielen die zugehörigen Wetten. Wenn diejenigen, die dort regelmäßig zusammenkommen, sich auch dieses Mal treffen – die üblichen Wettenden auf der Pferderennbahn etwa –, dann lernen sie wahrscheinlich nicht mehr allzu viel Neues dazu, wenn sie am nächsten Renntag wieder einmal den Turf besuchen. Wenn aber nun jemand das erste Mal eine solche Rennbahn betritt, dann findet die Person zwar auch einige Verhaltensweisen vor, die sie schon kennt. Vieles rund um das Wetten und das, was man zwischen den Rennen so tut, das ist aber neu. Das Abschauen dessen, was die anderen in einer Situation tun, geschieht mittels des Beobachtungskontaktes in superschwachen Verbindungen. Die Erfahreneren zeigen den Unerfahrenen, dass es hier viel zu lernen gibt. Da das Renngeschehen sich bald ohne den kleinen Nervenkitzel einer Wette als relativ langweilig herausstellt, gehören wir als Besucher auch bald zu den Spielern – jedenfalls an diesem Sonntagnachmittag.

Wenn wir über solche Situationen nachdenken, finden wir auch, dass es einen Unterschied macht, ob für die meisten alles neu ist oder ob es einige oder gar die Mehrheit der Anwesenden ist, die sich bereits auskennen. Nehmen wir an, alle sind neu in der Situation, dann tritt das ein, was oben gesagt wurde: Es werden Tools aus entfernt verwandten Konstellationen hervorgekramt und ihre Anwendung getestet. Dann kann es interessant sein, wenn die Anwesenden über zahlreiche unterschiedliche Erfahrungen verfügen. Wahrscheinlich haben aber hier auch die Ersten, die sich in einer bestimmten Weise verhalten, am ehesten die Chance, „Follower" ihres Verhaltens zu generieren. Anders, wenn die Situation für viele vertraut ist, dann können sich Neulinge an diesen orientieren. Über Zeremonienmeister wurde bereits geschrieben; diese übernehmen in Situationen, in denen die Unsicherheit am größten ist, die Leitung bzw. werden dafür engagiert. Solche Leitfiguren wählt man aus, weil sie sich in den jeweiligen Fallstricken einer sozialen Situation auskennen. Trauersituationen sind hierfür ein emblematisches Beispiel. Angesichts der Trauersituation wäre es besonders schändlich, die normativen Anforderungen an Pietät zu verletzen. Wenn eine Person nun weiß, wie ein Trauerevent durchzuführen ist, und die Einsätze ansagt, erleichtert es den Trauernden, diese unangenehme Situation zu überstehen. Solchen, in den Zeremonien bewanderten Personen, folgen die Anwesenden gerne – selbst dann, wenn man zu diesen nur über eine superschwache Beziehung verfügt.

Erfahrungen beziehen sich also vorwiegend darauf, welche Werkzeuge für die jeweilige Situation mit ihrer Eigenlogik angemessen sind. Man könnte auch sagen, es geht darum zu wissen, welches die passenden Werkzeuge sind. Mittels superschwacher Beziehungen beobachtet man und passt sich im Verhalten an. Häufig finden sich in solchen Situationen mehr Beobachter als Agierende – dann kann sich der Moment als sehr zäh und kaum beweglich darstellen. Es dauert dann, bis sich irgendjemand Mut fasst und handelt. Wenn das einmal geschehen ist, kann in Folgesituationen mittels der superschwachen Beziehungen erworbenes Verhaltenswissen wieder angewendet werden. Erfahrungen, die in solchen Situationen gesammelt werden, helfen dabei, Traditionen zu bewahren. Traditionen sind in dieser Beziehung gut, denn sie stehen für kulturelle Sicherheit und für das Wissen um die Angemessenheit von Verhalten. Letztlich stehen solche superschwachen Beziehungen mit ihrer gegenseitigen Orientierung dafür, dass vereinzelte Entwicklungen von Mikrokulturen mit speziellen Eigenheiten immer wieder eingefangen werden. Die Kultur einer Gesellschaft treibt dann nicht zu weit auseinander.

Aushandeln und Verhandeln, das sind völlig unterschiedliche Dinge

Eine weitere Komponente hinsichtlich der Wirkung superschwacher Beziehungen ist die Aushandlung. Möglicherweise kommt einem der Begriff etwas komisch vor, denn direkt ausgehandelt oder verhandelt wird meist gar nichts. Aushandlung bezeichnet hier auch die Anerkennung des Verhaltens von anderen und eine nachfolgende Orientierung daran. Superschwache Beziehungen sind aber häufig nur asymmetrisch,[7] d. h. die anderen werden beobachtet und man selbst orientiert sich dann an diesen. Neben diesen rein beobachtenden Beziehungen kann allerdings die superschwache Beziehung durchaus auch symmetrisch sein: etwa, wenn auf die Beobachtung eine Reaktion folgt, die dann wiederum bei der beobachteten Person eine Änderung ihres Verhaltens hervorruft.

Während wir bei der Gegenseitigkeit des aufeinander Eingehens deutlicher von einer Aushandlung ausgehen können, ist die Frage, ob das auch für asymmetrische Beobachtungsbeziehungen gilt. Auch dort haben wir es in Wirklichkeit nicht nur mit einem einseitigen Lernen zu tun – wir verarbeiten das Gesehene, indem wir es mithilfe unserer Erfahrungen filtern. Es handelt sich also nicht um eine reine Reaktion, wir agieren auch gleichzeitig, wenn wir ein Verhalten übernehmen. Es kann dann durchaus sein, dass sich wiederum andere an uns orientieren, sodass sich vor Ort eine relative Verhaltenshomogenität herstellt. Wenn das so stimmt, so könnte man das weiterdenken: Wenn eine Person sich in einer bestimmten Weise verhält und andere ihr folgen, dann wird das Verhalten weitergegeben. Es wird in der Situation durch Anerkennung und Übernahme ausgehandelt. Was daraus folgt, ist eine Diffusion des Verhaltens.

Neben dem eigentlichen Anpassen (alignment), entsteht aber noch etwas Weiteres, was immer auch Teil dieses Prozesses ist. Zum einen kommt es beim Beobachten und Nachmachen zu kleinen Fehlern, manchmal sind es auch Verständnisprobleme. Wichtiger ist aber, dass es im Zuge von Disktinktionsverhalten zu Variationen kommen kann. Anpassung und Distinktion sind also zwei Seiten derselben Medaille.

3 Komponenten der Wirkung superschwacher Beziehungen

Meist verlaufen die Variationen innerhalb des Genres der Situation, in ihnen liegt aber immer auch eine Chance zur Innovation. Aus ihnen entsteht die Möglichkeit des Entstehens einer Dynamik. Wenn etwa beim Gesangsflashmob einer der Sänger eine andere Stimmlage probiert oder den Text variiert, so handelt es sich um das Phänomen der Distinktion. Wenn die Textänderung den anderen Anwesenden gefällt, wird diese vielleicht übernommen und alle singen auf eine andere Weise weiter.

Das bedeutet, dass die Anwesenden an das anschließen, was bereits ausgehandelt worden ist, und beweisen, dass auch Bewährtes (im Falle des Flashmobs kann es nur „kurzzeitig" bewährt sein) sich verändern kann. Was ich damit ausdrücken will, ist, dass auch Traditionen, sogar bewährte Traditionen in jeder Anwendungssituation erneuert werden müssen. Dabei besteht immer eine gewisse Chance für Veränderung. Diese „Offenheit" ist nicht für jede Situation gleich verteilt, aber sie ist vorhanden. Beispiel gefällig? Selbst in konservativen Branchen, wie den Banken, tragen die Angestellten heute weit seltener als früher Krawatten zu ihren weißen Hemden. Gleichwohl ähneln sich die Outfits der Menschen im Bankenviertel, was man leicht in Frankfurt während der Mittagszeit beobachten kann.

Entwicklungen finden sich also auch hier, obwohl sich die Beteiligten immer auch an vorher erlebten Situationen orientieren. Aber wer hätte voraussagen können, dass genau dieses Kleidungsstück weggelassen wird und nicht die Poloshirts des Casual Days übernommen wurden. Gut möglich auch, dass hier die Bilder von Managern, etwa aus der Automobilbranche, abgeschaut wurden. Allerdings ist die Jeans dann doch immer noch nicht würdig, von Bankern während ihrer Berufsausübung getragen zu werden, es sei denn, sie befinden sich im Home Office – wenn nur ihr Oberköper im Online-Meeting sichtbar ist. Spannend ist daran, dass der Ausgang von solchen kulturellen Entwicklungen nur schwer vorherzusagen ist. Grund dafür ist, dass es zu zahlreichen Beeinflussungen, eben auch durch superschwache Beziehungen, kommt. Wie und unter welchen Umständen in superschwachen Beziehungen beobachtete Praxen eingehen, ist dann eine Sache von Aushandlungen am anderen Ort. Im Ergebnis finden wir dann Änderungen, obgleich es sich dabei meist nicht um Revolutionen handelt. Die Änderungen müssen sich in die vorhandene Kultur einfügen.

Wie aus kulturellen Vorlieben Beziehungen werden: Ties und „kulturelle Ties"

In der Netzwerkforschung analysieren wir Muster von Beziehungen. Das, was die traditionelle Sozialforschung interessiert, sind die Merkmale von Personen und deren Kombinationen. Finden sich Ähnlichkeiten in den Kombinationen der Merkmale verschiedener Personen, so geht man von Regelmäßigkeiten aus. Dabei geht es aber keinesfalls um Beziehungen zwischen den Personen, vielmehr wird die Soziologie in solchen Mustern gesucht. Wenn beispielsweise höhergebildete und junge Personen sich eher an postmaterialistischen Werten (Inglehart 1977) orientieren, dann läge dies vor allem daran, dass ihre materialistischen Bedürfnisse bereits befriedigt seien. Sie strebten dann nach anderen Werten, als „nur" nach Sicherheit. Durch die Ergebnisse von Befragungen kann man aufzeigen, dass postmaterialistische Einstellungen z. B. mit Alter und Bildung assoziiert sind. Die Erklärung der Bedürfnisbefriedigung wird individualistisch gedeutet – jene Befragten, deren materielle Bedürfnisse befriedigt sind und die in ihrer Jugend keine Not litten, haben die Möglichkeit, sich postmaterialistisch zu orientieren. Die vorangegangene Bedürfnisbefriedigung ist also eine Bedingung der Möglichkeit für den Einzelnen, diese Einstellung überhaupt entwickeln zu können. Der Aspekt, dass die Entwicklung von Einstellungen etwas mit den Haltungen der anderen, mit denen man in Beziehung steht, zu tun haben könnte, wird zunächst nicht berücksichtigt. Erst in jüngerer Zeit wird die Möglichkeit eines Sozialisationseffekts einbezogen, nämlich, dass die Eltern ihre Werte an die Kinder weitergeben (Kroh 2008). Eine Ansteckung unter jüngeren Leuten beispielsweise rückt dabei ebenfalls nicht in den Fokus bzw. ist dieser Effekt mit der traditionellen Umfrageforschung auch kaum messbar.[8]

Zudem ist es fraglich, ob solche Einstellungsmessungen für das tatsächliche Verhalten in sozialen Situationen überhaupt von Wert sind.

3 Komponenten der Wirkung superschwacher Beziehungen

Eine Untersuchung aus den frühen 1930er Jahren (LaPierre 1934) bestreitet dies am Beispiel der Haltung zu einer anderen Ethnie. Während eine Befragung Ressentiments zu Tage brachte, spielte diese Einstellung in der konkreten Begegnung mit Personen der anderen Ethnie praktisch keine Rolle. In der Studie wird belegt, dass die situationalen Umstände mit den dort wirkenden sozialen Regeln für das tatsächliche Verhalten weit wichtiger sind als die abgefragte Haltung.

Trotz der Bedenken, dass die Betrachtung von Merkmalskombinationen von Individuen kaum den darunter liegenden sozialen Ursachen auf den Grund gehen kann, und trotz der Frage, inwiefern bzw. unter welchen Umständen Einstellungen tatsächlich verhaltenswirksam werden, benutzt die Netzwerkforschung solche Merkmale ebenfalls. Dort werden sie als „Attribute" der Knoten (meist Personen) angesehen, und diese dienen vorwiegend als Hilfe für die Interpretation von empirisch aufgedeckten Beziehungsstrukturen. Solche Attribute nun, so das Argument hier, sind in der Lage, Personen miteinander zu verbinden. Das wird in der klassischen Netzwerkforschung unter dem Vorzeichen von Homophilie betrachtet. Menschen mit ähnlichen Eigenschaften und Einstellungen kommen zusammen, ja diese suchten einander geradezu, um Beziehung auszubilden (McPherson et al. 2001).

Ich interpretiere die Homophilie hier aber etwas anders, denn nicht nur die Ähnlichkeit von Attributen lässt Beziehungen (Ties) entstehen. Empirisch finden wir häufig Verbindungen von Personen, die ein bestimmtes Verhalten zeigen. Ich behaupte nun, dass aus dem Verhalten Struktur entsteht (tatsächlich ist das aber auch umgekehrt möglich, dass aus der Beziehungsstruktur Verhalten entsteht – etwa, dass Leute mit dem Rauchen beginnen, weil sie häufig mit Rauchern zusammen sind). Die Ähnlichkeit des Verhaltens betrachten wir als eine Komponente der Alltagskultur von Menschen. Verbindungen kommen nicht nur über die gegenseitige Anziehung von Personen mit ähnlichem Verhalten zustande, sondern diese sind eine Struktureigenschaft. Das lässt sich ganz einfach zeigen, wenn wir etwa daran denken, wie es den Rauchern ergeht. Da das Rauchen von Zigaretten mittlerweile in den meisten Räumen wegen des Gesundheitsschutzes der anderen nicht mehr erlaubt ist, müssen die Tabakkonsumenten vor die Tür. Zwar handelt es sich beim Rauchen um eine Mischung aus Anregung,

Genuss und Sucht, die Art und Weise, wie und wann geraucht wird, ist aber kulturell eingehegt. Das zeigt sich an den äußeren Regeln. Aber auch die Raucher haben solche Regeln entwickelt und diese ebenfalls in Mikrokulturen mit anderen ausgehandelt. Das sieht man daran, dass viele Raucher Pausenrituale mit anderen Rauchern gemein haben. Sie gönnen sich eine gemeinsame Pause vor der Tür. Man könnte sagen, dass es sich dabei um Schicksalsgenossen handelt.

Allerdings kann man die Situation vor der Tür auch als etwas auffassen, das durch Strukturation zustande kommt. Die Raucher müssen von Zeit zu Zeit vor die Tür, das haben alle Raucher gemeinsam. Die Rauchenden sehen die anderen Rauchenden – sie kennen sich zunächst nicht, aber die anfangs superschwach rein über die Gemeinsamkeit der Situation und Beobachtung verbundenen Personen haben eine Reihe von Möglichkeiten, die Beziehungen auf eine andere Stufe zu überführen. Das Um-Feuer-Bitten können wir als eine Art Eisbrecher ansehen. Man kommt miteinander ins Gespräch. Dabei wird aus dem In-räumlicher-Nähe-Stehen und Den-anderen-rauchen-Sehen – also einer rein superschwachen Beobachtungsbeziehung – eine schwache Beziehung. In Organisationen entstehen dadurch Beziehungen, die häufig quer zu den Abteilungen verlaufen (Ruben 2020).

Mit weit weniger Zwang als Randbedingung finden sich superschwache Beziehungen bei Anhängern von bestimmten Musikrichtungen. Diejenigen, die zu Jazz-Konzerten gehen, kennen die anderen Anhänger sehr bald vom Sehen her, denn zahlreiche der Konzertbesucher tun das regelmäßig. Sie nehmen auch wahr, wie man sich auf solchen Konzerten verhält. Das finden wir auch bei häufigeren Opernbesuchen oder wenn man in Clubs geht. Die Gemeinsamkeit am selben Ort mit demselben musik- und kulturgeschmäcklerischen Hintergrund bedeutet, dass man sich dort gegenseitig beobachtet und auch ähnlich verhält. Das kann sogar zu Sanktionen führen, wenn sich etwa Leute im Publikum miteinander unterhalten, während die anderen konzentriert zuhören möchten. Wem das als „normal" vorkommt: Es gibt durchaus Konzertsituationen, etwa die Pianobar, in der die Stille des Publikums nicht gefordert ist. Wenn in der Oper an der falschen Stelle geklatscht wird, dann kann auch das zu Sanktionen führen (Benzecry 2009). Zwar gibt es auch in diesen Musiksituationen immer auch einen Kern von Personen, die sich näher kennen, die Mehrheit der Kontakte dort kann man aber getrost als superschwach bezeichnen. Über diese extrem schwachen Verbindungen entsteht dennoch so etwas wie eine Eventkultur, die auch das Publikum selbst miteinbezieht.

Gleichzeitig kann diese Annäherung des Publikumsverhaltens auch dafür sorgen, dass Übergänge zwischen den verschiedenen Beziehungsstärken ermöglicht werden. Aus superschwachen Verbindungen entstehen schwache Beziehungen und in der Folge oft auch Freundschaften. Solche Übergänge entwickeln sich dann häufig transitiv – d. h. wenn sich bereits einige Personen untereinander kennen, dann führt dies dazu, dass man sich daran anschließend einander vorstellt und auf diese Weise zumindest unter den regelmäßigen Konzertbesuchern ein Kern von gegenseitig Bekannten entsteht.

Eintänzer und Publikum – Wer was tut, hängt an der Position

Eintänzer sind dazu da, allein reisende Frauen zum Tanz aufzufordern. An anderer Stelle eröffnen sie den Ball und animieren die Zuschauenden dazu, es ihnen gleichzutun. Eintänzer haben eine bestimmte Aufgabe zu erfüllen, ihnen ist diese Position zugewiesen. Sie ähneln damit den Zeremoniären, denen bestimmte Situationen bekannt sind und die durch ihr Verhalten den anderen ein Vorbild sein können. Der Erfolg eines Balles ist dann auf dem Weg, wenn sich die Mehrheit im Walzertakt bewegt. Zugegebenermaßen liegen meine persönlichen Ballerfahrungen einige Jahrzehnte zurück. Das Beispiel eignet sich aber dafür, die unterschiedlichen Positionen eines solchen Events darzustellen. Angeblich, so wird es jedenfalls auf Wikipedia behauptet[9], unterhalten Eintänzer heute noch auf Luxuskreuzfahrten Damen, die ohne Partner unterwegs sind. Mit dieser Tätigkeit ergänzen sie die einzelne Alleinreisende während einer Veranstaltung zu einem Paar. Für den Gesellschaftstanz sind traditionell nun mal zwei Personen notwendig – meist handelt es sich um eine Frau und einen Mann. Wie eine solche Tanzveranstaltung abläuft, ist relativ eng geregelt – es unterliegt Konventionen. Wer wen in welcher Form zum Tanz auffordert, das orientiert sich an bestimmten Regeln. So geht es bis heute in Tanzschulen neben dem Erlernen von Schritten zur Musik auch darum, die Benimmregeln für solche Events weiterzugeben. Eine Tanzveranstaltung folgt bestimmten Ritualen mit festgelegten Positionen. Damen fordern auf, wenn die Tanzkapelle diese Möglichkeit mit der Ansage der Damenwahl eröffnet, ansonsten werden diese aufgefordert. Für jemanden, der nicht weiß, wie das funktioniert, hilft auch hier wieder nur das Abschauen.[10]

Die Eintänzer sorgen dafür, dass sich ein Teil des Publikums überhaupt am Tanz beteiligen kann; für einen anderen Teil wirken sie als Animateure, die dafür sorgen, dass die Hemmungen überwunden werden. Sie laden ein, sich zu beteiligen und jemanden zum Schwof einzuladen. Die Herren führen, so eine der Konventionen. Die anderen beobachten – und es stellt sich schnell heraus, wer die guten Tänzerinnen und Tänzer sind und wer dem Partner oder der Partnerin auf die Füße tritt. Etwas abseits dürften sich die Tanzmuffel halten, damit sie nicht in die Verlegenheit kommen, aufgefordert zu werden. Ein solcher Ball sorgt also dafür, dass wir die Teilnehmenden ganz soziologisch-netzwerkforscherisch verschiedenen Positionen zuordnen können. Denn je nachdem, wohin die Besucher gehören, passen sie ihr Verhalten an die positionsbedingten Regeln an. Männern und Frauen sind solche Rollen in den beschriebenen traditionellen Zusammenhängen von vornherein zugewiesen. Diejenigen, die passioniert tanzen, diejenigen, welche gelegentlich die Tanzfläche nutzen, und solche, die sich gar nicht beteiligen, können wir aufgrund ihres Verhaltens einsortieren. Das Verhalten hat etwas mit den Beziehungen zu tun: Sehr gut Tanzende kommen untereinander in Kontakt, weil es ein Vergnügen ist, wenn es beide gut können; gelegentlich Tanzende entsprechen den Konventionen und lassen sich breitschlagen. Sie wagen sich mit bereits bekannten Personen und vielleicht auch Verwandten aufs Parkett; die anderen Teilnehmenden halten sich von dieser Stelle fern und kommen am ehesten mit den anderen Tanzmuffeln ins Gespräch. Die verhaltensbedingten Positionen moderieren also auch, wer mit wem in Kontakt kommt. Wie die Anwesenden mit der Situation umgehen und zu welcher Position sie gehören, das schauen sich die Teilnehmer von-

3 Komponenten der Wirkung superschwacher Beziehungen

einander ab – und es ist z. T. auch von den anderen abhängig, beispielsweise, ob eine Aufforderung erfolgt oder nicht. Wie sich die Positionen aufteilen, unterliegt einer gewissen Dynamik: Wenn die Eintänzer und ihre Partnerinnen zu gut sind, wird möglicherweise die Beteiligungsschwelle für die anderen potenziell Tanzenden erhöht. Bis zu dieser Schwelle reichen die weniger Guten und Ungeübten nicht. Weil das so ist, kommen noch weitere Positionen hinzu, die professionell das Geschehen zu beeinflussen suchen: etwa der Alleinunterhalter und ein Conférencier und mehrere Musiker. Aus dieser Position kommen animierende Gags und inszenierte Spiele, um das Publikum aus seinem unentschlossenen Verhalten in ihrer passiven Position herauszuholen und zu einem Positionswechsel zu verleiten. Die dem Ballgeschehen beobachtend gegenüberstehende Position ist nämlich eher geneigt, das Treiben kritisch zu betrachten, werden die Beobachter aber zu Mitmachenden, sind sie selbst beteiligt und können die kritische Distanz kaum mehr beibehalten. Letzteres hilft dabei, die Veranstaltung zum Gelingen zu bringen.

Positionen, welche das Verhalten bestimmen, sind überall vorhanden – nicht nur auf Bällen und ähnlichen, eher stark konventionalisierten Situationen – hier sind diese oft nur einfacher zu erkennen. Wenn es sich um ritualisierte Situationen handelt, finden wir häufiger Zeremonienmeister und ihre Folger. Diese sind aber häufig gar nicht notwendig, denn wir orientieren uns eben gleichfalls an Leuten, die gar nicht so herausgehoben sind. Das funktioniert dann besonders gut, wenn wir uns mit diesen Personen in derselben Position befinden. Eine aus Italien stammende Freundin erzählte, dass, wenn sich Italiener im Ausland treffen, diese sofort anfangen würden, miteinander zu reden. Wenn die Eigenschaft, aus Italien zu stammen, unter bestimmten Umständen ausreicht, einen Small Talk zu führen, bei dem Erfahrungen ausgetauscht werden, dann ist auch das ein Zeichen dafür, wie dieselbe Position dazu führt, miteinander in Kontakt zu kommen. Ein gemeinsames Merkmal reicht aus, um schon die reine Beobachterperspektive zu überwinden. Ein solch einfaches Gespräch zählen wir immer noch zu den superschwachen Beziehungen, dennoch beinhaltet dieses sicherlich öfters Informationen, die in der Auslandssituation ansonsten eher schwer zu beschaffen gewesen wären.

Positionen regulieren also, wie man sich in Situationen mit anderen verhält. Mithilfe von superschwachen Beziehungen kann man sich einer Position zuordnen bzw. bekommt man diese von anderen zugewiesen. Diese Position bestimmt letztlich, an welchen anderen Menschen man sich orientiert. Es wird dadurch festgelegt, welches die Verhaltensoptionen einer Person sind. Dabei ist ein Teil der Positionen schon im Voraus gesetzt – etwa der Service, die Küche, die Barleute, die Musiker, der Ansager, die Eintänzer, die Damen und die Herren, welche die Teilnehmer bzw. das Publikum darstellen. Neben diesen vordefinierten Rollen gibt es weitere, die zu Beginn noch nicht so klar festliegen – wohin verziehen sich die Tanzmuffel? Sind es die Personen, welche die ganze Zeit im Barbereich herumhängen? Welche Personen verhalten sich maßlos und trinken über den Durst? Jemand, der nicht an Gewohnheiten aus vorherigen Events dieser Art anschließen kann, schaut sich zunächst einmal die Lage an. Bei diesem Schauen entsteht eine Orientierung darüber, was die anderen in Sichtweite befindlichen Personen gerade tun. Mithilfe von superschwachen Beobachtungsbeziehungen kann sich auf diese Weise auch jemand in diesem positionalen Gefüge bewegen, ohne viele Leute zu kennen.

Durch die Erfahrungen mit den verschiedenen Positionen, welche die Beteiligten an so einem Event gemacht haben, ergibt sich die Art und Weise, wie die nächste Veranstaltung angegangen wird. Aus der Erfahrung des spezifischen Verhaltens der Personen je nach ihrer Position resultieren Erwartungen für das nächste Event. Daraus, dass ein solches Event gut gelungen ist, entstehen Erwartungserwartungen. Diese sorgen dafür, dass jenseits der Veranstaltungsorganisation, die wiederum an das letzte Event anknüpft, eine gewisse Kontinuität entsteht. Auf diese Weise werden solche Veranstaltungen beschreibbar – sie entwickeln so etwas wie ein eigenes Profil. Ich würde das ebenfalls Mikrokultur bzw. lokale Kultur nennen. In ähnlicher Weise wie es DiMaggio (1992) für Positionen beschreibt: Jede Position wird auf unterschiedliche Art ausgefüllt, es gibt eine hohe Variationsbreite, und dennoch sind die Positionen als solche (im Sinne eines Common Sense) erkennbar. Das dürfte genauso für Tanzabende richtig sein. Der Ball einer bestimmten Tanzschule unterscheidet sich stark vom Ball des Sports oder dem Abiball. Alle drei Events jedoch besitzen Merkmale, die es uns ermöglichen, diese als Bälle zu identifizieren (und das sollte nicht nur durch deren Bezeichnung möglich sein). Die drei Ballbeispiele sind zudem ganz interessant, weil die jeweilige Umgebung es in starker Weise notwendig macht, sich an anderen über superschwache Beziehungen zu orientieren. Wenn man nicht mehrere Kinder hat, kommt man als Elternteil vielleicht auf seinen zweiten Abiball – nach dem, der zur Feier der eigenen Reifeprüfung ausgerichtet wurde. Auch eine Tanzschule – in bestimmten ländlichen Gebieten ist der Besuch einer solchen noch immer eine Art Muss – wird man in der Regel nur einmal besuchen – und dann, falls die eigenen Kinder dort einen Kurs gebucht haben, vielleicht ergibt sich dann die Gelegenheit für ein zweites solches Event. Daraus, dass die Ereignisse dann sehr weit auseinanderliegen, ergibt sich, dass manche der Besuchenden kaum über Erfahrungen verfügen und sich sehr stark aneinander orientieren müssen. Ich habe mir sagen lassen, dass diese Unsicherheit sogar einige Elternteile schon in Antizipation des Ereignisses dazu bringt, sich noch einmal zu einem Auffrischungstanz-/-benimmkurs aufzuraffen, oder von ihren Kindern dazu animiert werden.

Anmerkung
1. Ein schönes Beispiel dafür liefert Luhmann (1975) im Kapitel über einfache Sozialsysteme.
2. Untersucht wurden solche Phänomene an einer Siedlung für Studierende, die nach dem zweiten Weltkrieg für Kriegsveteranen gebaut wurde. Freundschaften entwickelten sich viel eher zu denjenigen, mit denen die Studierenden Tür an Tür wohnten oder zu denen eine „funktionale" Nähe gegeben war, man also auf dem Weg zur Mülltonne oder zum Briefkasten am Eingang der Nachbarn vorbeikam (Festinger et al. 1959, wurde bereits genannt).
3. Darüber, wie Nähe von Wohnungen dazu beiträgt, wer sich mit wem befreundet, siehe Festinger et al. (1959).
4. Wer sich nicht auskennt, bekommt Kutteln, die, abgesehen von wenigen Regionen Südwestdeutschlands (Saure Kutteln) eigentlich in Deutschland nicht verzehrt werden. In Frankreich hingegen handelt es sich um ein Signaturgericht, für das es in der Gastronomie teilweise eigene Auszeichnungen und in der Normandie

sogar eine Bruderschaft gibt: Tripes de la Mode á la Caen. https://de.wikipedia.org/wiki/Tripes_à_la_mode_de_Caen (31.03.2022).
5. Hierzu eine Anmerkung: Das gilt im Übrigen auch für die Soziologie, die nach Georg Simmel (1917) die Sozialität nach ihren Grenzen und Schwellen (also negativ) bestimmt.
6. Hier findet sich auch eine Ähnlichkeit zum elias'schen Figurationsbegriff (Elias 1971).
7. Natürlich kann man sich auch vorstellen, dass die Beobachteten selbst Beobachter sind – dann wären die Beziehungen sogar als symmetrisch zu betrachten. Die für einen Moment vorhandene Symmetrie kann sich aber schnell auflösen, sobald irgendjemand sich ein Herz fasst und tätig wird.
8. Grundsätzlich könnte man auch mittels Egonetzwerkgeneratoren den Einfluss von anderen Beziehungen auf die Einstellung von Befragten in quantitativen Untersuchungen messen.
9. https://de.wikipedia.org/wiki/Eintänzer (14.02.2022): „Heute gibt es diese Beschäftigung noch auf Kreuzfahrten an Bord von Luxuslinern, wo allein reisende Damen ihre Zeit verbringen. Als Gentleman Hosts oder Distinguished Gents werden dort Herren bezeichnet, die im Auftrag der Reederei diese Damen zum Tanz auffordern bzw. auch anderweitig unterhalten, z. B. durch musikalische Darbietungen oder Spaziergänge. Das typische Alter eines Gentleman Hosts liegt dabei, der Zielgruppe angemessen, zwischen 45 und 72 Jahren. Als Entlohnung für ihre Tätigkeit erhalten die Gentleman Hosts in der Regel die Kreuzfahrt kostenlos oder zu einem sehr niedrigen Fahrpreis."
10. Wer nun denkt, solche Regeln seien auf verstaubte klassische Bälle mit ihrem Cha-Cha-Cha beschränkt, der irrt, auch der, nennen wir es „Clubfreistil" unterliegt solchen Regeln – Übertretungen des Erlaubten werden auch hier sanktioniert.

4

Superschwache Beziehungen: Die Ampel und die Oper

Von superschwachen Beziehungen reden wir, wenn man sich am selben Ort zur selben Zeit mit den anderen befindet und viele der anwesenden Personen nicht kennt. In diesen Fällen kann man sich am Verhalten der anderen dort Anwesenden orientieren. Eine solche Abstimmung gegenüber Fremden ist für die Sozialwissenschaft eigentlich gar nicht so neu – wir kennen beispielsweise die Idee von Gabriel Tarde (2009; zuerst 1890). Dort beruht alles, was die Menschen hervorgebracht haben, was erfunden wurde, auf Nachahmung. Wir kennen auch das unwillkürliche Aufeinandereinstellen, wenn man sich im öffentlichen Raum begegnet (Goffman 1971). Dort geht man zur Seite, wenn einem jemand entgegenkommt, und man teilt sich den Raum so ein, dass bestimmte Abstände gewahrt bleiben.

Am selben Ort zur selben Zeit zu sein, das ist aber nur ein Teil der Voraussetzungen, die notwendig sind, damit superschwache Beziehungen wirken. Die nächste Vorbedingung ist, dass man sich in ein Verhältnis zu den anderen setzen können muss. Die Übertragung des Verhaltens gelingt nämlich nicht unter allen Umständen. Dieses Sich-ins-Verhältnis-Setzen ist an Bedingungen geknüpft. Aus einer soziologisch-netzwerkforscherischen Perspektive (Burt 1987) könnte man sagen, dass sich die aneinander orientierenden Menschen in derselben Lage befinden. Mit netzwerkforscherischen Worten würde man von struktureller Äquivalenz sprechen. Die anwesenden Personen haben dieselbe Beziehung untereinander, wie zu denjenigen, die nicht hinsichtlich der Übertragung angesprochen werden – was der Definition von struktureller Äquivalenz entspricht (Lorrain und White 1971).

Eine weitere Möglichkeit ergibt sich aus einer gewichtigen Beobachtung, die in der Netzwerkforschung gemacht wurde – eigentlich hatten auch schon Vorläufer (Lazarsfeld und Merton 1954) Beobachtungen in diese Richtung gemacht: die Rede ist von Homophilie (McPherson et al. 2001). Damit ist gemeint, dass, wenn man mit anderen bestimmte Merkmale teilt, die Wahrscheinlichkeit zur Entstehung von Freundschaften größer ist. Ursprünglich nannte man das Wert- und Statushomophilie (Lazarsfeld und Merton 1954). Mittlerweile spricht man von zahlreichen anderen Merkmalen, die matchen können. Wenn diese übereinstimmen, dann ist die Wahrscheinlichkeit wesentlich größer, dass man miteinander in Kontakt kommt. Man kann sich das gut vorstellen, dass diejenigen besser miteinander können, die gemeinsame Themen haben. Wenn wir als kulinarisch Interessierte auf Gleichgesinnte treffen, wenn sich jemand mit Aktienanlage beschäftigt und dabei auf Kenner trifft, dann stimmen die Interessen überein. Manchmal wird die Aktionärshauptversammlung von Warren Buffets Gesellschaft, der Berkshire Hathaway, als Woodstock der Kapitalisten bezeichnet. Über 40.000 Aktionäre pilgern nach Omaha, um den beiden Gründern Warren Buffett und Charlie Munger nahe sein zu können.[1] Während der eigentliche Verwaltungsakt in einer sehr kurzen Zeit erledigt ist, bleibt genügend Zeit, die anderen zu beobachten. Wenn jemand dorthin reist, ist eines der gemeinsamen Merkmale schon mal, dass alle Anwesenden Anteile desselben Unternehmens in ihrem Depot halten – das ist die Voraussetzung, um überhaupt eingeladen werden zu können. Es handelt sich also um eine Situation, in der sich die meisten Teilnehmer wohl mit großer Sympathie begegnen. Etliche davon wurden durch ihre Anteile an dem Unternehmen reich. Eine gute Voraussetzung, um voneinander zu lernen.

Wahrscheinlich spielt neben der Homophilie auch der „Status" eine Rolle. Auch hier finden sich die Aktionäre, die Gründer und

4 Superschwache Beziehungen: Die Ampel und die Oper

die Angestellten sowie die Mitarbeiter der Unternehmen, an denen Berkshire beteiligt ist. Im traditionellen Sinne ist Status ja nichts anderes als Position – und hier befindet man sich in derselben Position mit den anderen Kapitalistenwoodstockpilgern wieder. Auf der Bühne geben die Begründer der Gesellschaft ihre Weisheiten von sich – man kann sie als Hohepriester des Kapitalismus ansehen. Das Publikum hängt an ihren Lippen und holt sich auf diese Weise Tipps für das eigene Börsenverhalten. Auch hier sind zwar alle an der Produktion des Events und an der gegenseitigen Orientierung beteiligt, allerdings sind einige herausgehoben und verfügen damit über mehr Einfluss als die anderen. Mit der Menge an Einfluss ist das gegenseitige Verhältnis aber noch unzureichend beschrieben: Was von Buffett und Munger zu lernen ist, spielt sich in einer anderen Sphäre ab als das Eventverhalten, das man sich von den anderen Besuchern in derselben strukturellen Position abschaut. Dabei meint dieselbe strukturelle Position, dass die Besucher dieselben Beziehungen untereinander wie zu anderen haben. Die Veranstalter sind die Gurus, zu denen die meisten Besucher aufblicken. Die Mehrzahl der Teilnehmer ist untereinander aber unbekannt, sieht man von den wenigen ab, die mit Freunden dort sind. Wenn institutionelle Anleger dabei sind, so nehmen diese ebenfalls eine eigene Position ein – diese dürften einen besseren Zugang zu den Veranstaltern haben. Die wenigen Angestellten des Unternehmens bilden wiederum eine eigene Position, denn sie kennen sich alle untereinander (es handelt sich nur um 25 Personen). Ihnen dürften auch einige Anleger bekannt sein. Dann dürften die Vertreter der Unternehmen, die Berkshire besitzt oder von denen diese Anteile besitzen, wiederum in einer eigenen Position zusammenfassbar sein. Auf der Hauptversammlung kann man Produkte dieser Unternehmen zu vergünstigten Preisen erwerben. Den unterschiedlichen Positionen können wir also auch verschiedenerlei Aufgaben bei der Verhaltensübertragung zuordnen.

Zur Untersuchung der verschiedenen Positionen und ihrer Beziehung zueinander wurde die positionale Analyse entwickelt (White et al. 1976). Diese steht in einer gewissen Beziehung zur Rollentheorie (Nadel 1956), mit deren Hilfe man versuchte, Handlungen von Personen aufgrund ihrer Stellung in der Gesellschaft zu verstehen.

Allerdings wurde die Rollentheorie vielfach kritisiert – sie kann beispielsweise nicht die Bedeutung der Sozialisation und die Herausbildung von Identitäten abseits der vorgegebenen Rolle erklären (Habermas 1968, 1981) bzw. scheitert an der Idee, ein Tableau von in der Gesellschaft vorhandenen Positionen mit den zugehörigen Rollen aufzustellen (White 1992)[2]. Die positionale Analyse geht aber über diese hinaus, weil der alten Fassung der Rollentheorie es an dem Wesentlichen mangelte, was die Gesellschaft antreibt: die Prozesshaftigkeit der gegenseitigen Anpassungsleistungen und die Möglichkeit, Verhalten gegenseitig auszuhandeln. Dieses ist eben nicht schon in starren Verhaltensweisen gegenüber anderen festgelegt, so jedenfalls die Erkenntnis, die sich an die Überlegungen von White in den 1970er Jahren anschlossen. Man könnte also sagen, dass die Anpassung an das Verhalten anderer dann leichter fällt, wenn man sich in derselben Position befindet. Ein paar Mal schon ist das Heavy-Metal-Festival als Beispiel bemüht worden (eine Musik, in der ich selbst bislang allerdings nicht heimisch geworden bin). Dort befinden sich fast alle Festivalbesucher in derselben Position. Daher fällt es leicht, es den anderen gleichzutun. Diejenigen, die im nahe gelegenen Dorf leben, dürften hingegen das Treiben der Besucher als einigermaßen skurril beschreiben. Vielen von diesen leuchtet weder das Verhalten der Festivalteilnehmer noch deren Motivation ein. Abgesehen vielleicht vom ortseigenen Feuerwehrblasensemble dürften die meisten Dorfbewohner froh sein, wenn das Festival vorbei und das Gelände wieder geräumt ist. Die Dorfbewohner befinden sich in einer anderen Äquivalenzklasse – sie müssen sich daher nicht um Bier und einen Zeltplatz, nicht um das Wetter und das Erwärmen von zuvor in Blechbüchsen gefangen gewesenen Ravioli bemühen. Zudem dürfte für die meisten die Musik, die auf der Bühne gespielt wird, nicht zum liebsten musikalischen Genre gehören.

Für die Dorfbewohner ist das Festival ein Ereignis, auch wenn die meisten von ihnen damit wenig anfangen können. Diese Leute aus dem Dorf verbindet mit den Festivalbesuchern nicht dieselbe Lage (sie schlafen über Nacht im eigenen Bett und nicht im Zelt oder Auto). Bei denjenigen im Dorf, die die Musik mögen, ist dies vielleicht ein Homophiliemerkmal, welches diesen Teil der Einheimischen mit den Festivalbesuchern verbindet. Diejenigen, auf die das zutrifft, können

4 Superschwache Beziehungen: Die Ampel und die Oper

sich mit dem Verhalten der Fremden anfreunden und orientieren sich an bestimmten Teilen des Verhaltens der Festivalbesucher. Sie bringen diesen sicherlich auch eher Sympathie entgegen, als das bei dem anderen Teil der Dorfbewohner der Fall ist. Hier wirkt zwar nicht die strukturelle Äquivalenz (sich in der gleichen Lage mit gleichen Beziehungen zu befinden), dafür aber die Homophilie (hier die Ähnlichkeit hinsichtlich des Geschmacks). Bei den Festivalbesuchern selbst hingegen spielt sowohl die Homophilie als auch die strukturelle Äquivalenz eine Rolle.

Sind diese beiden Voraussetzungen (oder manchmal reicht auch nur eine davon) gegeben, dann führt Beobachtung viel eher zur Übertragung, als wenn jemand die Musik und/oder das Verhalten der Besucher ablehnt und diese für Spinner hält. In solchen Fällen wird das Gegenteil von Verhaltensübernahme stattfinden. Es kommt zu einer Distanzierung. Jemand, dem das Treiben der Besucher als sehr skurril erscheint, der wird sich wahrscheinlich auch von der Musik distanzieren (oder umgekehrt).

Damit superschwache Beziehungen ihre Wirkung entfalten können, ist es also nicht nur notwendig, sich zu einer bestimmten Zeit am selben Ort zu befinden, um beobachten zu können – es muss auch noch irgendeine Art der Übereinstimmung oder Sympathie gegeben sein. Dabei kann es sich darum handeln, dass man sich in einer ähnlichen Lage befindet oder es zu einer Homophiliekonstruktion kommt.

Angesichts der heute überall verfügbaren Navigationsgeräte hören sich manche Erzählungen aus der Zeit davor regelrecht skurril an. So wurde mir davon berichtet, dass Leute, die sich verfahren hatten, einfach anderen hinterherfuhren. Die Entscheidung dazu wurde aufgrund des Nummernschildes des Wagens, der zum Leitauto erkoren wurde, getroffen. Da man sich navigatorisch verloren fühlte, orientierte man sich an einem Kennzeichen eines Wagens, welches dem des Zielortes entsprach. Hieraus wurde geschlossen, dass diese Personen den Weg in die richtige Richtung eingeschlagen hatten. In einem einseitigen Akt begaben sich die Berichtenden in eine zeitweise Abhängigkeit zu den Vorausfahrenden. Die Vermutung, dass diese dieselbe Richtung einschlagen würden, können wir hier durchaus als die einseitige Konstruktion einer superschwachen Verbindung deuten. Diese wurde über die Assoziation des Nummernschildes hergestellt. Solche Geschichten werden allerdings erst durch ihr Misslingen besonders interessant, nämlich dann, wenn die Spekulation zum Ärger der Verfolgenden nicht aufging: Wenn ich mich richtig an den Bericht einer Verwandten entsinne, verschwanden die Leute im voranfahrenden Auto einfach in einer Einfahrt und als Ergebnis war die Orientierungslosigkeit eher noch größer. Gleichwohl kann eine solche Situation, in der man nicht weiß, welchen Weg man einschlagen soll, zu einer leichten Verzweiflung führen. Offenbar ist das ein Zustand, in dem sich Leute noch lieber als sonst in ihrem Verhalten anderen anschließen. Vielleicht ist Verzweiflung zu viel gesagt für die geschilderten Fälle, in denen man Verhalten auf Events lernen muss – an Orientierung fehlt es aber auch da. Im Gegensatz zu nur einem Vorausfahrenden finden sich aber hier eher noch mehrere andere Anwesende, die sich beobachten lassen und an denen sich das eigene Verhalten orientieren lässt.

Wer steht bei Rot? Die Fußgängerampel

In Frankfurt gehen die meisten Leute auch bei Rot über die Ampel. Ausnahmen finden sich in der Stadt an unübersichtlichen Kreuzungen oder am ehesten dann, wenn Kinder in der Nähe sind. Das habe ich als Vater auch erlebt, als ich mit meinem Sohn an der Ampel auf das grüne Signal wartete. Einmal befand sich eine etwas ältere Dame auf der gegenüberliegenden Straßenseite; sie war ebenfalls stehen geblieben. Mein Sohn war noch klein. Ich hatte ihn auf die Schultern genommen. Wir warteten eine halbe Ewigkeit trotz leerer Straße; irgendwann wurde es mir zu bunt, ich verlor die Geduld und überquerte die Fahrbahn mitsamt dem Kinde. Für die Dame gegenüber war das der Auslöser für wüste Beschimpfungen – sie sei nur wegen uns stehen geblieben und insbesondere wegen des Kindes.[3] Sie wünsche mir, dass mein Sohn nicht irgendwann überfahren werden würde. Sie war deutlich aufgebracht.

Mit ihrer wüsten Tirade bestätigte sie aber tatsächlich das von mir Beobachtete, nämlich die offensichtlich ortsgebundene Frankfurter Kultur, dass man eben nicht unbedingt bei Rot stehen bleibt, sondern sich umschaut und einfach geht – natürlich nur, wenn kein Auto

4 Superschwache Beziehungen: Die Ampel und die Oper

kommt. Dass man kleinen Kindern, die den Überblick noch nicht haben können (was an manchen Kreuzungen auch für Erwachsene gilt), das Stehenbleiben beibringt, ist davon ja gänzlich unbenommen. Man kann die Reaktion der älteren Dame auch so erklären: Sie hätte die Ampel ebenfalls missachtet, wenn nicht ich mit meinem Filius in ihrem Blickfeld gewesen wäre.

Ich habe mal eine Zeit lang eine Professur in Jena vertreten. Dort war das Ampelverhalten ein gänzlich anderes. Wenn dort das Lichtsignal Rot anzeigte, so war es egal, ob ein Auto in Sichtweite war oder nicht – es spielte auch keine Rolle, ob Kinder anwesend waren –, die Leute blieben eisern stehen. Es kam niemand auf die Idee, gegen die Fußgängerverkehrsregel zu verstoßen. Mir mit meinem weitestgehend in Frankfurt erworbenen kulturellen Straßenverkehrsüberlebenswerkzeugkasten erschien das ziemlich eigenartig. Ein Freund erklärte mir vor langer, langer Zeit, ich war vielleicht gerade 20 Jahre alt und wohnte noch nicht sehr lange in Frankfurt, dass im ehemaligen „Quartier Latin", im Stadtteil Bockenheim, wo sich die alte Universität damals noch hauptsächlich befand, die Verkehrsregeln sowieso außer Kraft gesetzt seien. Mittlerweile trifft dies offenbar auf das gesamte Stadtgebiet zu. Das wiederum wirft die Frage auf, wie sich solche Verhaltensweisen in einer Stadt verbreiten. Die Überlegung, dass ein Grund für die Unterschiede in der Beobachtung des Verhaltens anderer liegt, ist sehr naheliegend. Die Menschen passen sich den anderen an und orientieren sich an diesen. Wenn es also genug Leute gibt, die sich nicht an die Verkehrsregeln halten, dann besteht eine gute Chance, dass sich ausgehend von diesen das Verhalten der Mehrheit über die Zeit verändert.[4]

Mit dem thüringischen Jena hingegen ist das gar nicht zu vergleichen (die geschilderte Beobachtung trifft nicht nur auf die eine Stadt zu – mir fällt das an anderen Orten auch immer wieder auf, beispielsweise in Berlin, der häufig als so chaotisch betrachteten Hauptstadt. Dort scheint eine größere Ampeldisziplin zu herrschen, als das in Frankfurt der Fall ist).

Was ich sagen will: Es gibt unterschiedliche lokale Kulturen, wie man mit den Verkehrsregeln umgeht. Die Frage nun aber ist, woher das kommt. An dieser Stelle wieder eine Selbstbefragung: Warum bleibe ich in Jena eher stehen als in Frankfurt? Hm, die Antwort ist: Ich passe mich dem an, was ich sehe, was sich um mich herum abspielt. Zwar habe ich auch in Thüringen den Drang, die Straße zu überqueren – und würde das auch tun, wenn ich es sehr eilig hätte. Die Bahn wartet schließlich nicht. Da ich schon spät unterwegs zu meinem Vortrag bin, kann ich eigentlich nicht wie vorgeschrieben warten. Ich bleibe aber trotzdem stehen, weil ich mir nicht sicher bin, ob das nicht zu Geschimpfe bei den anderen Wartenden führen wird. Die gefühlte Erwartung der anderen, die Ampel zu beachten, übt Druck auf die Anwesenden auf beiden Seiten der Straße aus. Für mich bedeutet dies, dass ich mich der lokalen Kultur unterordne, darin steckt eine Verhaltensanpassung an das Ortsübliche. Wenn wir dies weiterdenken, sehen wir, dass es sich um einen Mechanismus handelt, der dafür sorgt, dass lokale Kulturen aufrechterhalten werden. Man kann also sagen, dass auch solche lokalen Kulturen über superschwache Beziehungen vermittelt werden.

Eine Frage bleibt allerdings bei dieser Betrachtung offen: Wie verändern sich die Regeln dann? Wenn sich alle an das beobachtete Verhalten der anderen anpassen, wie kann es dann sein, dass unterschiedliche lokale Kulturen entstehen? Eine Erklärung könnte sein, dass unter bestimmten Umständen wenige Regelverletzungen ausreichen, um die Anerkennung der Norm ins Wanken zu bringen. Schließlich ist es nicht so ganz rational, wenn man wegen einer Ampel an einer Überquerungsstelle wartet, an der offensichtlich kein Auto unterwegs ist. Wenn nun einige Personen mit dem Regelbruch beginnen, könnte das ein paar andere anstecken. Schließlich sehen es die Wartenden ebenfalls nicht mehr ein, dass sie ihre Zeit bis zum Umspringen des Ampelmännchens vergeuden. Ich denke aber, dass eine solche Änderung einer lokalen Kultur sich dennoch nicht von heute auf morgen durchsetzt. Die Erklärung meines Freundes, die aus den frühen 1980er Jahren stammte, war, dass es in Bockenheim so viele Spontis (locker verbundene sich politisch links fühlende Personen aus der Nach68igerzeit) gäbe, die sich nicht an die Regeln halten würden. Das Rotgehen wurde als eine Art von Mikrorebellion aufgefasst: eine Stelle, an der man sich damals noch als Nonkonformist zu erkennen geben konnte. Wenn das so stimmt, könnte sich die Verhaltensänderung zunächst in einer

4 Superschwache Beziehungen: Die Ampel und die Oper

lokalen Mikrokultur (der nichtorganisierten Linken) durchgesetzt und dort gefestigt haben. Mit der Zeit wurden auch diejenigen angesteckt, die damit gar nichts am Hut hatten. Ich gebe zu, dass es sich um eine gewagte Erklärung handelt, die glücklicherweise auch kompatibel mit meiner Biographie ist, sich aber nur schwer im Nachhinein empirisch überprüfen lässt. Was hingegen für die Erklärung spricht, ist, dass Spontis, Alternative und ähnliche Leute auch an ihrem Äußeren erkennbar waren: Lange Haare bei Männern waren ein solches Zeichen, auch eine bestimmte Kleidung und, gar nicht so selten, offen getragene Identitätsrequisiten, wie rote oder gar rot-schwarze Sterne, Peace-Abzeichen oder Atomkraft-Nein-Danke-Aufkleber. Wenn die Rebellenthese stimmt, haben es diejenigen, die genauso oder so ähnlich denken (wie die Antwortkategorien zur Bestimmung der Zugehörigkeit zu bestimmten Milieus aus meiner Erinnerung in der damals oft zitierten Shell-Jugendstudie hießen), immer eine Gelegenheit, sich an denjenigen zu orientieren, die ihnen ähnlich sind. Diejenigen, die solche wie die beschriebenen Leute für suspekt erachteten, mögen zunächst einmal, vielleicht sogar demonstrativ, stehen geblieben sein. Die anderen sind gegangen. Durch die Ansteckung im Kleinen aber wurde mit der Zeit die allgemein gültige Regel unterhöhlt. Die Wirkung der superschwachen Beziehungen hätte sich dann von einer zunächst eingrenzbaren Gruppe an jungen Leuten, vornehmlich Studierenden, die über eine eher antiautoritäre Grundeinstellung verfügten, auf die Mehrheit der Bevölkerung ausgebreitet. Die Gruppe der Ampeltreuen wurde auf diese Weise immer weiter reduziert, bis schließlich fast kein lokal Ansässiger mehr stehen bleibt. Die jungen Leute von damals haben es geschafft, dass auf diese Weise eine kritische Masse erzeugt wurde, welche die allgemeine Kultur (an diesem Ort) änderte. Etliche Leute aus Jena werden zwar auch schon einmal in Frankfurt gewesen sein und sich über das merkwürdige Verhalten der Einwohner dort gewundert haben. Vielleicht haben sich einige davon während ihres Aufenthaltes auch der lokalen Frankfurter Kultur angepasst. Wieder zurück reichen das Gesehene und die Möglichkeit einer Übertragung des Verhaltens aber nicht, um eine kritische Masse zu erreichen. Wenn die anderen stehen bleiben und das Gehen potenziell sanktionieren, wird die alte Ordnung fortbestehen bleiben.

Wenn das so einigermaßen stimmt, bedeutet das, dass ich etwas über die gültigen Regeln an einem Ort lerne, indem ich die anderen Menschen um mich herum beobachte. In der Situation, in der ich diese Beobachtung anstelle, wirken allein die superschwachen Beziehungen zu den anderen gerade anwesenden Personen. Tatsächlich kenne ich die Person nicht, die mir gegenüber oder mit mir an der Ampel steht, aber ihr Verhalten wirkt sich dennoch auf mich und das, was ich tue, aus. Das beschreibt ein typisches Merkmal von solchen superschwachen Beziehungen: Man kennt sich nicht, man trifft sich in aller Regel nicht wieder, und dennoch zeigt das Verhalten des anderen seine Wirkung – und mein Verhalten wirkt sich ebenfalls auf dessen Verhalten aus.

In der beschriebenen Situation besteht ja eine äußerliche Norm, die Verkehrsregel – diese ist eine Art dritter Spieler in der Konstellation. Man könnte auch schon an dieser Stelle auf die Idee kommen, dass es nicht nur auf die gleichzeitige Anwesenheit ankommt, die man mithilfe eines bimodalen Modells beschreiben könnte. Ein solches Modell hat eine Matrix als Grundlage. Die Matrix wird aufgebaut durch das Eintragen der Teilnehmenden in den Zeilen und der Events in den Spalten. Ein Event wäre in diesem Beispiel die gleichzeitige Anwesenheit an einer Ampel. Die Überlegung ist, dass das Verhalten der Personen vor allem mit den Regeln (der lokalen Kultur) zusammenhängt, denen die Personen dort ausgesetzt sind. Die Regeln sind in solchen Fällen am Verhalten der Personen beobachtbar (oder durch Sanktionen/Nichtsanktionen erfahrbar, wenn man diese übertritt). Auf solche Regeln kann man sich beziehen oder auch nicht, wobei Letzteres zu Sanktionen führen kann, aber nicht unbedingt muss. Sie sind also in einer bestimmten Weise verhaltensrelevant – auch sie gehören zum kulturellen Werkzeugkasten. Es besteht jedoch ein großer Unterschied zwischen beiden Möglichkeiten: Die Norm zu missachten, geschieht explizit (und sie ist sogar strafbewehrt im Fall der Ampel etwa – auch wenn dieser Verstoß praktisch nie polizeilich geahndet wird); sie zu beachten, ist vielleicht nur habituell. Letzteres deswegen, weil das Straßenüberquerungsverhalten in diesen Städten gar nicht mehr hinterfragt wird. Nur diejenigen, die es anders gewohnt sind, nehmen die ausgeprägte Regel wahr, da sie ihren eigenen Gewohnheiten widerspricht. Die Orte besitzen unterschiedliche Traditionen – je nachdem, wie sich die anderen Anwesenden verhalten, entwickelt sich eine Tradition, also eine lokale Kultur, mit einer solchen Situation umzugehen.

Abhängigkeit von Autoritätsbeziehungen im positionalen Gefüge

Lernen durch superschwache Beziehungen passiert nicht nur durch Beobachtung von Passanten; möglich ist das auch, wenn man beispielsweise auf Autoritäten trifft – nennen wir diese hier einmal „Zeremonienmeister+-meisterinnen". Solche Situationen können ganz unterschiedlich konnotiert sein. Das Beispiel des Musikfestivals, bei dem einer der Musiker über dem Kopf zu klatschen beginnt und damit das Publikum zum Mitmachen auffordert, wurde bereits genannt. Dann entsteht eine Masse von Menschen, die sich in ihrem Verhalten anpassen und vor allem den Musikern auf der Bühne folgen.

In anderen Fällen ist die Beziehung vielleicht etwas enger, aber dennoch noch nicht stark genug, um als „schwach" im Sinne von Granovetter (1973) gelten zu können. Man denke etwa an die Einpeitscher in Fußballstadien, die gelegentlich auch als die Choreographen der Fanblöcke bezeichnet werden. Für mich als eigentlicher Nichtfan mit ganz gelegentlicher Stadionerfahrung ist es faszinierend mitanzusehen, und angesichts der dort offenbar als normal geltenden (aber mir gänzlich unbekannten) Rituale ist es gleichzeitig auch etwas verstörend. Diejenigen, welche die Choreo steuern und nach Outfit und besonders nach ihrem Verhalten zu urteilen zu den größten Fans und Unterstützern ihrer jeweiligen Mannschaft gehören, schauen sich das Spiel gar nicht an. Wahrscheinlich fühlen sie das, was gerade auf dem Rasen passiert an den Reaktionen der anderen Fans um sich herum. Als Reaktion darauf trommeln, rufen bzw. schreien diese Einpeitscher, was gerade im Chor gerufen oder gesungen werden soll. Ein wüster Chor, der da entsteht, der die eigenen Spieler über den Rasen trägt und dabei gleichzeitig in der Lage ist, die gegnerische Mannschaft (und auch deren Fans) einzuschüchtern. Diese Zusammenarbeit, die wesentlich auf superschwachen Beziehungen beruht, scheint dabei durchaus erfolgreich zu sein. Das ist leicht zu überprüfen, denn beim Fußball wird über alles eine Statistik geführt, auch über die Heimsiege: Im Durchschnitt über etwa 55 Jahre Geschichte der Bundesliga stehen über 50 % Heimsiegen nur etwa 23 % Auswärtssiege gegenüber (der Rest der Spiele ging unentschieden aus).[5]

Solche Meisterinnen der Zeremonie finden sich auch an ganz anderer Stelle – auch dort, wo es sich weniger um ein Ritual handelt oder dieses weit schwächer ausgeprägt ist: Ich war während der letzten Buchmesse bei verschiedenen Buchvorstellungen an verschiedenen Locations in der Stadt. Das war die Zeit, als Corona noch präsent war. Da hatte ich es immer mit impfausweiskontollierendem Personal an den Türen zu tun. Neben dieser augenscheinlichen Aufgabe halfen diese den Besuchenden. Sie bestimmten wesentlich, welchen Platz man einnehmen sollte, ob man sich schon mal setzen konnte oder noch in der Schlange warten musste. Auch zu dieser Mitarbeiterin des Veranstalters besteht in der Situation eine superschwache Beziehung. Man geht eine temporäre Beziehung zu einer Person ein, die aber nur in Teilen als Person selbst auftritt, sondern mehr durch ihre Position Autorität besitzt. Eigentlich handelt es sich zumindest an dem einen Ort, an den ich gerade denke, um eine studentische Aushilfe. Gut möglich, dass wir uns in ein paar Wochen in umgekehrten Rollen beggnen. In diesem Moment aber nimmt sie die Rolle einer Ordnungskraft ein. In der Regel wird man den Anweisungen Folge leisten – eher selten tut man das nicht und hinterfragt, was eigentlich hinter der von dieser Person verbreiteten Anweisung steckt. Ist die hervorzurufende Verhaltensanpassung im Rahmen dessen, was durch den Positionsunterschied gedeckt ist? Wenn das nicht der Fall ist oder man sich von dieser Person nicht angemessen behandelt fühlt, dann kann das Widerspruch hervorrufen. Dennoch sind Autoritätsbeziehungen notwendig – man kann nicht in jeder Situation jede Maßnahme diskutieren. Wenn das so wäre, wären solche Events kaum zu organisieren.

Relativ häufig jedoch geschieht dieses Hinterfragen. Für die Polizei oder die Feuerwehr kann es problematisch werden, wenn die Leute nicht ihren Anweisungen Folge leisten. Das kann dazu führen, dass das Einsatzziel infrage gestellt wird. Normalerweise ist es einsichtig, für die heraneilende Hilfe der Polizei oder der Feuerwehr den Weg frei zu machen. Allerdings ist hier manchmal der Grat zum Amtsmissbrauch ein schmaler. Wenn die Polizei weiß, dass die Leute das tun, was ihnen gesagt wird, dann kann das auch dazu führen, dass dies ausgenutzt wird. Insofern ist es sicherlich nicht falsch, in manchen Situationen zu hinterfragen, was da gerade vor sich geht. Das aber ist unabhängig vom Grundsätzlichen, wir lassen uns ständig von anderen, mit denen wir nur über eine superschwache Beziehung verfügen, Verhalten vorgeben. Das gilt immer dann, wenn es die Positionen hergeben: die Kassiererin im Supermarkt, die uns sagt, wir sollen uns nicht mehr anstellen, oder der Pförtner, der uns darum bittet, die andere Tür zu benutzen.

Verschiedene Arten superschwacher Beziehungen

Am Beispiel von Granovetters Beziehungsdefinition hatte ich kritisiert, dass sich Beziehungen eigentlich nicht gut in einem Kontinuum darstellen lassen, da beispielsweise besonders starke Beziehungen sich in zahlreichen Eigenarten stark voneinander unterscheiden. Das wurde vorne ausgeführt. Gut möglich, dass Granovetter ein Problem damit hatte, alle von ihm beobachteten Beziehungsarten zu Kategorien zusammenzufassen. Wenn das stimmt, suchte er Rettung in der Überlegung, dass sich Beziehungen am besten hinsichtlich ihrer Stärke ordnen ließen. Ich habe das an Granovetter kritisiert, weil ich denke, dass Kategorien die verschiedenen Eigenschaften von Beziehungsarten besser beschreiben können als die Dimension der Stärke, die bei der granovetter'schen Betrachtung als einzige übrig bleibt. Beim genaueren Durchdenken fällt mir aber auf, dass meine Beschreibungen von superschwachen Beziehungen bis hierhin auch ein paar Probleme aufweisen.

Unschärfe der Abgrenzung zwischen verschiedenen Beziehungsstärken

Da wäre zum einen eine gewisse Unschärfe der Abgrenzung zwischen superschwachen und schwachen Beziehungen. Zwischen beiden Kategorien gibt es zahlreiche Übergänge. Aus einer superschwachen Beobachtungsbeziehung wird gelegentlich in kürzester Zeit eine intime Begegnung, die manchmal nicht nur beim Miteinanderknutschen endet. Ähnliches ist vielen von uns auf Partys oder in Urlauben schon widerfahren. In solchen Fällen ändern sich die Beziehungskategorien sehr schnell – und häufig wird trotz des Moments höchster Intimität nicht unbedingt eine starke Beziehung daraus. Trotz dieser Unschärfe nicht nur hinsichtlich der Stärke, nein auch der Kategorien von Beziehungen, können wir auch unterschiedliche Arten von superschwachen Beziehungen unterscheiden. Diese haben aber allesamt gemein, dass sie zu schwach sind, um in den klassischen Betrachtungen zur Stärke von Beziehungen, geschweige denn im Mainstream der Netzwerkforschung Beachtung gefunden zu haben.

Grundidee der gegenseitigen Beobachtung

Bis jetzt habe ich im Buch, vor allem an Beispielen, eine ganze Reihe von superschwachen Beziehungen behandelt, die sich an manchen Stellen voneinander unterscheiden. Es finden sich Unterschiede hinsichtlich ihrer „Stärke" (trotz Superschwäche, die allen gemein ist). Die Grundidee der Behandlung des Themas war abgeleitet davon, dass eine Person andere Personen in einer bestimmten Situation beobachten kann und diese Beobachtung Auswirkungen auf die beobachtende Person zeigt. So kann es sein, dass die beobachtende Person ihr eigenes Verhalten aufgrund dessen, was diese zu sehen bekommt, verändert. Als Folge mag sie sich anpassen oder dies absichtsvoll sein lassen. Letzteres kommt beispielsweise dann vor, wenn die die anderen betrachtende Person sich in einer anderen Position befindet. Vielleicht passt sich auch gar nicht das aktuelle Verhalten an, sondern die beobachtete Verhaltensweise geht in das Repertoire der Person ein; sie bereichert dann also ihr Cultural Toolkit. Dann kann dieses in einer zeitlich folgenden Situation mit bestimmten Ähnlichkeiten zur Wirkung gebracht werden. Für das gerade Beschriebene finden sich zahlreiche Beispiele im Buch, so etwa dann, wenn es um das Verhalten auf Trauerfeiern geht oder um die Vorbereitung eines Festivalbesuchs.

Superschwache Beziehungen in Medien

Es lassen sich aber noch weitere Arten von superschwachen Beziehungen beschreiben: etwa, wenn man sich auf Twitter bewegt und die Tweets der anderen Hinweise darauf geben, wie man sich innerhalb dieses sozialen Mediums verhält – etwa dahingehend, welche Art von Witz dort verbreitet wird und welche Arten von Reaktionen die anderen Twitterer daraufhin zeigen: wird eine Kurznachricht weitergeleitet und/oder mit Herzchen versehen oder wird diese kritisiert. Mit anderen Worten kennt man im Extremfall die dort Schreibenden nicht einmal mit Namen – und dennoch wird ihre Äußerung für uns verhaltensrelevant: Es entsteht ein ganz schwaches Band zwischen dieser Person und mir. Ähnliches habe ich beobachtet, als ich Shitstorms untersuchte (Stegbauer 2018). In einem Beispiel wurde dieser von einer xenophoben Facebookgruppe losgetreten. Von dort aus wurde ein Bild mit den Eintrittspreisen eines Regionalmuseums geteilt. In der zugehörigen Nachricht wurde mit herabwürdigenden Formulierungen kritisiert, dass Asylsuchende unter bestimmten Bedingungen freien Eintritt erhalten konnten; Grundhilfeempfänger dagegen mussten einen Eintrittspreis entrichten, der allerdings ermäßigt war. Auf dem geteilten Bild war auch erkennbar, dass für Hunde ein Euro zu entrichten war. Eine Tatsache, die in zahlreichen der Schmähbeiträge aufgegriffen wurde. Eine genauere Untersuchung des Musters, der Wiederholung dieses Themas zeigte, dass sich die Beitragenden überzufällig häufig an dem orientierten, was kurz vorher gepostet wurde (Stegbauer 2020a). Was sich an dem Hundemotiv zeigte, konnte auch für andere Motive (etwa der Forderung nach Boykott des Museums) bestätigt werden.

Wir sprechen häufig von Internetblasen, die auch für eine Einheitlichkeit der Interpretation von bestimmten Sachverhalten stehen. Beim Stichwort der Einheitlichkeit der Interpretationen klingelt es natürlich auch auf einer anderen Seite – solche Blasen sind also nicht nur Horte relativ einheitlicher Informationen, sie stehen auch für die Entstehung von Mikrokulturen. Das Ganze geschieht, obwohl sich zahlreiche der Beteiligten noch nie gegenseitig über den Weg gelaufen sind. Ihr einziger Kontakt besteht darin, dass die Artefakte ihrer Kommunikationsbeiträge für die anderen Teilnehmer wahrnehmbar sind. Dies kann bereits dazu führen, dass eine Annäherung der Verhaltensweisen entsteht. Aus dem Aufgreifen von bestimmten Inhalten wie dem des Eintrittspreises für Hunde und dem Boykottaufruf gegenüber dem Museum entstehen Möglichkeiten, die gegenseitige Orientierung mithilfe von Simulationen zu untersuchen. Etwas anderes, was am geschilderten Beispiel offensichtlich war, ist die Sprache, die nur wenig Wert auf übliche Konventionen der Rechtschreibung und der Grammatik legt. Gängige Höflichkeitsregeln im Umgang miteinander bzw. im Urteil über andere sind außer Kraft gesetzt. Es entwickelt sich in diesem Fall eine spezifische Umgangsform, die gerade durch die Missachtung von Konventionen auffällt. Die Übertragung von Verhalten funktioniert also auch dann, wenn die Beteiligten sich nicht sehen, aber ihre Artefakte noch vorhanden sind. Wenn es möglich ist, dass solche super-superschwachen Beziehungen schon verhaltenswirksam sind, könnte man diesen Sachverhalt auch noch weitertreiben. Ich will das aber nicht systematisch tun, sondern hier nur anschneiden. So werden zahlreiche Texte bereits von nichtmenschlichen Akteuren verfasst – von Bots etwa, die zwar momentan noch keine sehr komplexen Arbeiten erledigen. Wenn aber, wie in diesem Beispiel gezeigt, schriftliche Artefakte verhaltenswirksam sind, ist die Manipulation von Menschen gar nicht so fern. Noch werden Trollfabriken eingesetzt, in denen Mitarbeiter Hunderte von gefälschten Identitäten bewegen, um Meinungen zu manipulieren – vielleicht geht das in gar nicht so ferner Zeit automatisch. Die Menschen passen sich dann der gefühlten Mehrheit an, so die Hoffnung der Internet-Trolle. Selbst wenn diese Gleichung nicht eins zu eins aufgeht, können die gefakten Mitteilungen dennoch Zweifel säen, die dann möglicherweise zu Misstrauen führen.

Es wird behauptet, dass die Querdenkerszene von den Trollen beeinflusst worden sei (Kuroczik 2022).

Die Orientierung an anderen verläuft häufig aber auch vermittelt – wenn Webseitenbetreiber diese Vermittlung vornehmen. Damit sind wir oft konfrontiert, wenn wir irgendein Produkt kaufen wollen. Nehmen wir an, es handelt sich um ein einfaches Radiogerät, mit dem wir auch im Bad morgens auf dem Laufenden bleiben können. Früher ging man zu diesem Zweck in ein Kaufhaus in der Nähe. Dort waren ein paar Geräte, die infrage kamen, vorrätig, und man traf die Wahl unter diesen. Eine Anfrage beim Schreiben dieser Zeilen listet bei Amazon 192 Radiogeräte auf. Wir wissen aber, dass wir ab etwa einem halben Dutzend zur Wahl stehender Dinge überfordert sind (auf die magische miller'sche Zahl (Miller 1956) wurde bereits hingewiesen – sie steht für die Kapazität unseres Kurzzeitgedächtnisses). Ein Beispiel für die Wirkung der Beschränkung ist das sogenannte „Marmeladenexperiment": Einmal wurde eine große Anzahl Marmeladen kombiniert mit einem Sonderangebot zur Probe in einem Supermarkt aufgebaut, ein anderes Mal wurden nur wenige unterschiedliche angeboten. Mit diesem Vorgehen konnten die Forscher Iyengar und Lepper (2000) zeigen, dass uns zu viele Möglichkeiten überfordern. Im Test waren 24 Marmeladensorten deutlich zu viel – wurde im Sonderangebot diese Masse angeboten, probierten und kauften die Kunden weit weniger, als wenn das Angebot auf eine geringe Auswahl eingeschränkt war.

Die 24 verschiedenen Sorten sind noch wenig gegenüber den annähernd 200 Radiogeräten. Im Fall der Internetauswahl sind wir also zunächst orientierungslos und benötigen Hilfe. Seit einiger Zeit werden bestimmte Geräte mit einem Label versehen: „Amazons Tipp". Offenbar hat Amazon das Problem erkannt und reagiert darauf (oder vielleicht vermarkten sie dieses Label auch). Ansonsten kann man sich am Verkaufsrang des Produktes orientieren. Andere haben sich die Entscheidung auch nicht leicht gemacht – so könnten wir vor uns selbst argumentieren; die Produkte mit einem hohen Verkaufsrang sollten also nicht schlecht sein. Hinzu kommen noch die Bewertungen anderer Kunden, die uns bei der Entscheidung helfen können. Allerdings sind dort selten Langfristerfahrungen gelistet, und es ist auch bekannt, dass sich einige gefälschte Bewertungen darunter befinden. So versenden manche Firmen Produktmuster gegen gute Reviews – was ich im engen Bekanntenkreis selbst erlebt habe. Bei dem, was ich hier berichte, handelt es sich um eigene Erfahrungen. Allerdings bringt die Orientierung an anderen nicht unbedingt das beste Ergebnis. Hierauf gibt die Untersuchung von Salganik und anderen (2006) einen Hinweis. Die Forschenden setzten für ihr Experiment ein Musikportal auf. Dort waren Musikstücke frei abrufbar, und die Abrufer konnten je nach Durchgang des Experiments die Songs bewerten. Auch waren ihnen unterschiedliche Informationen zugänglich. Es war für die Teilnehmenden kaum möglich, alle Musikstücke zu hören. Wenn ihnen eine Information über die Abrufzahlen gegeben wurde, so orientierten sich viele der Probanden daran. Mit diesem Verfahren wurde zwar kein schlechtes Stück (nach Bewertung der Teilnehmer) zu einem Hit, es reichte aber aus, durchschnittlich gut zu sein, um ganz nach vorne zu kommen.

Was hier geschildert wird – die Orientierung an anderen –, begegnet uns noch in einem ganz anderen Zusammenhang, in dem wir dies gar nicht so direkt wie in den Beispielen erleben. Jede Google-Recherche beruht darauf, auch wenn wir davon gar nichts mitbekommen. So beruht der Page-Rank-Algorithmus, auf dem die Google-Suchmaschine aufbaut, darauf, inwiefern Internetnutzer andere Webseiten auf ihren eigenen Seiten verlinken. Die Idee ist, dass vielverlinkte Seiten bedeutender sind als solche, die kaum Beachtung finden (Brin und Page o. J.). Diese Idee und deren Umsetzung machte aus den Informatikern Personen, die zu den reichsten Menschen der Welt gehören. Ich selbst finde die Idee grundsätzlich prima – weil Google gute Suchergebnisse liefert (eine Aussage, die durchaus umstritten ist, zumal der Algorithmus seit der Ursprungsidee immer weiterentwickelt wurde und zum Betriebsgeheimnis von Google gehört).[6]

Wie bei allem, so finden sich hier allerdings auch Nebenwirkungen, die in der Beschreibung des Musikexperiments schon angeklungen waren. Was an die Spitze kommt, ist nicht unbedingt das Beste, sondern dahinter steht ein anderer Mechanismus. Dieser wurde vor allem von Albert-László Barabási beschrieben (Barabási und Reka 1999; Barabási 2002). Kleine Unterschiede, in diesem Falle in der Verlinkung von Webseiten, sorgen dafür, dass die Wahrscheinlichkeit der Beachtung

4 Superschwache Beziehungen: Die Ampel und die Oper

der etwas stärker verlinkten Webseiten ansteigt. Dadurch werden sie aber noch mehr beachtet. Am Ende konzentriert sich alles auf wenige Seiten im Internet. Es entsteht eine Struktur, nach der wenige viel und viele wenig haben – eine extreme Ungleichheit also, die auch als „Power-Law"-Struktur durch dieselben Autoren bekannt gemacht wurde. Dies mag zwar den Vorteil haben, dass eine Orientierung von vielen an wenigen Seiten darauf hinwirkt, dass die Kultur nicht zu weit auseinandergetrieben wird. Allerdings wird es dadurch extrem schwer für Neulinge, sich gegenüber den Platzhirschen durchzusetzen. Am Ende entsteht sogar die Tendenz zu Monopolen. Wenn wir an die Big-Player im Internet denken, so besitzt diese Überlegung doch einiges an Evidenz. Wir merken daran, dass auch die kleineren Player im Internet ihren Anteil daran haben, selbst dann, wenn dies nicht von diesen intendiert ist. Unter den ersten Besuchern praktisch jeder neuen Webseite ist der Crawlerbot von Google, der sich zwar auch Inhalte ansieht, dem aber die Links wichtiger sind. Aber auch die kleinen Webseitenbetreiber sind ja nicht unabhängig von dem, was andere getan haben – auch diese recherchieren über eine Suchmaschine, und das, was sie darüber finden, beeinflusst sie ebenfalls. Blogger orientieren sich an anderen Bloggern – auf diese Weise entwickeln sich ganze neue Genres, etwa die Unboxing-Videos auf Youtube, auf denen gezeigt wird, wie jemand etwas im Internet bestellt und anschließend das Paket auspackt.

Weitergedacht bedeutet dies, dass wir uns zum einen direkt an uns Unbekannten orientieren, z. B. wenn wir diese beobachten oder auch nur die Überreste ihres Verhaltens in Form von Mitteilungssequenzen sehen. Zum anderen werden wir durch das Verhalten irgendwelcher ebenfalls unbekannter Personen in indirekter Weise beeinflusst – nämlich dadurch, dass ihre Verhaltensspuren von speziellen Diensten oder Unternehmen aufbereitet, verdichtet und dann wieder an uns zurückgegeben werden. Auch hier ist immer noch ein minimaler Rest an Bezugnahme vorhanden – es handelt sich um mehrfach vermittelte, also um super-super-superschwache Beziehungen. Die Suchmaschine findet etwas von uns und verknüpft uns mit anderen. Dieser Hinweis beeinflusst dann wiederum unser Verhalten. In diesem Falle hätte die Suchmaschine wiederum einen Beobachtungskontakt vermittelt. Es kann aber noch weiter gehen – es lassen sich nämlich auch Suchanfragen bei Google und deren zeitliche Entwicklung auswerten. Dies wurde mit nur mäßigem Erfolg versucht, um eine Grippewelle vorherzusagen (Ginsberg et al. 2009); es wird aber auch eingesetzt, um Informationen über die Entwicklung von Arbeitslosigkeit schon vor den offiziellen Zahlen der Bundesagentur (Askitas und Zimmermann 2009) zu erhalten. Aus solchen Vorhersagen dessen, was in der nächsten Behördenmitteilung zu erwarten ist, entsteht ein Informationsvorsprung, der dann beispielsweise in Investmententscheidungen an der Börse umgesetzt werden kann.

Auch die Wissenschaft baut auf Erfahrungen anderer auf. Das gilt beispielsweise für Autoren, die mir eine Orientierung innerhalb der Soziologie geben – wir stehen auf deren hohen Schultern (wie es Merton (1968) einmal behauptet hat). Auch wenn es sich dabei um eine Metapher handelt, so können wir dies dennoch als eine Beziehung ansehen. Ähnlich geht es Fans von Fußballern, von Musikstars oder von Politikern – trotz nur einseitigen Kontaktes und obwohl nur eine einseitige Beobachtung möglich ist, findet eine Beeinflussung statt. Wir haben also einseitige Kontakte, die sich über Beobachten von Verhalten, über das Lesen von Literatur oder das Zuhören (von Podcasts oder Musik) herstellen und die relevant für uns sein können. Solche Wirkungen unterscheiden sich – sie können durchaus stark ausfallen, obwohl die Person, zu der eine solche superschwache Beziehung besteht, nichts davon weiß oder vielleicht sogar gar nicht mehr lebt.

Wechselseitige superschwache Beziehungen

Von den eben beschriebenen einseitigen Beziehungen können wir wechselseitige unterscheiden. Hier nimmt man sich gegenseitig zur Kenntnis, beobachtet sich, tritt möglicherweise aber gar nicht in einen verbalen Austausch. Kommunizieren tun wir trotzdem – zumindest, wenn wir sichtbar sind, das ist das, was Watzlawick meint, wenn allein die Anwesenheit ausreicht, um zu kommunizieren (Watzlawick und Schulz von Thun 2011). Neben der gegenseitigen Beobachtung würde u. U. Hören oder sogar eine Wahrnehmung durch Riechen ausreichend sein, um eine superschwache Beziehung mit einer entsprechenden Wirkung zu etablieren.

Trotz der gemeinsamen Anwesenheit muss man sich nicht unbedingt gegenseitig wahrnehmen. Die Wahrnehmung wird durch die Aufmerksamkeit gesteuert. Das bedeutet aber nicht, dass alle, die uns beobachten, auch von uns beobachtet würden. Die Wechselseitigkeit ist insbesondere in Situationen mit vielen anderen Anwesenden wahrscheinlich sogar eher die Ausnahme denn die Regel. Gleichwohl bietet, auch wenn sich nicht alle gleichzeitig und wechselseitig beobachten, gerade dies eine Möglichkeit der gegenseitigen Anpassung. Für die Wechselseitigkeit von Beobachtungen habe ich vorne bereits eine ganze Reihe von Beispielen angeführt. Die Gegenseitigkeit ist ein Stück weit der Einseitigkeit überlegen, weil es möglich ist, dass sich die Beobachtenden und die Beobachter in ihren Rollen abwechseln. Wer also ein Verhalten eines anderen mitansieht und daraufhin sein Verhalten anpasst, der bestätigt die Person in ihrem Verhalten, an die er sich anpasst. Das gilt im Falle der Wechselseitigkeit natürlich auch für die andere Person. Damit entsteht ein gemeinsames Verhalten. Der andere kann allerdings auch durch ein Kollektiv repräsentiert sein. Es sind – gerade in großen Veranstaltungen – zahlreiche Personen, die sich auf diese Weise beobachten und anpassen, und das laufend. Dadurch grooven sich diese gegenseitig ein, und es entsteht ein gemeinsames Kollektiv.

Frequenz von Zusammentreffen und Unschärfe der Begriffe

Die Ausgangsidee war, dass superschwache Begegnungen sich in der Mehrzahl der Fälle nicht mit denselben Personen wiederholen. Tatsächlich finden aber zahlreiche Zusammentreffen auch mehrmalig statt. Superschwache Beziehungen lassen sich also auch hinsichtlich ihrer Kontaktfrequenz unterscheiden. Dabei bedeutet das „Miteinander sprechen" noch nicht, dass die Schwelle zu einer schwachen Beziehung überschritten wäre. Instrumentelle Beziehungen zu Verkäufern sind auch dann noch nicht mehr als superschwache Beziehungen, wenn sie sich wiederholen. Allerdings ist es bei sich wiederholenden Begegnungen durchaus möglich, dass es zu einem Übergang zu einer schwachen Beziehung kommt. Das geschieht etwa dann, wenn sich aus dem reinen Verkaufsgespräch mit typischen nichtssagenden Small-Talk-Floskeln ein weitergehendes Gespräch entwickelt. Wenn man sich so vom Sehen her kennt und sich in einem anderen Zusammenhang begegnet, mag sich die Beziehung dahingehend verändern, dass Anschlüsse möglich sind und auch anderes thematisiert werden kann als nur der Einkauf, auch wenn dieser am Beginn der Begegnung stand. Schwache Beziehungen – im Gegensatz zu superschwachen – haben bereits eine Beziehungsgeschichte hinter sich. Man kann an diese anknüpfen. Es handelt sich zwar nicht um eine Freundschaft, aber man lernt etwas über die andere Person. Es sammeln sich Kenntnisse vom anderen anlässlich gelegentlicher Treffen an.

Letzthin waren wir in einem großen Möbelgeschäft, um uns Sofas einer bestimmten Marke anzuschauen. Die im Möbelgeschäft als Einrichtungsberaterin bezeichnete Verkäuferin war bei der Herstellerfirma selbst angestellt und nicht in der Nähe von Frankfurt wohnhaft. Sie fährt zwei Mal die Woche aus dem Badischen nach Frankfurt, und weiß viel mehr über die Möbel als die vor Ort angestellten Verkäufer. Sie erzählte von den Besonderheiten ihres Wohnortes und der Nähe zum Elsass. Auch erwähnte sie, in welchen Hypermarché in einem Vorort von Straßburg sie mit ihrem Mann immer einkaufen fährt. Dabei erwähnte sie auch die Vorliebe ihres Mannes für Austern, die es insbesondere vor Weihnachten dort in großen Mengen gebe. Weil wir ein neues Sofa kaufen wollten und eine solche Entscheidung überdacht werden will, trafen wir diese Beraterin dort zwei Mal. Dabei konnten wir erfahren, dass sich durch die persönlichen Informationen ein Verhältnis entwickelte, welches mehr Vertrauen gewährt, als dies bei einem anderen Möbelverkäufer der Fall ist. Dieser beschränkt seinen Kontakt auf das Erklären der Möbel und ihrer Eigenschaften. Es werden Varianten der Bezüge und der Härte der Polsterung gezeigt, aber keine (bzw. kaum) persönliche Informationen ausgetauscht. Wir haben von diesem Verkäufer zwar auch ein paar Dinge erfahren – so arbeitet sein äußerlich annähernd

4 Superschwache Beziehungen: Die Ampel und die Oper

identischer Bruder ebenfalls im selben Möbelhaus. Diese Mitteilung war auch sehr hilfreich, weil ich schon der Ansicht war, dass alle Verkäufer dort gleich aussehen würden. Durch den Hinweis auf seinen Bruder wurde die Beobachtung ein Stück weit aufgeklärt. Im Fall der Beraterin ergab sich durch die Information des Einkaufs in Frankreich eine Ähnlichkeit zu uns, die weitere Anknüpfungen potenziell zuließ. Zudem waren wir beim zweiten Besuch im Möbelhaus schon vertrauter und konnten an das erste Gespräch anknüpfen. Die persönlichen Informationen halfen dabei. Mit dem Wiederholen des Treffens wurde ein zweites Glied einer Kette an Begegnungen angefügt. Dennoch bleibt die Beziehung instrumentell, und ich würde sie weiterhin als superschwach interpretieren. Diese Kette endet zunächst auch mit dem Kauf eines Möbelstücks. Ich glaube auch nicht, dass ich sie außerhalb des Kontextes dieses Verkaufsraumes wiedererkennen würde. Falls doch, wären ein paar kleine Anknüpfungspunkte für ein Gespräch gegeben. Was ich sagen will: Die Schwelle zu einer schwachen Beziehung ist im Falle des Möbelhauses nicht überschritten worden, obwohl die Möbelberaterin Informationen weitergab, etwa über den riesigen elsässischen Hypermarché mit 100 Kassen, der vielleicht für uns wiederum relevant werden könnte. Das ist eine Typik einer schwachen Beziehung, wenn Informationen zwischen unterschiedlichen Kontexten ausgetauscht werden. Es bestand zu keinem Zeitpunkt die Chance, dass wir uns mit dieser Dame anfreunden würden, aber dennoch war der Unterschied zum anderen Verkäufer evident. Es finden sich also Variationen innerhalb von superschwachen Beziehungen, auch wenn es sich um direkte Kontakte handelt. Wo also ist die Grenze zwischen schwacher und superschwacher Beziehung?

Diese Grenze ist nicht leicht zu ziehen, ich tue mich schwer mit einer allgemeingültigen Definition des Übergangs zwischen superschwachen und schwachen Beziehungen. Auf den ersten Blick würde ich sagen, dass superschwache Beziehungen eigentlich nie von einem Kontext in den anderen übergehen. Käme es zu so einem Übergang – man trifft sich auf der Straße –, wäre es fast unmöglich, dieselbe Person überhaupt wiederzuerkennen und die Interaktion mit dieser fortzusetzen. Allerdings kann die Beschränkung auf einen Kontext kein ausschließliches Kriterium sein, denn es gibt auch starke Beziehungen, die weitestgehend auf einen bestimmten Kreis beschränkt sind und es auch bleiben. Das gilt häufig für Beziehungen, die durch den Arbeitsplatz vermittelt sind – zwischen Kollegen. Ein Merkmal, was die superschwache Beziehung am Beispiel des Möbelhauses kennzeichnet, ist, dass die Möbelberaterin ein Interesse am Verkauf hat und uns als Kunden vom Produkt überzeugen möchte. Die privaten Informationen wirken dann als eine Art Katalysator für das Ziel, das Polstermöbelstück an Mann und Frau zu bringen. Das zeigt eine gewisse Wirkung – unabhängig davon, ob die Art der Gesprächsführung (mit Mitteilung von Privatem) in dieser Richtung intendiert war oder nicht. Spätestens in der anschließenden Preisverhandlung stehen wir nicht mehr auf derselben Seite. Aber auch der sich dann offenbarende Interessengegensatz – sie möchte teuer verkaufen und wir günstig kaufen –, der aus den unterschiedlichen Positionen rührt, erklärt nicht eindeutig, dass es sich weiterhin um eine superschwache Beziehung handelt. Allerdings kommen an dieser Stelle mehrere Beziehungsentwicklungsbehinderungsfaktoren zusammen: 1. Die Zusammenkunft ist instrumentell (man begibt sich in ein Geschäft, um etwas zu kaufen, und dort warten Verkäufer darauf, einem etwas zu verkaufen). 2. Wir treffen uns dort in unterschiedlichen Positionen mit entsprechendem Rollenhandeln. Diese Positionen bestimmen die Kommunikation. Es werden bestimmte Fragen stereotyp gestellt: „Wofür interessieren Sie sich?", und die Antworten sind auch schon zu einem großen Teil festgelegt. 3. Hieraus ergibt sich ein Interessenkonflikt, der in den Kaufverhandlungen offenbar wird. Diese Punkte stehen einer Beziehungsannäherung im Wege, auch wenn es sich nicht um eine unüberwindbare Schranke handelt – schließlich gehen wir freundlich miteinander um. Ein Unterschied zwischen Möbelberaterin und Verkäufer findet sich in Nadels Paradox (DiMaggio 1992). Obwohl beide in annähernd den gleichen Rollen sind, werden diese aber auf unterschiedliche Weise ausgefüllt. Allerdings werden wir bei der Abgrenzung der Kategorien der schwachen und superschwachen Beziehungen mit einer gewissen Unschärfe leben müssen. Obgleich es möglich ist, bestimmte Kategorien zu unterscheiden, lassen sich nicht alle Arten des Kontaktes auf einfache Art in eine solche Ordnung einfügen.

Unterschiede der Wirkmächtigkeit von superschwachen Beziehungen

Wenn wir das Phänomen der superschwachen Beziehung beschreiben, dann gehören zur Beschreibung auch Bedingungen dafür, in welcher Weise diese wirken. Beobachtungsbeziehungen sind nämlich nicht immer in gleicher Weise verhaltensrelevant. So dürfte sich die Wirkung unterscheiden, wenn es sich um eine einzelne Person handelt, welche die anderen beobachtet, oder wenn dies mit mehreren geschieht und sich eine Anschlusskommunikation über die Beobachtung entwickelt. Letzteres dürfte eine deutlich stärkere Wirkung entfalten. Dabei dürfte die Meinungsbildung in der Gruppe eine große Rolle spielen.[7] Allerdings kommt es hierbei auch immer auf den Kontext an – wenn etwa das Beobachtete anderen mitgeteilt wird (die gar nicht anwesend waren), so dürfte das auch eine stärkere Wirkung haben. Eine Beobachtung wird durch Thematisierung im sozialen Umfeld verstärkt.

Dies wiederum lenkt die Aufmerksamkeit auf das ebenfalls bereits besprochene Zusammenspiel verschiedener Beziehungsstärken. Superschwache Beziehungen alleine sind weniger wirkungsvoll, als wenn diese eingebettet werden in schwache und starke Beziehungen. Insofern sind alle Stärketypen von Interesse – nur selten tritt eine einzige alleine auf. Für den sozialen Zusammenhang ist eine Kombination von superschwachen, schwachen und starken Beziehungen von großer Bedeutung. Starke Beziehungen sind für Unterstützung notwendig, schwache für den Informationsaustausch und superschwache für eine Verhaltensorientierung in zahlreichen Situationen – um nur die verschiedenen Aufgaben in einem Satz zu nennen.

In den folgenden Kapiteln werden zwei Fallstudien vorgestellt, in denen die Eigenschaften von superschwachen Beziehungen in etwas komplexeren Zusammenhängen behandelt werden. Der erste Fall führt uns nach Italien; im zweiten Fall behandeln wir die Kleidung der Menschen. In den beiden Fallstudien soll die Verhaltensübertragungswirkung von superschwachen Beziehungen aufgezeigt werden. Die beiden Beispiele wurden bereits genannt: Es handelt sich erstens um die Verhaltensanpassung auf dem Platz vor dem schiefen Turm von

Pisa und zweitens darum, dass sich die Menschen hinsichtlich ihrer Kleidung aneinander orientieren. Letzteres ist, wenn man an verschiedene Events denkt, gar nicht so ungewöhnlich. Wir gehen heute Abend in die Oper: Als ich letzthin meiner Frau sagte, dass ich dazu die Wanderhose anziehen wolle, lachte sie mich aus. Rational erwogen, muss man zugeben, dass diese Hose tatsächlich sehr bequem ist – sie passt aber nicht so gut zum Event (erstens aufgrund ihres Namens und zweitens auch wegen ihres Schnitts und ihrer aufgenähten Cargotasche, während es hinsichtlich ihrer Passung mit Blick auf ihre schwarze Farbe nichts auszusetzen gibt). Eigentlich gibt es, zumindest in der Frankfurter Oper, keinen offiziellen Dresscode, anders als beispielsweise in England, wo für Opernfestivals auch schon einmal die Bekleidung vorgegeben wird.[8] Denken wir uns als Kontrast den Auftritt einer Rockband in einer Veranstaltungshalle. Wir denken nicht zuerst an die Reinigungskosten, weil der Ort einen deutlich schmuddeligeren Eindruck macht – unser nächstliegender Gedanke besagt, dass ein Anzug, wie er in der Oper „normal" erscheint, nicht für diese Art von Konzerten passend wäre. Während uns der berichtete Kontrast als völlig nachvollziehbar erscheint, ist die Angleichung der Kleidung bei Studierenden keineswegs so offensichtlich. Wir haben das aber untersucht, und tatsächlich lassen sich Unterschiede finden.

Anmerkung
1. Ein Bericht über das Event findet sich beispielsweise hier: https://shareholdervalue.de/nachfolger-steht-fest-investment-legende-buffett-stellt-die-weichen-fuer-die-zukunft/ (08.02.2022).
2. Genauere Überlegungen zur Kritik an Rollentheorie und ihrem Verhältnis zur relationalen Soziologie finden sich beispielsweise hier (Stegbauer 2010b, deutlich breiter behandelt Abels 2009:141 ff. im zweiten Band, die habermas'sche Kritik an der Rollentheorie).
3. Eine Untersuchung zum Verhalten an Ampeln wurde von Kroher (2014) durchgeführt.
4. Heinrich Popitz (2006) argumentiert in einem 1968 gehaltenen Vortrag über die präventive Wirkung des Nichtwissens, dass die Normen in Gefahr seien, wenn bekannt wäre, wie oft gegen diese verstoßen würde. Wahrscheinlich würde der Wandel der Rotlichtmissachtung

zudem noch schneller gehen, wenn alle Verstöße offensichtlich würden – zahlreiche Übertretungen (hier der Straße) finden des Nachts statt, wenn sonst keine anderen anwesend sind.
5. http://www.bulibox.de/statistik-box/anzahl-heim-auswaerts-siege.html (09.02.2022).
6. Was mir nicht gefällt, ist die Datensammlerei, die damit zusammenhängt. Das ist aber ein anderes Thema.
7. Hier finden wir eine Analogie zu Überlegungen des Two-Step-Flow-of-communication (Lazarsfeld et al. 1944).
8. Nur ein Beispiel für ein berühmtes Opernfestival, nämlich dasjenige in Glyndebourne: https://www.glyndebourne.com/your-visit/what-to-wear/ (24.01.2022). Es gibt auch etwas lockerere Bekleidung in der Oper: https://taz.de/Dresscodes-in-der-Oper/!5443224/ (24.01.2022) – insbesondere dort, wo es günstige Karten gibt. Aber selbst, wenn nicht die Alltagskleidung gewählt wird, findet häufig eine Anpassung statt. Diese Bekleidungskultur schreckt einen Teil der Bevölkerung von einem Besuch einer Oper ab, obwohl diese das Haus doch auch mit ihren Steuergeldern unterstützen. Gebräuche, die immer wieder über superschwache Beziehungen situational vermittelt werden, können also auch für Demarkationen stehen. Es werden Leute ausgeschlossen.

5

Der Schiefe Turm zu Pisa

Aus der Idee, die diesem Kapitel zugrunde liegt, entstanden auch die Überlegungen zu diesem Buch. Über superschwache Beziehungen, die für einen kurzen Zeitraum über Beobachtungen des Verhaltens anderer entstehen, werden Verhaltensweisen übertragen, die (leider nur fast) grenzenlos kulturenübergreifend weitergegeben werden. Gleichzeitig handelt es sich um eine lokale Kultur, die nur hier an diesem Ort entsteht. Für solches Verhalten gibt es noch eine Reihe anderer Beispiele.[1]

Es geht nun also darum, wie ein spezifisches, ortsbezogenes Verhalten entsteht und über superschwache Beziehungen weitergegeben wird. Auch hier kommt es wieder zum Zusammenspiel unterschiedlich starker Verbindungen, wobei diese in Positionen geordnet auftreten: Zum einen sind es die Anwesenden, die ihr Verhalten auf Fotos gebannt sehen wollen, und deren Begleiter, die als Regisseure und Fotografen in einem arbeiten. Hinzu kommen ganz unspezifische Zuschauer,

---

Dieses Kapitel beruht auf einem Vortrag, den ich auf der Tagung des Arbeitskreises für Netzwerke und Kultur der Deutschen Gesellschaft für Netzwerkforschung auf Schloss Thurnau gehalten habe. Die schriftliche Fassung erschien in dem Sammelband von Reupke et al. (2021). Der Text wird hier in den Kontext des Buches übertragen, allerdings sind einige Teile mit dem Buchbeitrag identisch.

© Der/die Autor(en), exklusiv lizenziert an Springer Fachmedien Wiesbaden GmbH, ein Teil von Springer Nature 2023
C. Stegbauer, *Superschwache Beziehungen*, https://doi.org/10.1007/978-3-658-39549-0_5

von denen viele kurz danach ebenfalls zu aktiv Aufführenden werden (und manche der Zuschauer waren es bereits). Anhand dieses Beispiels betrachte ich die Entstehung und Weitergabe von Kultur aus einer relationalen Perspektive. Zum anderen zeige ich auf, dass als Trigger für Verhalten eine Kategorie von Beziehungen verantwortlich ist, die sich bislang kaum in der Netzwerkforschung findet.

Es wurde bereits behandelt, dass in der Netzwerkforschung normalerweise etwas anderes im Fokus steht, nämlich Strukturen von meistens starken Beziehungen, etwa Familien, Freundschaften oder kleinen Gruppen, oder aber schwache Beziehungen,[2] die zumindest eine Bekanntschaft voraussetzen. In diesem Kapitel zeige ich, wie die neue Kategorie der superschwachen Beziehungen wirkt. Verhalten wird über gleichzeitige Anwesenheit und die Möglichkeit zur Beobachtung der anderen Anwesenden vermittelt. Diese superschwachen Beziehungen reichen aus, so die aufgrund von Beobachtungen gewonnene Einsicht, um das Verhalten zahlreicher Menschen vor Ort zu beeinflussen und eine Art passagerer ortsspezifischer Kultur auszubilden. Neben Beobachtungen finden sich im Beitrag Interpretationen des Verhaltens auf Grundlage der Netzwerktheorie.

Ich stelle hier heraus, dass die superschwachen Beziehungen sogar dazu geeignet sind, dass sie herkunfts(kultur)übergreifend eine gegenseitige Orientierung und Angleichung des Verhaltens ermöglichen. Man könnte behaupten, dass dort an diesem Ort eine Art Mikroweltkultur entsteht.

Auf dem Platz vor dem Schiefen Turm herrscht ein ständiger Wechsel der Touristen. Trotzdem verhalten sich diese jeden Tag immer wieder ähnlich. Daher muss ein Element der Stabilität vorhanden sein, welches zumindest einen Teil der Menschen immer wieder animiert, sich auf diese Weise zu benehmen. Da das spezifische Verhalten nicht jeden Tag aufs Neue erfunden und stabilisiert werden kann, wird eine Art Aufbewahrung für ein Verhaltensmuster benötigt, welches dann die laufende Neukonstruktion des Verhaltens ermöglicht. Dies könnte einerseits die Weitergabe von Fotos des entsprechenden Verhaltens sein, welches quasi über private Netzwerkbeziehungen zwischen den Touristen stabilisiert wird. Die bereits Dagewesenen senden Bilder, auf denen das Verhalten zu sehen ist, und animieren die Empfänger, es auf ihrer eigenen Reise den ehemaligen Urlaubern gleichzutun. Möglich ist aber auch, dass man die Vorbilder an „öffentlichen" Orten im Internet findet. Solche Verhaltensideen müssen zumindest von einem Teil der Besuchenden mitgebracht werden. Ein solcher Ort, an dem so eine Verhaltensweise gefunden werden kann, ist das Internet und dort vor allem die sozialen Medien. Dies wird am Ende des Beitrags noch einmal durch eine systematische Online-Recherche belegt.

Im Beitrag wird zudem diskutiert, wie es zu Abweichungen von der klassischen Bildaufnahme vor Ort kommt und warum diese nicht ohne weiteres geeignet sind, das typische Foto zu ersetzen. Die Diskussion hierüber ist Teil der Konstruktion der spezifischen Kultur, welche durch abweichende Inszenierungen immer wieder vor Herausforderungen gestellt wird.

Die hier betrachtete Kategorie der superschwachen Beziehungen ist aber von großer Bedeutung, und ich denke, man sollte ihr mehr Beachtung schenken, zumal diese auch hinsichtlich pandemischer Netzwerke eine wichtige Rolle spielen (Stegbauer 2021). Mehr sei an dieser Stelle noch nicht gesagt, bis auf: Die Reise, auf die wir uns begeben wollen, geht nach Italien. Sie sind eingeladen mitzukommen, packen Sie also jetzt Ihre Koffer und steigen Sie ein.

Was für den Fußball die Begegnung der Nationalmannschaften von England und Deutschland ist, gilt auch für den Urlaub im Stiefelland: Beides sind Klassiker. Die Familien aus Deutschland suchten in den 1960er und 1970er Jahren noch die Hotelburgen der Adria und Riviera heim. Dort wurde häufig mehr Deutsch als Italienisch gesprochen. Neuankömmlinge erkannte man an der Frischkäsefarbe ihrer Haut, diejenigen, die bereits drei Tage vor Ort waren, daran, dass ihre Farbe mehr in den Ton frischgekochter Hummer wechselte. Erst ab der Mitte des Aufenthaltes stellte sich der etwas dunklere und damals hochbegehrte Hautton ein. Dieser zeigte nach dem Nachhausekommen an, dass sich die Person einen schönen Sonnenurlaub leisten konnte. Dafür nahmen die Reisenden in Kauf, sich in Liegestühlen zu aalen, die so exakt aufgestellt waren, dass sie darin einer Militärparade glichen. Die Streifen des Bespannungsstoffes zeigten hier nicht die Kompanie, sondern das Hotel an, zu welchem der Strandabschnitt mitsamt seiner Benutzer gehörte. Die Stoffe waren zwar bunter als die Uniformen, standen aber jeden Morgen wieder stramm in Linie unter den zugehörigen Sonnenschirmen.

Die Toskana hingegen wurde erst später – und da von den Alternativen entdeckt. Die Schönheit der Landschaft lockte die ehemaligen 68er-Revolutionäre. Diese hatten sich beim Marsch durch die Institutionen verrannt und waren längst angepasst und zu Gutverdienern geworden. So konnten sie sich ohne Mühe eines der damals noch günstig zu erwerbenden alten Bauernhäuser leisten. Diejenigen, die nun das Schlaraffenland in die eigene Hand genommen hatten[3], waren die Alternativen, die sich zu Genussmenschen verwandelt hatten. Sie hofften darauf, auf diese Weise etwas vom süßen italienischen Leben abzubekommen. Damit konnte man den Genossen zu Hause zeigen, wie sehr sie es verstanden, die kurze Zeit zwischen dem „woher wir kommen" und „wohin wir gehen", also das auf der Erde zu genießen „was mitten drin ist"[4]. Ein Vorteil, der auch zu Hause in der eigenen Blase viel Anerkennung einbrachte und vielleicht gleichzeitig auch das Ende der Nachkriegsmalochergesellschaft anzeigte. So wie sich der moderne Fußball von dem der 1960er Jahre unterscheidet, so galt dies schließlich auch für die Reisen nach Italien. Diese führten (zumindest aus Deutschland) weniger häufig an die menschlichen Grillstationen der Adriaküste, sondern in die Landschaft und mehr und mehr zu den ehemals nur einer Bildungselite vorbehaltenen kulturellen Höhepunkten der Geschichte Italiens.

Wenn also die Toskana interessanter wurde, so galt und gilt das insbesondere auch für die Renaissancestadt Pisa. Zwar verfügt Pisa auch über eine bekannte Universität; es gibt aber eine weltberühmte Sehenswürdigkeit, um die kein Besucher herumkommt: Den *Schiefen Turm*. Manche Leute kommen allein wegen dieser Sehenswürdigkeit. Das Bauwerk ist nach Sanierung wegen Umsturzgefährdung wieder für Besucher zugänglich.[5] Das ist aber nicht das Erste, was einem auffällt, wenn man sich dem Turm nähert.

Der Schiefe Turm

Kaum betreten wir den Platz vor dem Turm, stechen uns Personen ins Auge, die beide Arme mit abgeflachter Hand von sich strecken. Dabei verbiegen sie ihren Körper. Es dauert einen Moment, bis wir verstehen, was sie da tun: Durch die perspektivische Verzerrung und die Entfernung zum Turm erscheint es so, als seien sie in der Lage, den Turm vor dem Umfallen zu bewahren. Das Gebaren macht natürlich nur Sinn, sofern ein Mitreisender davon eine Fotoaufnahme macht.

Was tun die hier, und warum machen (fast) alle das Gleiche? Man kann sagen, es handelt sich um eine Art Aufführung für kleines Publikum (die Mitreisenden), und doch kommen erratisch auch andere Zuschauer hinzu, die das beobachten und sich zunächst über das Verhalten der Anderen wundern. Da so viele sich an der Herstellung einer Halteperspektive beteiligen, muss die Idee ansteckend sein, den Turm, zumindest auf einer Fotografie, vor dem Umfallen zu bewahren.

Wenn typische Forscher auf Beziehungsnetzwerke schauen, dann betrachten diese meist enge Freundschaften, direkte Kreise von Kollegen usw. Hier nun findet offensichtlich eine Infektion statt, die schneller ansteckend sein muss als die aktuelle Variante des Corona-Virus. Damit konfrontiert, stellt sich sofort die nächste Frage, wie sich das erklären lässt. Die Anwesenden gleichen ihr Verhalten einander an. Viele derjenigen, die sich anfänglich über das merkwürdige Verhalten der anderen Touristen wunderten, nehmen sich ein Vorbild an den Fotos der anderen. Sie imitieren diese. Ihr Benehmen verändert sich in kurzer Zeit: Vermutlich betrachten die neu eintreffenden Touristen die bereits Anwesenden als etwas merkwürdig, und dennoch übernehmen kurz danach viele das gegenüber normalen Umständen abweichende Tun der anderen – von ihnen selbst eben noch im Geiste kritisiert – für sich selbst.

Wenn sich alle an einem bestimmten Ort auf die gleiche Weise verhalten, dann sprechen wir von einer gemeinsamen Kultur. Freilich gehört zu Kultur noch mehr als die Art und Weise, wie man sich im Angesicht des Schiefen Turms benimmt. Die amerikanische Kultursoziologin Ann Swidler (1986) würde sagen, dass neben dem Verhalten auch Bedeutungen, ein gewisser Gleichklang des Verstehens und der Umgangsformen dazugehören. Dies alles sind Bestandteile unseres Handwerkskastens, wie Swidler behauptet, damit wir uns im Alltag zurechtfinden können.

Unter dem Stichwort „Kultur" kann vieles gefasst werden, was jeweils für sich eine große Bedeutung besitzt. Wenn Politiker im Rahmen der Corona-Krise darüber sprechen, Kultureinrichtungen zu schließen, dann ist damit etwas anderes gemeint. Oper, Schauspiel, Museen, Literaturhäuser, all das wird vom Etat der Kulturdezernenten in den großen Städten gezahlt. Mir aber geht es um den Alltag und dort darum, zu erklären, wie alltägliche Kultur entsteht, sich verändert und dann eben wieder verfestigt. Als Soziologe schaue ich auf unsere Gesellschaft und deren Veränderung aus einer Gegenwartsperspektive. Das im Zusammenhang mit dem Urlaub etwas schräge Beispiel soll uns sagen, dass die Anwesenden in einer Situation sich hinsichtlich dessen, wie sie sich benehmen, an den anderen ein Beispiel nehmen. Es findet also eine Übertragung statt, und das funktioniert, ohne dass sich diejenigen, die zufällig an diesem Tage zu dieser Zeit anwesend sind, kennen würden.

Der Turm von Pisa – ein besonderer Ort?

Zurück zum Turm: Die spezifische Kultur dieses Ortes fordert die Menschen auf, sich auf eine bestimmte Weise zu verhalten. So etwas können wir sonst nirgendwo auf der Welt beobachten. So wie wir bei Rebsorten, die nur in einem bestimmten Gebiet vorkommen, von autochthonen Sorten reden, finden wir nun eine Kultur, die es nur hier gibt. Kultur meint nach dieser Anschauung nicht die Hochkultur, sondern fokussiert auf den Alltag. Kultur hat sehr viel mit der Situation und den Bedingungen der Situation zu tun (Mische und White 1998; Stegbauer 2012). Die beteiligten Menschen setzen dort jene kulturellen Werkzeuge ein, die sich in ähnlichen Situationen bereits bewährt haben und die nun übertragen werden können. In einer solchen Situation wird dann gemeinsam mit anderen ausgehandelt, ob die angewandten/anzuwendenden Tools für die jeweilige Situation angemessen sind (Swidler 1986). Auf diese Weise, so die Idee, stabilisiert sich Verhalten in einer

Kette von ähnlichen Situationen (Collins 2005; Stegbauer 2016), an denen außerdem zumindest ein Teil der Menschen wiederholt teilnimmt. In bestimmten, abgrenzbaren Netzwerken entsteht dadurch etwas, was man Mikrokultur (Fine 1979) nennen könnte. Solche Mikrokulturen sind zwar nicht so stabil wie bestimmte andere Teile der Kultur, die einem Common Sense über alle oder zumindest doch viele Bereiche der Gesellschaft unterliegen. Sie sind aber der Ausgangspunkt aller Kulturentwicklung und daher bedeutend dafür, zu verstehen, wie Gesellschaft überhaupt funktioniert.

Solche Situationen sind häufig mit spezifischen Events verbunden. Beispiele hierfür können Musikfestivals oder das Zelebrieren von Übergängen (Trauerfeiern, Abiturfeiern etc.) sein. Dort werden die Rituale entweder durch Zeremonienmeister (Pfarrer, Trauerredner) und/oder durch das Publikum, welches das Festival bereits besucht hatte oder ähnliche kennt, gesichert. Seltener dürfte sich eine Kultur an einem Ort oder einer touristischen Sehenswürdigkeit entwickelt haben.[6] Hier ist es nicht auf den ersten Blick in gleichem Maße ersichtlich, wodurch die Kette der Situationen erhalten bleibt, weil vermutlich nur wenige der teilnehmenden Personen den Ort mehrmals besuchen und die zugehörige Performance wiederholen werden. Die Tatsache, dass nicht alles Kulturelle in gleicher Weise verhandelbar ist, sollte sich von selbst verstehen. Die hier angewandte konstruktivistische Kulturdefinition hat den Vorteil, dass sie erklären kann, wie Kultur entsteht. Hierdurch lässt sich zeigen, warum Kultur wandlungsfähig ist und immer wieder voneinander unterscheidbare Mikrokulturen entstehen. Ganz grob könnte man also sagen, dass Kultur bedeutet, wie wir uns verhalten, auf welche Weise wir miteinander umgehen, was wir als bedeutend erachten und ob und wie wir uns gegenseitig verstehen, etwa beim Gebrauch von Begriffen und Symbolen.

Wir können das Knipsen von Turmhaltebildern mit genau diesen Kategorien verstehen, wenn wir etwas vergröbern: *1. Alle verhalten sich gleich.* Tatsächlich nicht ganz, manche versuchen, die anderen zu übertreffen. Außerdem machen nicht wirklich alle mit, aber dazu später mehr. Im Moment vereinfachen wir die Erzählung dahingehend, dass alle Anwesenden, sofern sie Touristen sind, sich ähnlich benehmen. *2. Diejenigen, die dabei sind und ein solches Foto aufnehmen, verstehen sich gegenseitig.* Sie finden das Bild witzig und möchten es ihren Freunden und Angehörigen zukommen lassen. Auch hier ist das noch nicht die ganze Wahrheit, wie wir noch sehen werden. *3. Ein Turmhaltebild wird aufgenommen, weil darin eine Bedeutung ausgedrückt wird.* Alle halten den Turm, weil sich alle Sorgen machen, dass er eines Tages umfallen könnte. Es drückt sich Erstaunen darüber aus, dass der Turm überhaupt noch steht. Sie machen damit symbolisch auf das Problem aufmerksam. Auch das stimmt nicht ganz, weil für viele der Turm und sein Schiefeproblem eigentlich nur die Kulisse für das zu beobachtende Verhalten darstellt.

Die Kultur, von der hier die Rede ist, benötigt den Gegenstand als Kulisse. Das ist das, was man als besonders bezeichnen könnte. Wir können sagen, dass die Kuriosität des Turmverhaltens mit Kultur verbunden ist. Diese Kultur wird durch superschwache Beziehungen übertragen. Das merkwürdige Verhalten tritt nicht auf, wenn das schiefe Ding nicht gerade in der Nähe ist. Oder treffen Sie sich etwa in der Mittagspause in Frankfurt, um den Messeturm vor dem Umfallen zu bewahren? Das habe ich hier in der Stadt am Main noch nie beobachtet. Na ja, die Gefahr, dass er fällt, ist nicht so groß, denn der ist schließlich nicht schief. Mir sind durchaus andere schiefe Türme bekannt, die interessanterweise alle in Italien sind (etwa ein schiefer Kirchturm auf der Insel Burano in der Lagune von Venedig oder einer in Barbian, einem Dorf in Südtirol). Obgleich beide Objekte in Touristengebieten stehen, habe ich dort nie jemanden beobachtet, der Turmhaltebilder inszeniert.[7] Wir finden hier also eine Kultur, die sich ganz spezifisch für die Situation auf dem Turmplatz entwickelt hat. Sie wurde einstmals „ausgehandelt" und dann immer weitergegeben. Wie diese Weitergabe erfolgt, damit beschäftigen wir uns im Verlauf dieses Kapitels.

Warum Verhalten ansteckend wirkt

Wir werden also Zeugen von vielen kleinen Aufführungen vor einer Kulisse. Das Biegen der Körper und das Klicken der Kameras ist öffentlich. Es ist sichtbar, und es symbolisiert augenzwinkernd die

Superstärke des Haltenden, der die menschliche Schwäche überwindet und den Kräften der Mechanik zu trotzen vermag. Aber an wen richtet sich die Performance? Wer ist das Publikum? Zunächst einmal wäre da die begleitende Person, denn ohne diese lässt sich ein Haltebild nur schwer realisieren. Als Selfie kaum, denn dann hat man nur eine Hand frei. Es ist also eine zweite Person notwendig, die auch beim Arrangement behilflich ist. Die Aufführung richtet sich aber auch an Bekannte, Freunde und Verwandte mittels bald folgender Übermittlung über ein Kommunikationstool des Handys.

Eher selten richtet sie sich an die anderen Anwesenden, obgleich diesen hier ebenfalls eine sehr bedeutende Wirkung zukommt. Neben dem Helden und dem Fotografen, der die Heroentat festhält, sind die anderen Touristen involviert, die Freunde und Verwandten, welche die Fotos direkt zugesendet bekommen. Manchmal hebt man sich die Fotos auch auf, um sie zu Hause vorzuzeigen. Ferner werden öfters Bekannte über soziale Medien beteiligt. Da wirken Superkräfte besonders gut, denn Beachtung will angesichts der Bilderkonkurrenz, insbesondere auf Instagram, erkämpft werden. Mag sein, dass manche auch nur Freude daran haben, zu fotografieren, und das Ergebnis auf einem Speicherträger versauert (Jerrentrup 2020).

Wir wundern uns darüber, dass sich so viele gleichermaßen merkwürdig benehmen. Das kommt daher, dass die Simulation von Heldenkraft über die für den Moment bestehende superschwache, durch Beobachtung vermittelte Beziehung an diesem Ort ansteckend wirkt. Bereits Gabriel Tarde (1890) betrachtete in seinem Buch über die Gesetze der Nachahmung diese als ein allgemeines Prinzip. Nachahmung sorgt dafür, dass sich die Anwesenden ähnlich geben, sich anstecken lassen. Das ist an dieser Stelle bedeutend, denn würden sich tatsächlich in der Öffentlichkeit so viele Menschen dem merkwürdigen Verhalten hingeben, wenn es nicht schon welche gäbe, die das bereits täten? Abschauen von Verhalten macht es also einfacher, sich auch etwas vom Normalen abweichend zu benehmen, weil die Überschreitung bereits ausgetestet wurde. Dadurch wird es fast normal, sich massenhaft in einer Perspektive zum Turm aufzustellen und dabei den Anschein einer Anstrengung oder gerade keiner Anstrengung zu erwecken.

Letzteres, weil es einem so leichtfällt, den Turm vor dem Umkippen zu bewahren.

Andere Besucher davor haben sich das ausgedacht; sie waren also kreativ genug, um das Bild als eine Art Souvenir herzustellen. Diese Kreativität wird übernommen, und hierdurch entsteht Sicherheit: Die anderen verhalten sich genauso, also kann das, was ich tue, nicht falsch sein. Nachzumachen, was die anderen tun, reduziert also Unsicherheit und stellt gleichzeitig eine Gleichheit im Verhältnis zu den anderen her. Die Verhaltenskopie hier ist somit etwas, was den Weg abkürzt. Es ist keine eigene Erfindung notwendig, wenn die Touristen übernehmen, was ihnen dort von den anderen Anwesenden geboten wird. Die Aufführung ist noch so lange genügend originell, wie noch nicht alle Bekannten ein solches Bild gesehen haben. Kennen das alle, so kann es sich einerseits entwerten oder andererseits zu einer Art kulturellem „Zwang" entwickeln, weil man nicht sagen kann, dass man in Pisa war, ohne ein solches Bild geknipst zu haben.

In der Kunst und auch ein Stück weit in der Wissenschaft wollen wir Originalität. Wenn es um Kultur geht, so wie wir diese hier betrachten, ist genau das nicht der Fall. Erst durch das gegenseitige Kopieren von Verhalten wird Kultur möglich, weil für die Stabilisierung des Verhaltens der Gleichklang des Benehmens und seine Weitergabe von Situation zu Situation notwendig ist. Gleichzeitig vermeidet die Nachahmung Konflikte, denn die anderen auf dem Platz haben sich schon in der gleichen Weise danebenbenommen. Das merkwürdige Gebaren der Touristen wurde bereits ausgetestet, und so erscheint es den Anwesenden zulässig, sich ihnen anzuschließen. Dadurch, dass die ursprüngliche Kreativität übernommen wurde, wird aus dem vorgängigen Verhalten Einzelner in der Beobachtungssituation ein Allgemeingut. Es ist nicht durch Lizenzen, Patente, gute wissenschaftliche Praxis oder durch ein Copyright geschützt.

Es passiert aber noch etwas weiteres, denn so einfach ist das auch wieder nicht, wenn wir uns einfach anstecken lassen. Wie sich die Touristen benehmen, ist gleichzeitig die Basis dafür, noch eins draufzusetzen, z. B., wenn eine Person nun noch den Kumpel auf die Schultern nimmt, damit dieser in eine bessere Position im Verhältnis zum Turm kommt. Hier verbinden diese beiden eine Turnübung, ja ein

Körperkunststückchen zu einem originelleren Haltebild. Gewöhnliche als Paar reisende Touristen kommen da nicht mit. Ihnen fehlt möglicherweise nicht nur die Körperbeherrschung, vor allem mangelt es mindestens an einer dritten Person. Die Bodenturner setzen sich also von den anderen ab; sie variieren die Standardaufnahme. Gleichwohl ist es nur eine Variation des Basisbenehmens, der normalen Stützgeste. Das ist das Motiv, welches die meisten Touristen in die Pixel bannen möchten. Einigen scheint das zu langweilig; tatsächlich ist es aber nicht unbedingt Langeweile, sondern es entsteht vor Ort eine Dynamik, die sich als eine Art Konkurrenz hinsichtlich der Originalität der Variation des Standards beschreiben lässt. Das betrifft insbesondere Gruppen, in denen Ideenkonkurrenz entsteht. Die Variationen der Ideen entsprießen aus der Differenz zum bereits beschriebenen Originalbild, bei dem die Schauspielenden den Turm mit beiden flachen Händen vor dem Umfallen bewahren.

Wie wir es auch drehen und wenden mögen, die Leute verhalten sich „schräg". Wenn nicht die Situation am Turm mit dem merkwürdigen Verhalten kulturell verknüpft und über superschwache Beobachtungsbeziehungen weitergegeben würde, würden sich die Anwesenden nicht so aufführen. Allenfalls Gruppen von Jugendlichen traute man eine leichte Übertretung des Normalbenehmens im öffentlichen Raum zu. Das ist etwas, was in diesem Alter nicht ungewöhnlich ist, denn die jungen Leute müssen ihre Grenzen austesten. Zudem ist auch der Wettbewerb zwischen den Freunden hier anders geregelt als bei den Älteren.

Wir kennen ein ähnliches Phänomen beim Fotografieren, nämlich das Posieren für das Bild. Dieses ist sehr stark an Konventionen, also an bestimmte Sehgewohnheiten der Fotografierenden und der Betrachter gebunden. Auch solche Gewohnheiten zählen zur Kultur. Beobachten lässt sich das beispielsweise an einem anderen touristischen Ort, dem Keukenhof in den Niederlanden, dem Magneten für Menschen, die sich für die bunte Pracht von Tulpen interessieren. Dort fallen vor allem Besucherinnen, die augenscheinlich aus Asien stammen, auf. Diese posieren zwischen den Blumenbeeten, etwa indem sie sich zwischen die Blüten ducken (Abb. 5.1). Hinzu kommen Armgesten, die eher an einen bestimmten Typ von Fotomodellaufnahmen erinnern. Um an ein in dieser Hinsicht gutes Foto zu kommen, nehmen diese Menschen

Abb. 5.1 Posen vor Tulpen auf dem Keukenhof in den Niederlanden. (© Christian Stegbauer)

ebenfalls aufwendigere Arrangements in Kauf, was manchmal auf Kosten der ausgestellten Pflanzen geht. Uns erscheint das Verhalten dieser Touristen etwas übertrieben. Wir beobachten es zwar, aber das Verhalten springt an dieser Stelle nicht auf uns über. Es geht über das Aufstellen vor der typischen Kulisse mit dem dokumentarischen Charakter à la „wir waren tatsächlich da", wie wir es von eigenen Aufnahmen und denen unserer Bekannten und Freunde schon kennen, weit hinaus. Viele der asiatischen Touristen inszenieren einander ähnliche Bilder, was auf eine gewisse Stereotypie hinweist, also auf eine etwas differierende Fotokultur; zumal die Touristen mit eher europäischem Aussehen nur selten die asiatischen Inszenierungen zu übernehmen scheinen. Zumindest nach eigenen Beobachtungen deutet sich hier eine kulturelle Differenz an, die beim Anfertigen der Turmhaltebilder nicht zu erkennen ist. Diese scheinen noch eher interkulturell kompatibel zu sein. Auf diesen Aspekt des voneinander Lernens auf Reisen will ich aber später noch genauer eingehen.

Posen für Fotos dient zum einen der Sorge, auf der Aufnahme auch wirklich gut auszusehen, also sich selbst und natürlich auch den zukünftigen Betrachtern des Fotos zu gefallen. Zum anderen möchten die Fotografierten mitteilen, dass sie die wichtigsten Sehenswürdigkeiten tatsächlich besucht haben. Deswegen stellen sie sich vor den Urlaubsattraktionen auf, sie dokumentieren, tatsächlich dagewesen zu sein.[8] Die Art und Weise, wie sie sich vor dem Pisa-Turm gebärden, entspricht allerdings nicht ganz den (für uns) „normalen" Urlaubsfotos, sie fügen diesen noch einen Schuss Humor hinzu.

Das Netzwerk, mit dem wir es hier zu tun haben, besteht nicht nur aus Freunden, Bekannten oder Arbeitskollegen, die als Empfänger der schrägen Fotos in Betracht kommen. Das Netzwerk, durch welches das Verhalten entsteht, wird aus wildfremden, zufällig vor Ort befindlichen Menschen gebildet. Das heißt, es spielen superschwache Beziehungen eine Rolle; das wollen wir uns nun genauer anschauen.

Die Situation auf dem Turmplatz, oder wer kommt mit wem in Kontakt?

Netzwerke bestehen aus Knoten und Kanten: In diesem Fall sind die Personen die Knoten, und bei den Kanten handelt es sich um die Beziehungen zwischen den Personen. Einige dieser Beziehungen in der Nähe des Schiefen Turmes sind offensichtlich. So ist die Erstellung des Turmhaltefotos nur möglich, wenn eine begleitende Person anwesend ist. Diese Person bringt den Abzulichtenden in die korrekte Stellung und wechselt seinen eigenen Standpunkt so, dass das Foto am Ende auch tatsächlich die Illusion erzeugt, der Tourist würde hier eine wirksame Stütze bieten. Wir haben es also mindestens mit zwei Personen zu tun, die direkt miteinander verbunden sind. Wenn ein Paar unterwegs ist, so fragt der Partner die Partnerin um ein Foto, und danach tauschen die beiden die Rollen, damit sowohl sie als auch er ein schönes Haltebild bekommt. Sind die Anwesenden in Gruppen unterwegs, kann es sein, dass die Notwendigkeit für jeden, ein Bild zu schießen, etwas komplizierter wird. Vielleicht wird einer der Mitreisenden ausgeguckt, den Fotografen zu mimen, oder die Gruppe zerteilt sich in Zweier- oder Dreiergruppen. Möglicherweise bietet sich die Person an, die sich schon die ganze Zeit als besonders begeisterter Bilderknipser hervortat.

Allerdings reicht es heute nicht mehr, so wie früher, dass einer fotografiert und später zu Hause für die anderen Abzüge herstellen lässt. Heute benötigt jeder Mitreisende ein für sich selbst gemachtes Foto, und zwar sofort. Denn die daheimgebliebenen Freunde müssen vom Ereignis sogleich unterrichtet werden. Möglich wäre es sicherlich auch, dass ein Fotograf, vielleicht derjenige mit der besten Handykamera, für alle knipst. Anschließend könnte er die digitalen Aufnahmen unter den Anwesenden verteilen. Das dauert aber zu lange und ist vielleicht mit den Datenvolumen, welche die Mobilfunkbetreiber zulassen, gar nicht vereinbar. An dieser Stelle zeigt es aber auch, dass auch Technik Kultur zu beeinflussen vermag. Die jeweilig verfügbare Technik ist Teil des kulturellen Arrangements.

Kehren wir nun zurück in die Gegenwart vor dem Schiefen Turm. Sich gleich verhaltende Touristen verfügen über ähnliche Kontakte untereinander. Was ist mit „ähnlichen Kontakten" gemeint? Nun, wie schon gesagt, finden sich eher wenige, die ganz alleine unterwegs sind, die Mehrzahl besucht den Ort zu zweit. Daneben gibt es Gruppenreisende. Solche, die mit einem ganzen Bus hierherkommen und dabei ein wenig Abwechslung vom Strandeinerlei suchen, und Gruppen meist jüngerer Menschen, die sich spontan zusammengefunden haben. Es handelt sich um eine bunte Schar, die sich hier jeden Tag aufs Neue einstellt. Darunter sind Babys im Kinderwagen oder einem Tragegestell mit ihren Eltern bis hin zu Senioren, die bereits eine Gehhilfe benötigen. Die besuchenden Menschen kommen aus der ganzen Welt. Letzteres ist ein Euphemismus, denn es ist nicht allen Menschen auf der Welt vergönnt, zu reisen. Auch von denen, die reisen könnten, kommen zum Glück noch nicht alle in Italien an. Bei aller Unterschiedlichkeit streben die Touristen danach, eines der berühmtesten Gebäude der Welt zu sehen. In diesem Punkt sind sie sich ähnlich. Worin sie ebenfalls übereinstimmen, ist, dass die Menschen sich zwar im Paar oder in der Gruppe kennen, sich zwischen den Gruppen aber fremd sind.

Zwar sagt man, die Deutschen seien an den Socken in den Sandalen erkennbar, was – wenn es wirklich stimmt – darauf hinweist, dass sich bei aller kultureller Diversität dann doch Ähnlichkeiten nach Herkunft zeigen. Wenn wir das aber beiseitelassen, dann, so würden wir als Netzwerkforschende sagen, finden sich strukturelle Ähnlichkeiten zwischen allen Reisenden: Sie kennen einander in der Gruppe, und sie sind sich zwischen den Gruppen fremd. Dieses Verhältnis würden wir als eine Art struktureller Ähnlichkeit bezeichnen. Ein Zeichen für diese Ähnlichkeit ist auch das Verhalten, das in unserer Betrachtung besonders auf das Foto bezogen ist. Alle wollen ein Foto, die meisten eines von sich selbst und gleichzeitig der Sehenswürdigkeit, und eine überwältigende Anzahl möchte eines, in dem sie den Turm vor dem Umfallen bewahren. Hans und Helga sind zum ersten Mal da, das trifft auch auf Jimin und Minho zu, obwohl die Anreise Letzterer aus Korea viel weiter war. Obwohl beide Paare sich nicht kennen, treten sie hier sehr wohl miteinander in Kontakt, denn sie beobachten sich gegenseitig. Sie schauen nicht nur auf die Sehenswürdigkeiten, sondern auch auf die anderen zufällig vor Ort zusammentreffenden Reisenden. Nur dadurch, dass diese gleichzeitig am selben Platz aufeinandertreffen, ist es möglich, dass sie sich gegenseitig beeinflussen und in ihrem Fotografieverhalten aneinander infizieren (Abb. 5.2).

Auf dem Platz sind zum Glück nicht nur die Besucher anwesend. Auch Pisaner queren den öffentlichen Raum dort von Zeit zu Zeit, wenn sie Besorgungen in der Stadt erledigen, oder kommen zu einem Gottesdienstbesuch in den Dom. Da die Stadt mit ihren etwa 90.000 Einwohnern zu groß dafür ist, dass sich alle kennen würden, kommt es gar nicht so häufig vor, dass sich Bekannte zufällig treffen. Einheimische dürften auch eher alleine unterwegs sein als die Touristen. Das Wichtigste aber: Sie schauen sich nicht jedes Mal den Turm aufs Neue an, bzw. sie betrachten ihn auf eine andere, vertrautere Weise. Sie kommen aus anderen Gründen hier vorbei, als dass sie sich hier lange aufhalten würden. Was ich meine, ist, sie sind gegenüber einer Ansteckung mit dem merkwürdigen Verhalten der Touristen immun. Sie nehmen den Platz anders wahr, womöglich kritisch, da es sich nicht mehr um ihren Platz handelt, weil er von den ausländischen Besuchern

Touristen kommen alleine, zu zweit oder in Gruppen (hier dargestellt durch die dicken Verbindungen) und schauen sich das Verhalten der anderen Touristen ab (die gegenseitige Beobachtung (superschwache Beziehung) habe ich mit gestrichelten Linien dargestellt).

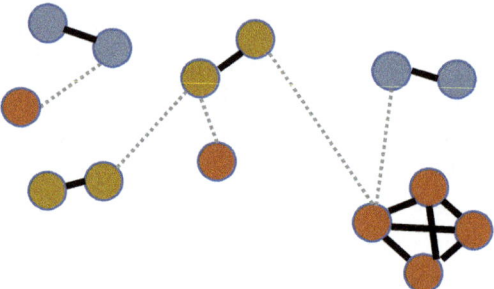

Einheimische sind eher alleine oder zu zweit dort unterwegs, sind bestenfalls „amüsiert" über das Verhalten der Touristen. Die Beobachtung der Touristen führt hier aber nicht zu einer Verhaltensänderung.

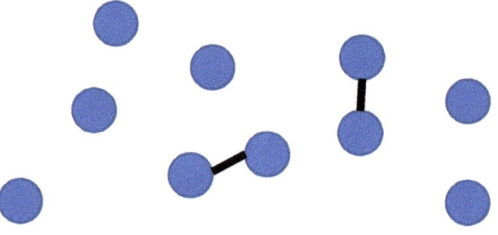

Im unteren Teil finden sich Einheimische, die den Platz passieren. Oben ist mit den Farben die Unterschiedlichkeit der Länder markiert, aus denen die Touristen stammen.

Abb. 5.2 Modell der strukturellen Ähnlichkeit der Besucher

okkupiert ist. Es kann aber auch sein, dass sie stolz sind auf die einzigartige Sehenswürdigkeit, die ihre Stadt zu bieten hat und die sie dadurch selbst zu einer gewissen Berühmtheit bringt. Ich stelle mir das so ähnlich vor wie bei Leuten, die Kontakt zu Stars aus der Kunst- oder Musikszene suchen. Auch dort schwingt ein wenig die Hoffnung mit, dass ein Stück der Popularität dieser Personen auf diese überspringt.

Wie und warum variiert man das Turmhalten?

Wie sich die Touristen in Pisa verhalten, wirkt ansteckend. Allerdings geben sich nicht alle mit dem klassischen Turmhaltebild zufrieden. Wenn nun eine Reisegruppe mit Jugendlichen hier vorbeikommt und das Virus mittels der superschwachen Beobachtungsbeziehungen auch auf diese überspringt, dann beginnen einige damit, sich vor dem Turm aufzustellen und traditionell zu fotografieren. Nun kommen andere auf die Idee, das Setting ein wenig abzuwandeln, um zu noch interessanteren Fotos zu gelangen.

Was nun entsteht, wird von einigen Soziologen als ein Phänomen angesehen, das universell verbreitet ist. Das bedeutet, dass dies immer abläuft, wenn Gruppen zusammen sind. Besonders ausgeprägt scheint das in Gruppen mit Jugendlichen zu sein. Gemeint ist, dass um die soziale Position im Kreis der Freunde gerungen wird. Manchmal wird dies als „pecking order" (White 2008), also als Hackordnung, bezeichnet. Wenn wir als Erwachsene darüber nachdenken, wie sich Jugendliche in solchen Gruppen benehmen und welche Dynamik darin steckt, mögen viele von uns froh darüber sein, dass diese Phase im Lebenszyklus abgeschlossen ist. Wenn es stimmt, dass es sich um ein universelles Phänomen handelt, dann hört dies allerdings nicht mit Ende der Jugend auf. Womöglich ändern sich nach der Jugendphase aber die Mittel zum Austragen solcher Konkurrenzsituationen.

Zurück zum Turm: Dort beobachten wir, dass Menschen auf die Pfeiler einer Absperrung klettern, wodurch eine bessere Perspektive zu erreichen ist. Zudem sind die vielen anderen gerade Anwesenden auf dem Foto dann nicht sichtbar. Manchmal geben Freunde auch Hilfestellung, um von einem menschlichen Turm aus eine ausgefallenere Haltegeste hinzubekommen. Andere tun so, als würden sie gegen den schon stürzenden Turm treten, um sein Fallen zu beschleunigen. Es gibt auch welche, die die Dramatik auf ihren Fotos steigern, indem sie diese im Nachhinein digital bearbeiten, um ein noch extremeres Bild hinzubekommen. Um bei einigen der akrobatischen Fotokunststückchen mithalten zu können, hätte man schon im Vorfeld einen Yogakurs mindestens der Stufe 2 absolvieren müssen. Sonnengruß, Dreieck,

Abb. 5.3 Beispiel eines „klassischen" Turmhaltebilds. Im Hintergrund sehen Sie die anderen, im Bemühen, auch zu so einem Schnappschuss zu kommen. Dabei finden sich auch schon Variationen, etwa wenn jemand auf einen Pfeiler steigt, um seine Position gegenüber den anderen zu verbessern (Abb. 5.3). (© Johannes Türk)

Drehsitz oder herabschauender Hund sollten einem keine Unbekannten sein; weniger Gelenkige sind also hier von der Nachahmung ausgeschlossen. Wir sehen, dass einige Aufnahmen besondere Fähigkeiten benötigen. Solche Inszenierungen helfen zwar, das Spektrum der Aufführungen im Zusammenhang mit dem Turm zu erweitern; sie sind aber gerade wegen der Schwierigkeiten, die ihr Kopieren bereiten würde, nicht geeignet, die klassische Aufnahme zu ersetzen.

Manche der auf diese Weise gestellten Fotos überschreiten die üblichen Geschmacksgrenzen und wirken etwas obszön, und auch daher eignen sie sich nicht, die „traditionelle" Halteposition zu ersetzen. Ich denke, bei diesen Fotofiguren ist es erwünscht, wenn beispielsweise die Aufnahmen so arrangiert werden, als penetriere der Turm als eine Art Phallus eine auf dem Rücken liegende Frau auf der

Wiese. Ähnliches gilt für das scheinbare Einführen des Turms in den Anus eines sich in der Hocke befindlichen Mannes. Diese Formen der Sexualisierung des Urlaubsfotos erzeugen eine besondere Aufmerksamkeit,[9] die von einem der tausendfach wiederholten „normalen" Haltebilder nicht mehr erwartet werden kann. Eine mildere, sich gewissermaßen an der Obszönitätsgrenze entlangschleichende Form ist weiter verbreitet: Personen, die den Turm in einer Eistüte halten und so tun, als würden sie daran schlecken. Dieses Motiv finde ich im Internet während meiner Recherchen ziemlich häufig. Fast immer sind es Aufnahmen von Frauen, die dem Turm ihre Zunge entgegenstrecken. Wie bereits gesagt, bleiben alle Variationen, die gruppeninszenierten, die akrobatischen und die „grenzüberschreitenden" letztlich am originalen Haltebild orientiert. Man kann sie als eine Variation des Originals ansehen.

Auch wenn mir manche dieser Fotos nicht gefallen mögen, so geht es hier keinesfalls darum, diese zu bewerten. Was uns hier interessiert, ist die Tatsache an sich, dass sich die Menschen immer wieder über den Standard, das typische Bild, hinwegsetzen und Neues ausprobieren. Für diese Betrachtung blenden wir die Motive der einzelnen Touristen aus; es geht alleine darum, dass es solche Variationen gibt. Wichtig ist hier die Tatsache, dass hierdurch die Kreativität der Leute vor Ort angestachelt wird. Diese führt immer wieder zu Abänderungen, wobei die Variation oft auch schon eine gewisse Typik aufweist. Die sozialen Regeln bewirken eine Dynamik, die das traditionelle Verhalten immer wieder aufs Neue angreift und infrage stellt.

Gehen wir davon aus, dass die nur teilweise sichtbaren Rangkämpfe, die um Aufmerksamkeit ringenden Personen, nicht nur im Urlaub in einen Wettbewerb miteinander treten, sondern auch, wie bereits erwähnt, an vielen anderen Stellen unseres Zusammenlebens. Das bedeutet, dass nicht nur in der Urlaubsfotografie immer wieder Variationen ausprobiert werden. Auch hier greifen die sozialen Regeln, die wir besprochen haben. Vielleicht wird durch den ständigen Versuch, die anderen zu übertreffen, irgendwann ein Turmbild gefunden, welches sich gegen den Klassiker durchsetzen kann. So gesehen ist das sich Danebenbenehmen, das Austesten und auch das Überschreiten von Grenzen nicht etwas Schlechtes, selbst wenn es die moralischen Gefühle mancher Zuschauender verletzen mag.[10] Es eröffnet die Möglichkeit für Veränderung. Diese mag, wenn sie immer wieder vom Original ausgeht, keine Revolution verursachen, aber eine Weiterentwicklung durch Modifikation liegt im Rahmen des Möglichen. Wir sehen hier also noch eine weitere Anforderung an den Übersprung von Verhalten durch superschwache Beziehungen: Trotz des Übertretens von „normalem" Benehmen bleiben Neuerungen gebunden an das Vorhandene. Damit wird in der Regel die Innovationsfähigkeit, die über solche Beziehungen und deren Variation entsteht, begrenzt. Zwar bewegen sich viele an den Grenzen der etablierten Haltegesten und manche auch knapp darüber hinaus, aber andere kulturelle Normen schränken die Freiheit des Benehmens und der Übersprungshandlungen dennoch ein.

Menschen der Welt an einem Platz

Die Globalisierung verknüpft nicht nur die Produktions- und Handelsketten auf der Welt. Wir wissen, wenn ein vergleichsweise schlichtes Produkt wie eine normale Bluejeans gefertigt wird, dann kommen die Komponenten bis zum fertigen Produkt aus zahlreichen unterschiedlichen Ländern der Erde.[11] Selbst die verschlissene, nicht mehr getragene Jeans findet bei der Endverwertung häufig über Altkleidersammlungen ihren Weg noch einmal auf einen anderen Kontinent. Zwar benötigt auch dieses Ineinandergreifen von Produktionsketten Kontakt zwischen Menschen, etwa wenn Lieferverträge vereinbart werden, die Einhaltung von Menschenrechten oder die Logistik überwacht wird (Glückler 2020). Dennoch kommen wir, wenn wir nicht gerade an einer solchen Stelle arbeiten, gar nicht so oft in einen direkten Bezug mit Menschen aus sehr unterschiedlichen Kulturen. Wir kennen unsere Arbeitskollegen, deren Eltern oft aus südlichen Ländern der heutigen EU nach Deutschland kamen, oder diejenigen Kollegen mit türkischen Wurzeln. Mit Menschen, die aus sehr weit entfernten Ländern kommen, die nicht auf Migrations-, Handels- oder Fluchtrouten liegen, kommen wir aber nur sehr selten in Kontakt.[12]

Manche Lebensgewohnheiten der Menschen auf den anderen Kontinenten sind uns fremd; sie sind exotisch für uns. Gleichwohl freuen sich die meisten von uns, wenn wir thailändisch oder chinesisch essen gehen können. Die italienische Küche bzw. deren Interpretation ist längst eine Art Nationalküche auch Deutschlands geworden, wo wir mittlerweile ohne Pizza und Spaghetti kaum mehr überleben können.

Auf dem Vorplatz zum Schiefen Turm in Pisa treffen nun aber die unterschiedlichsten Touristen zusammen: Da begegnen chinesische, japanische, koreanische Touristen solchen aus verschiedenen Ländern Europas oder Amerikas. Sie alle besuchen diese Stadt, denn es gibt nur vergleichsweise wenige Orte, die man gesehen haben muss, bevor man stirbt. Pisa mit seinem Turm gehört selbstverständlich dazu.[13] Auch darum steht die Stadt auf den Reiseplänen vieler Menschen. Hier kommen alle zusammen, und was passiert? Es entstehen superschwache Beziehungen, bei denen alle auch über die kulturellen Unterschiede hinweg die Haltebilder kopieren. Etwas, das sonst nicht so oft passiert, außer vielleicht beim Essen, aber da wissen wir, dass es schwierig ist, z. B. authentische chinesische Küche in Deutschland zu bekommen. Meist ist das Essen, welches in den internationalen Restaurants zubereitet wird, an die Gaumen der jeweils inländischen Gäste angepasst. Wir finden hier in Pisa also eine relativ seltene Gelegenheit, bei der ein Verhalten kulturübergreifend ausgetauscht wird. Es entsteht, so könnte man sagen, eine Welt im Mikroformat an diesem Platz – auch wenn uns klar ist, dass die meisten Menschen auf der Welt gar nicht reisen können oder dürfen.

Beim genauen Hinsehen kann es sein, dass sich dennoch feine Unterschiede finden: So unterscheidet sich normalerweise das Posieren für Fotos je nach den Herkünften der Reisenden. Ich habe bereits angesprochen, dass in Deutschland und im Westen insgesamt Personenfotos mit dem Hintergrund der Sehenswürdigkeit eine Art klassisches Urlaubsfoto repräsentieren. Die Erwartungen an solche Bilder sind in Konventionen verpackt. Deswegen kann es sein, dass Aufnahmen mit künstlerischem Anspruch von einigen gar nicht als „Urlaubsfotos" anerkannt werden, denn sie entsprechen nicht den typischen Erwartungen an solche Fotos. Manche Touristen aus anderen Kontinenten haben andere Sehgewohnheiten entwickelt. Solches Posieren erscheint aus unserer Sicht ziemlich kitschig, so würden jedenfalls viele von uns urteilen. Aus der Sicht von Besuchern aus anderen

Kontinenten handelt es sich nach anderer kultureller Eingebundenheit um eine Art von Romantik. Auch das bedeutet, dass bestimmte Teile des Benehmens auf dem Platz nicht von allen über die superschwachen Beziehungen kopiert werden können. Trotz solcher eher feinen Unterschiede, können sich hier in Pisa die meisten für das Turmhaltegenre begeistern. Sie übernehmen diesen Teil des Verhaltens der anderen, ohne dass sie sich um die Herkunft derer scheren.

Es gibt aber noch ein weiteres Fotogenre, welches wir nicht vergessen dürfen: das Selfie. Dieses relativ neue Genre wurde auf der gesamten Welt mit dem Aufkommen von fotografiefähigen Smartphones verbreitet. Es gehört natürlich auch zu den Urlaubsfotos, die an diesem Platz geschossen werden. Wir haben es hier also mit drei unterschiedlichen Bilderkonventionen zu tun: 1. das in Pisa endemische Haltebild, 2. das vor allem in Europa verbreitete Dokumentbild mit Personen und der Sehenswürdigkeit im Hintergrund: „Wir waren wirklich da", 3. das weltweit verbreitete Genre des Selfies, welches das Zusammentreffen der abgebildeten Personen und deren gute Laune in diesem Moment an diesem Ort dokumentiert.

Als Beobachtender erscheint es an dieser Stelle aber so, als würden anlässlich des Aufenthaltes hier alle in einer Art Gleichklang das Verhalten der anderen übernehmen, egal woher diese stammen. Wenn der Augenschein nicht trübt, kommt es hier durch die superschwachen Beobachtungsbeziehungen also tatsächlich zu einer interkulturellen Orientierung, die sonst eher selten in der Welt so zu beobachten ist.

Wir sind noch nicht ganz fertig mit den Betrachtungen zum Schiefen Turm. Lassen Sie mich an dieser Stelle dennoch eine kleine Zusammenfassung einflechten. Wir haben die Frage gestellt, wie sich das Verhalten der Touristen in der Situation vor Ort überträgt. Die wesentliche Information dazu ist, dass superschwache Beziehungen ausreichen. Hierzu schaut man die anderen Menschen, mit denen man vor Ort ist, an. Das, was die anderen dort tun, animiert einen dann selbst dazu, sich in ähnlicher Weise zu verhalten. Was hierbei nicht notwendig ist, aber in der Netzwerkforschung normalerweise eine große Rolle spielt, ist, dass eine direkte Beziehung be- oder entsteht. Es reicht aus, mit denselben Menschen zufällig am selben Ort zu sein. Modelliert wird so etwas in der Netzwerkforschung mit der so genannten „bimodalen"

Konstruktion von Netzwerken. Wer einmal in Pisa war, hat das typische Haltefoto kennengelernt. Hinzu kommen Variationen, die intuitiv vor Ort entwickelt werden. Manchmal bedarf es nur eines Einfalls, besonders in Gruppen dürfte aber der Wettbewerb um soziale Anerkennung ebenfalls eine Rolle bei der immer neuen Erfindung von Variationen spielen. Pisa steht aber nur als Beispiel, das, was sich hier abspielt, finden wir auch an ganz anderen Orten wieder – einige Beispiele hierfür wurden ja bereits genannt.

Eine letzte noch nicht geklärte Frage stellt sich nun: Woher wissen die Touristen eigentlich, dass man solche Haltebilder anfertigt? Es dürfte ja so sein, dass die Besucher eben nur einmal an einem Nachmittag dorthin kommen und anschließend wieder wegfahren. Irgendwelche Leute muss es dort immer geben, die in der Lage sind, über die vorhandenen superschwachen Beziehungen die unbedarften Reisenden anzustecken. Denken sich das einige vor Ort immer wieder aufs Neue aus, oder bringt ein Teil der Anwesenden diese Idee bereits mit, die dann vor Ort auf die anderen überspringt? Woher könnte die Idee stammen? Diesen Fragen gehe ich im nächsten Unterkapitel nach.

Soziale Medien oder das Wissen darum, den Turm zu halten

Wer sich im Urlaub vor allen Dingen selbst grillt, braucht nicht so viele Informationen. Es reichen Hinweise darauf, wo sich die besten Locations für die abendlichen Feiern befinden und wo man die besten gebratenen Hühner (respektive Veggie-Burger) bekommt. Das ist nicht das, was man in klassischen Reiseführern findet. Diese kümmern sich nach dem traditionellen Vorbild des Baedeckers hauptsächlich um die Sehenswürdigkeiten. Interessant dabei ist, dass die meisten lokalen Attraktionen mit Superlativen beschrieben werden. In solchen Reiseführern findet man viele Informationen über den Platz, den Dom und vor allem über den Schiefen Turm. Was wir hingegen vergeblich suchen, ist für viele die Hauptattraktion: Welches Bild muss hier geschossen werden?

Wenn sich der Baedecker darüber ausschweigt und auch die anderen Reiseführer nicht erwähnen, welches Foto hier geknipst werden muss, wie kommt es dann dazu, dass offenbar immer eine genügend große Anzahl von Besuchern weiß, dass der Turm gehalten werden muss? Eine Person oder ein Paar, welches den Ort besucht, reicht sicherlich nicht aus, um alle mit der Fotoidee zu infizieren. Der klassische Reiseführer liefert lediglich Informationen über den Turm, der eigentlich als Turm für den Dom geplant war. Der Bau wurde 1173 begonnen, nach 12 Jahren hatte man drei Stockwerke erbaut und musste schon erkennen, dass es zu einer Neigung kam, woraufhin der Bau bereits verändert wurde, um die Schiefe auszugleichen. Die Fertigstellung erfolgte schließlich 1372.[14]

Ist wirklich die Mehrheit der Besuchenden mit solchen Daten zu beeindrucken? Ich vermute, das Erlebnis, auf dem Platz zu stehen, das weltberühmte Gebäude anzuschauen, und das dem Turm entsprechende „schräge" Verhalten der Touristen wirkt sich auf die meisten Reisenden deutlich mehr aus. Zu den klassischen Reiseführern kommen heute Alternativen, so beispielsweise eine Suche im Internet. Kurz nach Eingabe des Reiseziels läuft sofort eine Menge an Informationen über den Bildschirm. Jeder, der heute ein Handy dabeihat, kann auf das „Wissen der Welt" zugreifen. Dieses Wissen besteht zu großen Teilen aus den Erlebnissen von Hinz und Kunz. Um deren Urlaubsabenteuern zu folgen, brauchen die Reisenden nicht einmal mehr des Lesens mächtig zu sein. Viele Menschen dokumentieren ihre Urlaube im Internet anhand von Fotostrecken. So wie der klassische Reiseführer Routen für den Rundgang zu den „wichtigsten" Sehenswürdigkeiten bot, um auch ja nichts zu verpassen, können wir nun Menschen zuschauen, wie sie die glücklichsten Momente an exotischen Orten verlebten. Wir können uns also deren Reisen anschauen und uns an der eigenen Vorfreude des künftigen Nacherlebens weiden. Möglich wird das durch Soziale-Networking-Dienste. Etwas polemisch könnte man sagen, dass dort vor allem schöne Menschen, die den durchschnittlichen Idealen der anderen am nächsten kommen, ihren Auftritt haben. Auch andere Seiten, Reiseberichte von ehemaligen Besuchern, die auf Videoplattformen eingestellt wurden oder auf Blogs, helfen zur Vorbereitung. Das Interessante daran ist, dass diese Formen der Berichterstattung einen viel authentischeren Eindruck vermitteln als gut recherchierte klassische Medienberichte.

Wenn ich nun überlege, woher ein genügend großer Teil der Reisenden weiß, dass und wie sie den Turm zu halten haben, dann fallen mir zwei Möglichkeiten ein. Erstens, dass Freunde und Bekannte bereits dort waren und nun deren Fotos kopiert werden und/oder dass, zweitens, solches Verhalten auf Internetplattformen zu sehen war. Während die erste Möglichkeit für uns nicht beobachtbar ist, lässt sich die zweite leicht durch eine einfache Suchanfrage nachweisen. Etwas aufpassen müssen wir allerdings, denn Google, sollten wir diese Suchmaschine nutzen, personalisiert die Suche. Google sammelt Daten über uns, insbesondere über unsere Interessen. Wenn Google nun weiß, wofür wir uns interessieren, dann passt es die Suchergebnisse und insbesondere die Werbeanzeigen an. Selbst dann, wenn Google nicht so viel über uns weiß; zumindest den ungefähren Standort bekommt der Konzern über die URL heraus. Wenn man das also für eine Anfrage ausschalten will, dann muss man Maßnahmen treffen, um möglichst unverfälschte Ergebnisse zu bekommen. Das geht durch eine anonyme Suche auf Google, welche mittels eines entsprechenden Portals möglich ist. Ich stelle mir also vor, demnächst nach Pisa zu reisen. Um schon einmal einen Eindruck vom Reiseziel zu bekommen, suche ich nach Bildern von Pisa und vom Schiefen Turm. Neben einer Google-Abfrage suche ich auch auf Instagram. Um einen Eindruck zu bekommen, werte ich jeweils die ersten hundert Bilder aus. Die meisten Reisenden werden gar nicht so weit gehen und sich mit weniger Bildern begnügen.[15]

Tab. 5.1 zeigt, dass Google selbst nur wenige Hinweise auf das Haltefoto ausgibt. Wenn wir nach Pisa suchen, ist auf 85 von 100 Bildern der Schiefe Turm abgebildet. Aber in nur acht Fällen finden wir ein Bild, auf dem der Turm gehalten wird. Nur ganz selten spielen auf diesen Fotos überhaupt Menschen eine Rolle, sie sind allenfalls eine Zutat im Hintergrund. Am liebsten, so der Eindruck, sind Google Bilder des Monuments ganz ohne Menschen. Das entspricht allerdings keineswegs der Wirklichkeit, mit der die meisten Besucher konfrontiert sind. Etwas mehr besucherzeigende Bilder spuckt eine direkte Suche nach dem Schiefen Turm, dem „Leaning Tower of Pisa", aus. Hier finden wir immerhin 17 Bilder mit Haltegeste. Ganz anders auf

Tab. 5.1 Die Tabelle zeigt, welche Inhalte die ersten 100 Bilder haben, die auf Suchanfragen zu Pisa und zum Schiefen Turm (Leaning Tower of Pisa) von Google (Bildersuche) und Instagram ausgegeben werden

Suchbegriff:	Davon Bilder mit:			
	Schiefer Turm	Schiefer Turm mit Haltepose oder verwandtes Verhalten	Schiefer Turm mit Menschen aber ohne Haltepose	Alternatives Verhalten („Turm" in Eistüte)
Google: „Pisa"	85	8	Sehr selten oder nur von weitem zu sehen	
Google: „Leaning Tower of Pisa"	99	17	2	
Instagram: „Pisa"	90	64	15	6

Anonyme Google-Suche „startpage.com" + Instagram + „Begriff" startpage.com (30.10.2019), jeweils erste hundert Bilder

Instagram – wie beschreibt man den Inhalt dieses Mediums am besten? Vielleicht kann man sagen, die hier veröffentlichten Fotos sind mehr „erlebnisorientiert". Das spiegelt sich auch in der Auswertung wider. Von 100 Fotos zeigen 90 den Turm und davon 64 ein Bild, in dem der Turm gehalten wird. Auch finden wir hier mehr Bilder, auf denen Menschen abgebildet sind, ohne den Turm zu halten. Eine Besonderheit sind die „Eistütenbilder", von denen ich immerhin sechs von 100 gefunden habe. Eine Anmerkung noch dazu: Auf Instagram finden sich ziemlich viele Variationen des klassischen Bildes.

Damit wäre die Frage, woher die Inspiration stammt, Haltebilder aufzunehmen, eigentlich schon fast geklärt. Eine Vermutung ist, dass ein Teil der Besucher Pisas, wahrscheinlich eher die Jüngeren[16] sich auf die Reise mit einer Inspiration oder direkter Suche in den sozialen Medien vorbereitet. Selbst wenn es dieses Verhalten auch schon vor Einführung dieser Medien gab, dürften die dort verfügbaren Bilder die Orientierung an den anderen stützen. Wenn das so ist, wie hier beschrieben, wirkt die Entstehung der superschwachen Beziehungen mit dem Abschauen des Verhaltens der anderen, vorher Dagewesenen, wohl auch über soziale Medien. Wie es ausschaut, ist aber das Medium alleine nicht ausreichend, um das beschriebene massenhafte Turmhalten auszulösen. Der Übersprung aus dem Medium bei einigen genügt, um die superschwachen Beziehungen vor Ort wirksam werden zu lassen.

Netzwerkforschung und das Problem der Nachahmung

Nachahmung von Verhaltensweisen bedarf also nicht unbedingt einer engen Beziehung. Es reicht, wenn es eine Gelegenheit gibt, zu sehen, wie die anderen sich benehmen. Allerdings müssen noch weitere Rahmenbedingungen gegeben sein: so etwa die strukturelle Ähnlichkeit zwischen den Touristen hier, wozu gleichartige Beziehungen vor Ort, etwa zu Mitreisenden gehören. Es zählt dazu aber auch das Bedürfnis, die Daheimgebliebenen zu grüßen, vielleicht auch etwas Neid zu erzeugen, indem man ihnen bildlich unter die Nase reibt, an welch tollem Ort man gewesen ist.

In der Situation der Reisegruppe, aber auch zwischen Reisegruppen oder den Bildern, die man vielleicht von Bekannten und Freunden auf sozialen Medien sah, entsteht das Bedürfnis zur Distinktion. Dieses wiederum führt zu Variationen der stereotypen Bildkomposition, was sich in immer neuen Abweichungen vom Original ausdrückt.

Um zu einer Ansteckung zu führen, müssen bereits einige der Reisenden vom „Turmhaltevirus" infiziert worden sein, bevor sie überhaupt den Platz vor dem Turm betreten. Das ist möglich, indem man im Internet nach der Sehenswürdigkeit recherchiert. Erst wenn ständig eine kritische Masse an Turmhaltenden vorhanden ist, kann die Idee auf andere, noch nicht Wissende überspringen.

Mit den genannten Elementen und Erweiterungen der Netzwerkforschung können wir ein solches soziales Urlaubsphänomen erklären. Die Reflexion über den Übersprung des Verhaltens erlaubt es uns, sollten wir nach Pisa reisen, darüber nachzudenken, ob wir uns dem

Verhalten der anderen anschließen wollen oder ob wir uns ganz der Distinktion verschreiben, uns davon distanzieren, noch eine weitere schnöde Kopie des Haltebildes für uns und unsere Lieben zu Hause anzufertigen. Natürlich soll der Beitrag nicht nur für den Besuch von Pisa relevant sein: Er gilt exemplarisch für die Entstehung von Kultur und ihre Weitergabe in einem Netzwerk, welches bislang kaum von der Netzwerkforschung als ein solches angesehen wurde.

Es ist ziemlich offensichtlich, dass jeder, der nach Pisa kommt, auch das Halteverhalten kennenlernt. Wie also könnte man erforschen, wie sich das Halten des Turmes als kulturelles Produkt, entstanden aus superschwachen Beziehungen verfestigt? Wenn also jeder das Verhalten dort sieht und in sein kulturelles Toolkit übernimmt, dann ist das eine Ähnlichkeit, über die alle Besucher und ehemaligen Besucher verfügen. Man könnte behaupten, dass die Ähnlichkeit in einer Angleichung des Wissens über das Verhalten vor Ort besteht. Eine solche Angleichung ließe sich mithilfe der bimodalen Analyse erfassen. Übereinstimmungen im kulturellen Toolkit wiederum könnten eine Voraussetzung für Beziehungsentwicklung sein, wie wir diese von den Überlegungen zur Homophilie kennen. Es handelte sich um kulturelle Ähnlichkeiten und nicht (nur) um Werte, Status (Lazarsfeld und Merton 1954) oder andere Merkmale (McPherson et al. 2001), die bislang in der Diskussion um Homophilie eine Rolle gespielt haben. Sicherlich reicht hier die Kenntnis der einen lokalen Kultur allein nicht aus, dass darüber Beziehungen entstehen oder deren Herausbildung befördert wird – sie könnte aber ein Baustein dafür sein. Wenn zahlreiche solche kulturellen Erfahrungen vorhanden sind, dürfte die Annäherung jedoch leichter fallen. Man könnte dann z. B. mittels Netzwerkanalyse schauen, ob eine Art kultureller Äquivalenz[17] besteht – bei der viele kulturelle Erfahrungen übereinstimmen. Die jeweiligen Personen besitzen also über die beobachtete Kultur eine Reihe von Anknüpfungspunkten für Gespräche und Auseinandersetzungen.

Das beschriebene Phänomen ist zwar spezifisch für den Platz vor dem Turm zu Pisa, aber die dahinterstehenden Mechanismen wirken immer dort, wo Menschen zusammenkommen. Für das Überspringen von Verhalten und damit verbunden die Entstehung von Kultur sind somit nicht enge abgeschlossene Beziehungen notwendig – superschwache Beziehungen reichen aus.

Anmerkung
1. Auf dem G20-Gipfel 2021 in Rom etwa warfen die Staatschefs eine Münze über ihren Rücken in den Trevi-Brunnen. Dunz, Kristina, 31.10.2021: G20-Gipfel in Rom. Merkel und Scholz beim G20-Gipfel: Machtübergabe auf offener Weltbühne. Frankfurter Rundschau: https://www.fr.de/politik/machtuebergabe-auf-offener-weltbuehne-91086602.html (14.11.2021).
2. Zur unterschiedlichen Bedeutung von starken und schwachen Beziehungen, siehe beispielsweise Burt (1992), der sich stark von Granovetter (1973) inspirieren lässt. Andere Beispiele wären Kadushin (2002), welcher die Sicherheit in starken Beziehungen betont. In meinem Buch über die Grundlagen der Netzwerkforschung habe ich mich ausführlich mit einer Differenzierung von Beziehungen nicht nur nach ihrer Stärke auseinandergesetzt (Stegbauer 2016), ähnliches gilt für Stegbauer (2010a).
3. Ein zum Mythos gewordenes Buch mit dem Titel „Schlaraffenland – Nimms in die Hand", in dem es um den Genuss der Links-Alternativen ging, ist Mitte der 1970er im Wagenbach-Verlag erschienen (Fischer und Wagenbach 2014, ursprünglich 1975).
4. Ich meine, es handelt sich sinngemäß um ein Zitat von Robert Gernhardt, welches ich aber leider nicht wieder auffinden konnte.
5. https://www.tagesspiegel.de/gesellschaft/panorama/schiefer-turm-von-pisa-das-wahrzeichen-wird-im-juni-2001-wieder-geoeffnet/145384.html (19.03.2020).
6. Gleichwohl lassen sich auch hierfür Beispiele finden, so das Küssen des Blarney Stones in Irland (https://en.wikipedia.org/wiki/Blarney_Stone, 01.10.2020), was für Beredsamkeit sorgen soll oder den Versuch, Münzen auf Menhire zu werfen (https://de.wikipedia.org/wiki/Menhir_von_Ceinturat, 01.10.2020), wobei es Glück bringen soll oder die Menschen in Kürze heiraten sollen, wenn die Münze oben liegen bleibt.

7. Man könnte sich vorstellen, dass die am Turm zu Pisa entwickelte Verhaltensweise auf andere schiefe Türme überspringt. Tatsächlich findet man im Internet ganz gelegentlich solche Fotos.
8. Hierüber können wir etwas in dem Buch über die „Fotografie als illegitime Kunst" lernen, das von Bourdieu und anderen 1983 herausgegeben wurde.
9. Aufmerksamkeit wird von einigen Autoren als eine Art Währung gesehen, die in Ruhm, aber auch in Geld umgetauscht werden kann (Franck 2007). Ob dies auch hier der Fall ist, lassen wir dahingestellt. Eher wird das in Grenzbereichen der Fall sein. Auf Gruppen bezogen oder vor der, im Moment der Aufnahme nur imaginierten Freundeskulisse in den sozialen Medien, geht damit sicherlich auch soziale Anerkennung einher.
10. Die Verletzung von Moral mag sogar in die entgegengesetzte Richtung wirken: als eine Art Abspaltung von Verhalten, welches von der Masse nicht anerkannt wird und so zu einer Stabilisierung der klassischen Inszenierung beiträgt.
11. Hierzu finden sich zahlreiche Unterrichtseinheiten im Internet. Als Beispiel hier eine Karte aus dem Westermann-Schulatlas: https://diercke.westermann.de/content/globale-warenketten-am-beispiel-jeans-978-3-14-100800-5-271-4-1 (31.03.2020).
12. An der Universität ist das ein wenig anders, hier kommen Studierende aus unterschiedlichen Ländern zum Studium. Allerdings folgen diese temporären Wanderungsbewegungen auch immer Zyklen, sodass man hier auch nicht davon sprechen kann, dass Studierende aus allen Ländern an die deutschen Universitäten kämen.
13. So nicht nur das Buch: Patricia Schultz, *1000 places to see before you die. Die neue Lebensliste für den Weltreisenden.*
14. Die Daten habe ich aus Wikipedia entnommen. Wahrscheinlich gehört Wikipedia ebenfalls zu den Quellen, derer sich die Touristen bedienen: https://de.wikipedia.org/wiki/Schiefer_Turm_von_Pisa (02.04.2020).

15. Einen Hinweis auf die „Tiefe" von Suchaktivitäten bietet der folgende Beitrag: https://blog.wiwo.de/look-at-it/2018/08/15/345-milliarden-suchanfragen-am-tag-86-prozent-schauen-nur-auf-1-google-ergebnisseite/ (07.10.2020); ein anderer Hinweis findet sich hier: https://t3n.de/news/seo-nutzer-suchergebnisse-650974/ (07.10.2020).
16. Die meisten Nutzer von Instagram sind jünger als 35 Jahre (https://www.statista.com/statistics/248769/age-distribution-of-worldwide-instagram-users/ 02.04.2020).
17. Möglich wäre das beispielsweise mit dem Concor-Algorithmus, der sich auch zur Analyse von bimodalen Daten eignet. Hinweise auf die Wirkung und Paradoxien bietet die Präsentation 644, der Sunbelt Konferenz in Cairns, Australien: „CONCOR Revisited: Algebraic Clarifications and Practical Implications" von Jürgen Pfeffer (gehalten am 15.07.2022).

6
Wie superschwache Beziehungen auf die Mode wirken

Von Hunden zu Studierenden

Zusammen mit meinen Studierenden habe ich mich lange mit einem interessanten Phänomen befasst. Der Wahrnehmung dieses Phänomens können wir uns gar nicht entziehen, haben wir doch immer den Blick darauf, wenn wir anderen Personen begegnen. Wir sprechen von einer der Möglichkeiten, nach außen hin für jeden sichtbar Individualität, ja die eigene Identität auszudrücken. An dem Beispiel lässt sich zeigen, dass auch das nicht etwas ist, was einen allein angeht – „Dein Style" ist eben, wie so viele Phänomene, nur in kleinen Teilen allein „Dein". Es handelt sich um etwas zutiefst Soziales, bei dem auch superschwache Beziehungen eine Rolle spielen. Worum geht es? Es geht dabei um unsere Bekleidung.

Vor ein paar Jahren leitete ich ein Seminar, in dem die Studierenden sich selbst Projekte ausdenken konnten, mit denen sie untersuchen sollten, inwiefern sich die Leute aneinander orientieren und dabei Kultur produzierten. Im Seminar waren zwei Studenten der Betriebswirtschaftslehre, die offenbar auch Interesse an der Soziologie hatten. Ich erfuhr von der differierenden Fachbereichszugehörigkeit erst, als das im Zuge der Diskussion ihrer Projektidee offenbart wurde. Allerdings war mir schon vorher aufgefallen, dass die beiden im Gegensatz zu den Soziologiestudierenden immer gebügelte Hemden trugen und tatsächlich auch die Schuhe makellos glänzten. Ihre Haare waren perfekt geschnitten (etwas, was mich meistens nicht zu Betrachtungen hinreißt). Man sah, dass die beiden regelmäßig zu einem Friseur gingen, der zudem wahrscheinlich keinen Discountladen dieses Metiers betrieb. Aufgrund ihrer Erscheinung hoben sich die BWLer von den anderen deutlich ab. Das hatten offenbar auch sie selbst wahrgenommen und schlugen aus diesem Grund das Projekt vor. Wir haben dann gemeinsam darüber diskutiert, wie man eine solche kleine Forschung durchführen könnte.

Zufällig hatte ich nicht lange davor einmal einen kurzen Aufsatz in einer Zeitschrift für Psychologie gelesen. Darin ging es um die kuriose und häufiger schon mal beobachtete und scherzhaft bemerkte Ähnlichkeit von Hunden zu ihren Haltern (Roy und Christenfeld 2004). Die beiden Forscher besuchten Parks und fotografierten Hunde und deren Herr- oder Frauchen getrennt voneinander. Dann legten sie die Bilder anderen Leuten vor, um von diesen dann beurteilen zu lassen, wer zu wem gehört. Sie achteten dabei natürlich darauf, dass man die Bilder nicht aufgrund ihres Hintergrunds zuordnen konnte. Soweit ich mich erinnere, funktionierte das im Falle der Hund-Halter-Beziehung ganz gut, jedenfalls solange es sich um Rassehunde handelte. Angeblich, so die psychologisch geprägte Mutmaßung der beiden Autoren der Studie, suchten sich die Menschen solche Hunde aus, die ihnen selbst ähnlich sähen. Das wäre auch eine Erklärung dafür, dass die Zuordnung bei Mischlingen weniger genau klappte. Mittlerweile wird jedoch sogar versucht, aus dem gleichartigen Aussehen Profit zu schlagen. So werden Ähnlichkeitswettbewerbe veranstaltet, das Phänomen in der Werbung überzeichnet, und Fotografen versuchen den Zusammenhang zu inszenieren.[1]

Unsere Idee war es nun, es den Kanidenforschern gleichzutun und, statt der Hunde, Studierende zu fotografieren. Anstatt der Zugehörigkeit der Kläffer zu ihren Fütterern nachzuspüren, musste das Studienfach die Rolle des Hundes übernehmen, und wir fragten, ob Personen und Studiengang einander zuzuordnen seien. Es wurden zunächst drei

Studiengänge ausgewählt, um zu schauen, ob man an der Kleidung das Fach erkennen könne. Eine Idee war es, aus Gründen der Suche nach unverzerrtem Draufblick keines der eigenen Fächer einzubeziehen. Aus diesem Anlass suchten wir nach kontrastierenden Disziplinen, von denen wir glaubten, dass sie ein deutliches Ergebnis bringen sollten. Solche starken Unterschiede hinsichtlich der Kleidung erwarteten wir am ehesten zwischen Jura-, Pädagogik- und Physikstudierenden. Die Studierenden dieser Projektgruppe sollten sich vor die Bibliotheken der jeweiligen Fachbereiche stellen und fragen, ob die Studierenden, die herauskommen, tatsächlich zu den ausgewählten Bereichen gehören. Ich referiere das aus meinem Gedächtnis – soweit ich mich erinnere, beschränkten wir das Ganze auf zehn Fotos von Studierenden je Fachbereich.

Erkennen wir an der Kleidung, welches Fach jemand studiert?

Diese Fotos wurden dann anderen Studierenden vorgelegt, damit sie entscheiden konnten, wer zu welchem der drei vorgegebenen Fachbereiche gehört. Erstaunlich war, dass alle Studierenden von einer großen Mehrheit korrekt zugeordnet werden konnten. Eine einzige Ausnahme fand sich allerdings bei einer Studentin der Pädagogik. Sie trug meinem Gedächtnis zufolge ein schickes Kostüm braunbeiger Farbe. Die Mehrheit derjenigen, denen die Fotos vorgelegt wurden, war sich sicher, dass es sich um eine Jurastudentin handelte. Wie häufig üblich bei soziologischen Forschungen wurde auch hier unter den Fotografierten ein kleiner Fragebogen verteilt. In diesem offenbarte die Studentin, dass sie kürzlich ihren Studiengang gewechselt hatte; und zwar kam sie erst kürzlich zur Erziehungswissenschaft. Sie hatte zuvor ein Semester Jura studiert. Leider habe ich keine Unterlagen mehr über die Fallzahlen der Personen, welche die Bilder beurteilt hatten.

Allerdings besaß das kleine Projekt noch einige weitere Schwachstellen, an denen man ja bekanntlich lernt und hoffentlich beim nächsten Versuch einmal gemachte Fehler vermeidet. So war es zum einen schwierig, genügend Studierende der Physik aufzutreiben, zumal es davon gar nicht so viele gibt. Der Campus der naturwissenschaftlichen Studiengänge ist weniger urban, da er auf einer grünen Wiese erbaut wurde. Dort war es nicht ohne weiteres möglich, die Fotos im Gebäude anzufertigen. Daher wurden die Physikstudenten davor fotografiert. Das hatte aber wiederum den Nachteil, dass die Beurteilenden den Unterschied zu den anderen am Hintergrund hätten erkennen können (sofern ihnen das beim Betrachten der Bilder überhaupt auffiel). Beim Vergleich der beiden anderen Studiengänge war es für Außenstehende nicht ganz so einfach, den Hintergrund der Bilder als Merkmal der Zuordnung zu nutzen.

Das Ganze fand ich so spannend, dass ich dazu in den folgenden Jahren noch weitere Untersuchungen zusammen mit Studierenden durchführte. Weil unter anderem das Problem mit dem Hintergrund bestand, habe ich in späteren Versuchen das Setting mehrfach verändert. Auch davon berichte ich gleich noch. Beim Betrachten der Fotos wurde uns klar, dass einige der Stereotypen zutrafen und wir andere interessante Ähnlichkeiten herausfinden konnten. Im Bereich der Rechtswissenschaft etwa waren zu der Zeit offenbar Boots- bzw. Segelschuhe angesagt, auch ein bestimmter Typ der flachen Aktentasche erschien uns typisch (eindeutige Erkennungszeichen, wie die mit einem Riemen zusammengebundenen Gesetzestexte, mussten für die Aufnahmen natürlich weggelegt werden). Während im Gebäude der Rechtswissenschaft besonderer Wert auf gepflegte Kleidung gelegt wurde, war das im Bereich der Pädagogik ganz anders – dort dominierte eine einfache, manchmal auch etwas knitterige Kleidung (mit der beschriebenen sehr markanten Ausnahme). Was uns an den werdenden Physikern auffiel (die Fotografierten waren ausnahmslos männlich), waren die geschlossenen Brustgurte ihrer meist vorhandenen Rucksäcke. Das Ergebnis führt den Blick in die beabsichtigte Richtung: Wie kann es sein, dass sich die Kleidung der Studierenden so stark unterscheidet, dass man diesen ihren Studiengang offenbar ansehen kann? Irgendwie muss es doch zu einer gegenseitigen Anpassung kommen. Wie gelingt das? In den Seminaren wird normalerweise nichts über die korrekte Kleidung gelehrt. Dennoch muss es einen Mechanismus geben, der für die Angleichung sorgt. Sie ahnen, dass das möglicherweise etwas mit superschwachen Beziehungen zu tun haben könnte.

Das Outfit, und wer mit wem in der Stadt unterwegs ist

Wie bereits gesagt, habe ich später an ähnlichen Settings weitergearbeitet. Dabei war die Idee zunächst, die Anpassung zwischen Personen, die mutmaßlich eine engere Beziehung hatten, zu überprüfen. Auch hier war die Frage, ob Personen, die zusammen irgendwo (tatsächlich stellten wir unser Equipment in einem frequentierten Einkaufszentrum und einem Park – am Ufer des Mains auf) unterwegs waren und die miteinander angetroffen wurden, einander ähnliche Kleidung trugen. Ähnlich wie in der Hundeuntersuchung wurden diese Personen voneinander getrennt nun vor einem neutral-schwarzen Hintergrund fotografiert. Im nächsten Schritt ordneten wir die beiden getrennt voneinander Fotografierten zwei weiteren zusammen angetroffenen und abgelichteten Personen bei und legten diese einer größeren Anzahl an Betrachtern vor. Auf Powerpoint wurden also pro Folie die Bilder von vier Personen abgebildet. Wer zu wem gehört, blieb zunächst unerwähnt, dass sollten die Befragten ja herausfinden. Die Gesichter waren mit einem Karton abgedeckt. Allerdings hatte ich die Fotos nicht zufällig zusammengestellt. Mein Anliegen war es, die Zuordnung aufgrund von offensichtlichen Merkmalen nicht zu einfach zu machen. So wären beispielsweise starke Altersunterschiede, die sich auch in Differenzen der Kleidung zeigen, augenscheinlich sofort erkennbar gewesen. Bei denjenigen, die zusammen unterwegs waren, handelte es sich in der überwiegenden Mehrzahl um Gleichaltrige. So fanden sich die angetroffenen jungen Frauen meist im selben Alter wie ihre begleitenden Freundinnen. Das traf auch auf die meisten anderen zu – wir fanden also bei den meisten Personen, die mit jemand anderem unterwegs waren, eine Altershomogenität vor. Einige Male kamen auch Mutter und Tochter zusammen; wir hatten auch eine Nachhilfelehrerin zusammen mit ihrer deutlich jüngeren Schülerin bei den Aufnahmen dabei. Ich stellte die Paare absichtlich so zusammen, dass die Abgebildeten eine gewisse Ähnlichkeit zueinander aufwiesen. Ein Teil der Fotos wurde an einem warmen Tag aufgenommen. So hatten wir zwei mal zwei Frauen, die nur mit Shorts und einem knappen T-Shirt bekleidet waren. Allerdings unterschieden sich die Kleidungsstücke dennoch, sodass die Zugehörigkeiten gut zu erkennen waren.

Dann hatten wir jeweils die Fotos zweier Paare zusammen auf einer Powerpoint-Folie, gegenüber unseren Befragten (zumeist Studierende) präsentiert (Abb. 6.1). Für die Untersuchung verwendeten wir 29 Paarvergleiche. Die Studierenden, es waren jeweils mehrere Hundert, sollten dann beurteilen, wer zu welchem Paar gehört. Dieser Versuchsaufbau ist dem ersten Vorgehen überlegen: Zum einen bleibt der Hintergrund immer gleich, zum anderen brauchen wir nicht auf die einfachen Auszählungen und Anteile zurückzugreifen, sondern können eine statistische Analyse der Antworten vornehmen. Die statistische Ana-

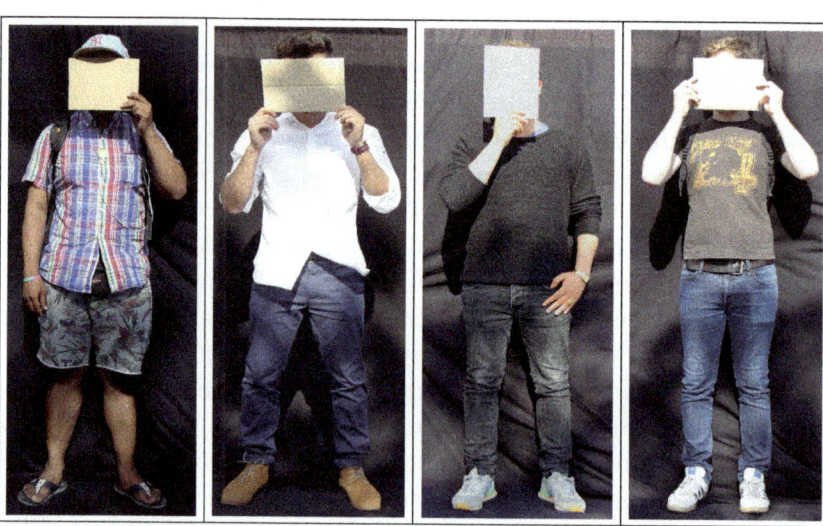

Ganz links und ganz rechts die Personen und die beiden in der Mitte gehören zusammen. Die Paare wurden von 177 von 353 (50 %) befragten Personen korrekt zugeordnet. Der Durchschnitt der korrekten Zuordnungen über alle 29 vorgelegten (Doppelpaare) betrug 160 von 353 (45 %). Dieser Durchschnitt liegt bereits deutlich über der Signifikanzschwelle. Das Mittel in der Simulation von 1000 zufälligen Zuordnungen liegt bei den erwarteten 117 (33 %). Diese werden deswegen erwartet, weil es drei Zuordnungsmöglichkeiten gibt: Wenn erstens Person 1 und 2 zusammengehören, müssen als anderes Paar Person 3 + 4 zusammen unterwegs gewesen sein; zweitens, wenn Person 1 und Person 3 gemeinsam unterwegs waren, determiniert dies das Paar 2 + 4 und so weiter.

Abb. 6.1 Ein Beispiel: Hier hatten 50 % (von 353 befragten Personen, was deutlich über der Zufälligkeitsschwelle liegt) diejenigen, welche zusammen unterwegs waren, korrekt zusammensortiert. Hierzu hatten sie 20 s Zeit. (Bild: Seminargruppe Stegbauer)

lyse funktioniert mithilfe einer Simulation von zufälligen Zuordnungen in dem beschriebenen Setting einer Powerpoint-Folie. Die Simulation ordnet die Paare einander zufällig zu. Eine solche zufällige Zuordnung der Bilder in Paare wiederholen wir 1000-mal. Anschließend wird geprüft, wie oft in den 1000 Simulationen eine korrekte Paarzuordnung erfolgte. Mithilfe der Simulationsdaten erzeugen wir eine Verteilung der korrekten Zuordnung. Diese Verteilung ähnelt der Normalverteilungskurve. In dieser Verteilung tragen wir nun ein, wie viele korrekte Antworten die Beurteilenden gegeben haben. Auf diese Weise finden wir heraus, ob die Zuordnung durch die Studierenden signifikant besser (oder schlechter) als der Zufall ist. Als Ergebnis stellt sich heraus, dass, über alles gesehen, unsere Versuchspersonen tatsächlich ganz gut beurteilen können, wer zu wem gehört. Bei einigen funktionierte das richtig gut, allerdings hatten wir auch einige deutliche Ausreißer dabei. Dort waren die Erwartungen eines Großteils derjenigen, denen die Bilder vorgelegt wurden, deutlich schlechter, als wenn das Ergebnis zufällig zustande gekommen wäre.

Auch hier sei dazu gesagt, dass der Versuchsaufbau ebenfalls noch mit einigen Schwächen behaftet war – so hatte ich, wie bereits beschrieben, bei der Zusammenstellung der Vergleichspaare darauf geachtet, dass eine gewisse Ähnlichkeit vorhanden war. So sollten die zu Vergleichenden etwa dasselbe Alter haben und sich auch nicht gänzlich hinsichtlich ihres Bekleidungsstils unterscheiden. Wir haben auch nur jeweils das gleiche Geschlecht verglichen. Das meint, dass wir Frauen mit Frauen verglichen und Männer, die mit Männern zusammen angetroffen wurden.

Das erste Experiment, welches mit der Zuordnung zu Fachbereichen zu tun hatte, haben wir ebenfalls mit dem verbesserten Versuchsaufbau wiederholt. Die Vergleiche waren insofern anders gelagert, als es auch darum ging zu beurteilen, wer zu welchem Fachbereich gehörte. Über alles gesehen, ergab sich auch hier eine signifikant bessere Zuordnung, als wir rein zufällig zu erwarten gehabt hätten.

Wer studiert was?

Das, was wir an Leuten, die zusammen in der Stadt unterwegs waren, zeigen können, das geht auch, wenn wir nicht danach fragen, wer mit wem zusammengehört, sondern wenn wir Versuchspersonen Fotos zeigen und zwei Alternativen an Studiengängen anbieten. Die Probanden müssen dann beurteilen, wer in welchem der Studiengänge eingeschrieben ist.

Am besten funktionierte die Zuordnung bei den oben gezeigten drei Personen (Abb. 6.2):

Allerdings klappte die korrekte Zuordnung auch hier nicht immer – manchmal spielte uns die Intuition einen Streich. Wir haben in dieser Untersuchung 20 Personen vorgegeben und jeweils zwei alternative Studiengänge zur Auswahl angeboten. In 14 Fällen lag die Mehrheit der insgesamt 282 Befragten richtig, was aber auch bedeutet, dass die Beurteilenden in sechs Fällen mehrheitlich falschlagen. Ich habe die Ergebnisse einem Signifikanztest, ähnlich wie vorhin beschrieben, unterzogen. Dieser ergab, dass insgesamt die Zuordnungen besser waren, als wären sie nur geraten. Einige der Irrtümer zeige ich in der folgenden Tabelle (Abb. 6.3).

All die Ergebnisse, so könnte man meinen, haben etwas mit Vorurteilen zu tun – und das kommt besonders in den Irrtümern gut zum Vorschein. Von den Studierenden der Jurisprudenz erwarten wir ein gepflegteres Auftreten und Markenbekleidung – bei Chemiestudierenden sind wir uns da nicht so sicher. Wenn jetzt eine Person ein Markenpoloshirt trägt, gezirkelte Haare über der Maskenpappe hervorlugen und die Schuhe auch noch ganz ordentlich aussehen, dann passt das nicht zur Vorstellung der Laboratmosphäre, die wir uns zu diesem Studium vorstellen. Das Kleid der Studentin in der Mitte würden wir auch nicht im Biologielabor vermuten, sondern passt nach unseren Vorstellungen besser in die Vorlesung zur Makroökonomie. Während uns die Entscheidung aufgrund unserer Vorannahmen bei den Vergleichen zwischen einander entfernten Fachbereichen scheinbar leichter fällt, sollte das deutlich schwerer sein, wenn wir zwischen Wirtschafts-

6 Wie superschwache Beziehungen auf die Mode wirken

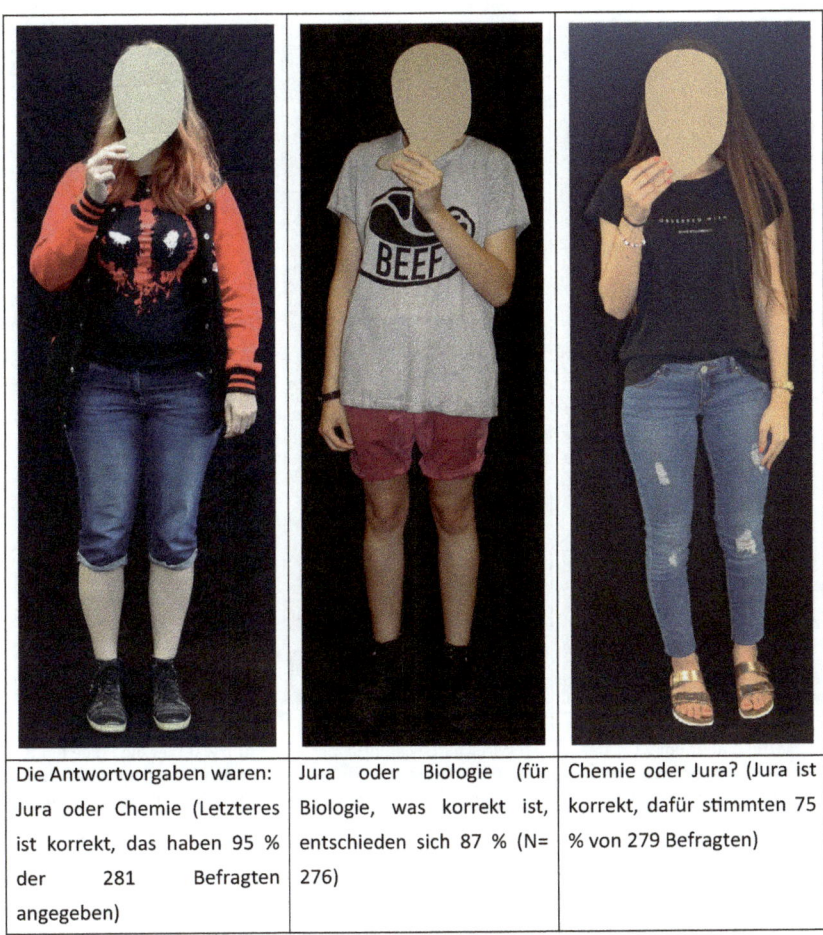

| Die Antwortvorgaben waren: Jura oder Chemie (Letzteres ist korrekt, das haben 95 % der 281 Befragten angegeben) | Jura oder Biologie (für Biologie, was korrekt ist, entschieden sich 87 % (N= 276) | Chemie oder Jura? (Jura ist korrekt, dafür stimmten 75 % von 279 Befragten) |

Abb. 6.2 Erfolgreiche Zuordnungen: Welches Fach studiert die abgebildete Person? Der erwartete Wert für eine zufällig korrekte Zuordnung liegt hier bei 50 %. (Bild: Seminargruppe Stegbauer)

wissenschaft und Jura unterscheiden sollen. Das gilt insbesondere deswegen, weil die beiden Fachbereiche an der Goethe-Universität sogar im selben Gebäude untergebracht sind. Die anderen verglichenen Studienfächer Chemie und Biologie sind beide auf demselben Campus am Rand der Stadt beheimatet. Die ersten zehn Vergleiche (Nummer 1–4

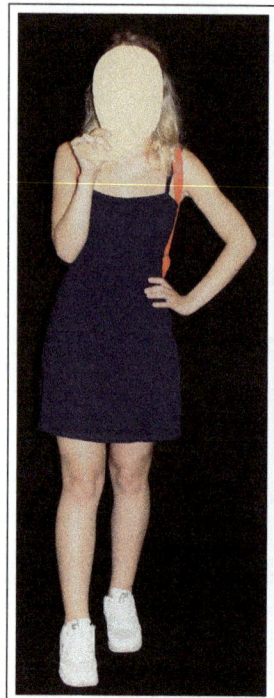

Jura oder Chemie? (Chemie ist korrekt, aber nur 21 % der Befragten ordneten den Studenten korrekt zu)	Biologie oder Wirtschaftswissenschaft? (korrekt wäre Biologie gewesen, das haben aber nur 25 % der Befragten angegeben)	Wirtschaftswissenschaft oder Jura war hier die Frage (66 % hatten Wiwi angegeben, Jura wäre aber richtig gewesen)

Abb. 6.3 Fehlerhafte Zuordnungen: Welches Fach studiert die abgebildete Person? Der erwartete Wert für eine zufällig korrekte Zuordnung liegt bei 50 %. (Bild: Seminargruppe Stegbauer)

der folgenden Tabelle) sollten entferntere Fachbereiche abbilden (also entweder Jura oder Wiwi versus entweder Biologie oder Chemie) und die zweiten zehn Vergleiche (Nummer 5 und 6) galten einander naher Fächer (Jura versus Wiwi und Biologie versus Chemie). Die Vergleichszahlen sind zu niedrig, um eine eindeutige Tendenz aufzuzeigen. Alle Zuordnungen, bei denen Jura und eine der beiden Naturwissenschaften (1 und 2) zur Auswahl standen, sind mehrheitlich korrekt. Beim Vergleich zwischen Wirtschaftswissenschaft und Naturwissenschaft klappte die Zuordnung aber gar nicht – hier waren alle mehrheitlich falsch. Die Vergleiche zwischen den fachlichen und räumlich näher gelegenen Fachbereichen (5 und 6) sind zwar mehrheitlich richtig zugeordnet, es kommt aber doch zu einigen Fehlern (Tab. 6.1).

In den berichteten Forschungen geht es um die Kleidung, mit denen die Fotografierten angetroffen wurden. Man kann sagen, dass die Kleidung Ausdruck einer Alltagskultur ist. Wenn wir alte Fotos betrachten, offenbart sich, wie sich die Kleidung mit der Zeit verändert. Das Ganze wird als Mode bezeichnet. Dabei meint der Begriff der Mode an dieser Stelle nicht das, was von den Modehäusern entworfen und was auf den Modeschauen gezeigt wird. Es handelt sich vielmehr um die Alltagskleidung. Darunter fällt nicht nur das, was im Sortiment der Kaufhäuser und Internetversender zu finden ist, sondern auch die Kleidungsstücke, die sich über die Jahre in Schränken angesammelt hatten und nun vielleicht über den Gebrauchtkleidungsmarkt in die Hand der Studierenden gelangte. Das bedeutet, dass deren Bekleidung zwar nicht ganz unabhängig von den gerade erhältlichen Kollektionen ist, aber sich dennoch davon unterscheidet.

Dabei sind mehrere Mechanismen beteiligt, die teilweise miteinander verschränkt sind: Zum einen ändert sich die Alltagsmode damit, was die Leute tragen, und zum anderen wird diese aber auch von außen – durch die Produzenten der Kleidung – geprägt. Letzteres meint, dass immer neue Farben und Schnitte in die Warenhäuser kommen, um den sich verändernden Geschmack zu treffen und die Menschen zum Einkauf zu animieren. So hatten wir zu meiner Zeit als Jugendlicher Jeans mit Schlag – Hosen also, die unten weit ausgestellt waren (und sich lästigerweise leicht in der Fahrradkette verfingen). Die Schlaghosen

Tab. 6.1 Vergleich zwischen Fachbereichen – Mehrheit der Zuordnungen korrekt oder nicht korrekt

1. Jura/Biologie	Alle 4 korrekt
2. Jura/Chemie	Alle 3 korrekt
3. Wiwi/Biologie	Alle 2 nicht korrekt
4. Wiwi/Chemie	Der eine Vergleich war nicht korrekt
5. Jura/Wiwi	Von 5 Vergleichen 3 korrekt/2 nicht korrekt
6. Biologie/Chemie	Von 5 Vergleichen 4 korrekt/1 nicht korrekt
7. Insgesamt	20 Vergleiche insgesamt (14 mehrheitlich korrekt)

wurden aber bald von ihrem „Gegenteil", den sogenannten Röhren oder Karotten abgelöst. Bei den Röhren- oder Karottenjeans (mir ist bekannt, dass es da einen kleinen Unterschied gibt) ist der Hosenbeinausgang so eng wie möglich genäht. Das Ziel war es, dass der Ausgang zum Schuh hin besonders eng sein sollte (das war zwar hosenschonend beim Radfahren, diese Dinger bekam man aber beim Ausziehen kaum mehr über die Füße). In der Zwischenzeit (zwischen meiner Jugend und heute, also in den letzten ca. 40 Jahren) wurden die unteren Weiten der Hosen sehr häufig geändert.

Später dann, und das ist auch heute noch so, finden sich mehrere Fußweiten gleichzeitig auf dem Markt – jedenfalls gilt dies für die Geschäfte der bekannten Marke Levis. Das ist mir gut verständlich, denn niemand (den ich kenne) aus meiner Generation möchte je wieder diese Schlaghosen anziehen. Das wiederum ist eine Ansage für die heutige Mode der Jüngeren: weil ihnen die Älteren (zu denen ich leider nun auch schon gehöre) dorthin zurück wahrscheinlich nicht folgen werden. Eine Mode, welche den Älteren nicht gefällt, hilft beim Finden einer von den Eltern unabhängigen Identität. So gesehen resultiert ein Teil der Ablösung vom Elternhaus aus den Möglichkeiten modischer Distinktion den Alten gegenüber. Jugendliche benötigen zwar ihre Erzeuger auch noch, aber für sie ist die Abgrenzung eben auch wichtig – und sei es über Hosen und sonstige Mode. Über das Verhältnis von ganz engen Beziehungen in der Familie und der Notwendigkeit der Entstehung von Beziehungen außerhalb schrieb Kaduschin (2002) einen Aufsatz aus einer netzwerkforscherischen Perspektive. Darin begründete er die in der Jugendphase sich ändernden Beziehungen mit Argumenten aus der Psychoanalyse.

Differenz durch Abgrenzung

Die geschilderte Beobachtung steht nicht für sich alleine, auch die alte soziologische Modeanalyse sieht die Entwicklung ganz ähnlich: Differenz entsteht durch Abgrenzung. Im eben genannten Argument grenzen sich die Jungen von den Älteren ab. In seiner klassischen Modetheorie schildert Simmel (2014, zuerst 1905) den sogenannten

6 Wie superschwache Beziehungen auf die Mode wirken

„Trickle-down-Effekt". Dieser besagt, dass die Mittelschicht die Reichen in ihren Moden nachahme. Damit die Reichen (oder die Oberschicht) sich weiterhin unterscheiden können, müsse sich besonders dort laufend etwas ändern. Man könnte fast behaupten, dass die Oberschicht modemäßig auf der Flucht vor ihren Kopisten sei. Die Unterschicht wird häufig als nicht an diesem Wettlauf beteiligt angesehen. Durch dieses Prinzip, dass die einen die anderen nachahmen und die Kopierten versuchen, die Unterscheidung aufrechtzuerhalten, entstehe eine Dynamik in der Mode, welche die ständigen Änderungen in der Kleidung erklärt.

So schön eine solche makrosoziologische Erklärung auch sein mag, in ihr sind der Markt und die durch die Mode- bzw. Bekleidungsunternehmen vorgegebenen Saisonzyklen unterbelichtet. Während der Corona-Pandemie wurde das teilweise sehr offenbar. Die Geschäfte mussten eine Zeit lang schließen. Das führte dazu, dass die Kleider nach den wenigen Wochen Schließung angeblich unverkäuflich waren. Ein Großteil der Kleidung müsse vernichtet werden, so war in den Zeitungen zu lesen.

Worum es hier geht, ist die Frage, wie superschwache Beziehungen wirken. Mode vermittelt sich in Beziehungen, so haben wir es mithilfe der geschilderten Experimente herausgekriegt. Wie wir uns kleiden, hat also zunächst etwas mit unseren starken Beziehungen zu tun. Diejenigen, welche zusammen unterwegs sind, vermögen es, sich direkt aneinander zu orientieren. Wir haben auch nach der Beziehungsstärke derjenigen, die wir zusammen angetroffen hatten, gefragt – es fanden sich vorwiegend starke Beziehungen. Allerdings hatten wir auch ein paar Ausnahmen dabei: So bestand ein „Paar" aus einer Nachhilfelehrerin mit ihrer Schülerin, die nicht so eng befreundet waren, oder eine Mutter, die erwartungsgemäß angab, über eine sehr enge Beziehung zu ihrer Tochter zu verfügen; die Tochter hingegen bezeichnete die Beziehung zu ihrer Mutter nur als „mittel". Insgesamt aber waren die meisten der Paare miteinander befreundet.

Es ist bekannt, dass Freundschaften sich häufig zwischen Ähnlichen entwickeln – hierzu gibt es zahlreiche Untersuchungen (einige davon haben McPherson et al. 2001 zusammengetragen und vorne wurde auch schon darauf hingewiesen). Sind die Personen erst einmal miteinander befreundet, bauen sich die Ähnlichkeiten noch weiter aus. Dabei geht es häufig um Einstellungen, aber auch darum, wie bestimmte Dinge zu verstehen sind. Freunde entwickeln Eigenes hinsichtlich so vieler Merkmale, dass wir von einer eigenen Mikrokulturentwicklung sprechen können (Stegbauer 2016). Eine solche Mikrokultur entsteht in jeder dieser Beziehungen. In solchen Freundschaften spiegeln sich immer auch Aspekte einer allgemeineren Kultur wider, aber in ihnen entstehen auch Besonderheiten, die nur in dieser einen Beziehung vorkommen. Was ich bis zu den Kleidungsprojekten nicht wusste, was mir aber vor allem die Studentinnen sagten, ist, dass Freundinnen sich, wenn sie zusammen ausgehen, öfters schon vorher zum Schminken treffen. In solchen Fällen wird im Vorhinein geklärt, welche Kleidung zu dem Event am besten passt, und die Freundinnen geben sich Ratschläge zum passenden Outfit. Aufgrund dieser Anregung habe ich dann überlegt, ob mir das nicht auch so geht. Ich kenne Gespräche über die richtige Kleidung ebenfalls: Besonders dann ist Beratung wichtig, wenn es sich um bestimmte Arten von Veranstaltungen handelt. Für die richtige Bekleidung zu Hochzeiten oder anderen großen Feierlichkeiten etwa besitze ich keine allzu große Routine. In solchen Fällen werden Gespräche nötig, um an Sicherheit zu gewinnen (siehe Stegbauer 2012 für den Fall einer Goldenen Hochzeit). Aber auch andere Gelegenheiten sorgen für gemeinsame Überlegungen zur Bekleidung: So frage ich meine Frau, wenn sie morgens bereits draußen war, um die Zeitung vom Briefkasten zu holen, wie sich die Temperatur anfühle; wenn sie gerade nicht anwesend ist, frage ich alternativ allerdings auch manchmal Siri. In solchen Gesprächen dreht es sich gelegentlich auch um die Wahrscheinlichkeit von Regen und die Vorsorge dafür (z. B. Schirm einpacken oder Regenjacke anziehen). Auf diese Weise werden Kleidungsfragen eigentlich zwischen denjenigen, die sich verabreden oder zusammen etwas unternehmen, sehr häufig ausgehandelt.

Wenn weder die eigene Frau noch Siri oder Alexa für solche Auskünfte zur Verfügung stehen, kommen die superschwachen Beziehungen zu den Passanten auf dem Bürgersteig gegenüber unserer Wohnung zum Tragen. Wenn ich aus dem Fenster auf die Straße schaue, kann ich nicht immer erkennen, ob es regnet (es sei denn es regnet sehr stark) – dann schaue ich danach, ob die vorbeigehenden Leute einen Schirm aufgespannt haben oder nicht. Gut – das Verhalten bei Regen kann man in Teilen als eine reaktive Handlung auffassen, die nichts mit sozialem Verhalten (sozialer Handlung bei Max Weber) zu tun hat:

> „Wenn auf der Straße eine Menge Menschen beim Beginn eines Regens gleichzeitig den Regenschirm aufspannen, so ist (normalerweise) das Handeln des einen nicht an dem des andern orientiert, sondern das Handeln aller gleichartig an dem Bedürfnis nach Schutz gegen die Nässe." (Weber 1922).

Allerdings meine ich, dass Weber hier zu kurz greift. Wenn es nur etwas nieselt – ist es dann schon Zeit, den Schirm mitzunehmen oder gar aufzuspannen? Tun dies andere, die gleichzeitig vor Ort sind, wird man die Erwägung, an der man selbst vielleicht auch schon überlegt hat, leichter in die Tat umsetzen. Wenn es stark regnet und andere beginnen zu rennen, wird man seinen Gang vielleicht auch beschleunigen und einen Unterstand suchen. Was als Schutz angesehen wird – auch hier findet sich eine Orientierung an anderen über solche, wie die hier behandelten, superschwachen Beziehungen. Die Frage etwa, ob das Laub des Baums ausreicht, den Regen abzuhalten, ist nicht nur eine hypothetische Frage, die sich aufgrund von evidenzbasierten Überlegungen beantwortet – sie ist auch eine Art von sozialer Aushandlung zwischen denjenigen, die dort gemeinsam oder in ähnlicher Lage in Sichtweite zueinander versuchen, dem Regen zu widerstehen. Meist hat man zu diesen Personen keine direkte Beziehung – aber deren Verhalten orientiert einen; hier sind also auch superschwache Beziehungen im Spiel.

Wir sind aber immer noch bei der Beobachtung der Bekleidung. Durch die Beobachtung vom Fenster aus versuche ich herauszubekommen, welcher Art die Jacken der Passanten sind, ob die Leute mit kurzen Hosen oder Ärmeln herumlaufen oder nicht. So ganz reaktiv ist das auch wieder nicht. Das Ergebnis solcher Beobachtungen und folgender Anpassungen kann als Teil der Bekleidungskultur angesehen werden – die zwar auch sozial induziert ist, sich aber auch über Beobachtungen erschließt. So gibt es Länder (etwa auf der nördlichen Hauptinsel von Neuseeland), da bleiben die kurzen Hosen bei den Männern das ganze Jahr über das wichtigste Beinkleid. Selbst zu Temperaturen, zu denen einige in den hiesigen Gefilden bereits die lange Unterhose unterziehen würden (ob diese tatsächlich getragen werden – das können wir allerdings meist nicht beobachten). In dem zu uns antipodisch gelegenen Staat bleiben aber die Shorts an, so zumindest berichteten mir glaubhaft meine Söhne, die dort jeweils einen Winter verbracht hatten.

Wenn uns die anderen begegnen, so beachten wir also auch immer, welche Kleidung sie tragen. Solche Beobachtungen müssen nicht unbedingt unsere Aufmerksamkeit erregen, zumindest so lange nicht, bis uns etwas Ungewöhnliches auffällt, dann bemerken wir das. „Oh, ist der Ostfriesennerz wieder aktuell?" oder „Deine Jacke ist ja in Signalfarbe, trägst du die, damit du abends beim Radeln besser von den Autofahrern gesehen wirst?" Solche Bemerkungen drücken Anerkennung: „Das ist ja eine schicke Jacke" oder auch die Unangemessenheit der Bekleidung aus: „Na, was hast du denn da an?". Was ich meine, ist, dass dort, wo enge Beziehungen vorhanden sind, auch solche Fragen wie die Bekleidung ausgehandelt werden. Es überrascht also nicht, wenn wir in den Untersuchungen dazu herausfinden, dass sich Leute, die zusammen unterwegs sind, sich gegenseitig wie Jacke zu Hose verhalten und sich darüber hinaus auch noch hinsichtlich ihrer Hemden ähneln. Dort, wo die Beziehungen aber weder stark noch schwach, sondern superschwach sind, beobachten wir die „Unangemessenheit" ebenso. Nur werden wir dies (zumindest dort, wo die Menschen sich mit einer Blasiertheit begegnen, wie in der Großstadt – Simmel 1903) diesen gegenüber nicht lautstark bemerken. Solche Begegnungen regen aber zum Nachdenken an und verändern vielleicht die Bandbreite dessen, was uns möglich erscheint, oder sie markieren die Grenzen umso deutlicher. Wenn der Verstoß gegen die Normen der Bekleidungskultur ganz arg ist, ist er vielleicht Anlass, mit jemandem, mit dem man enger verbunden ist, darüber zu sprechen – hier hätten wir wieder das Zusammenspiel unterschiedlicher Beziehungsstärken. Solche Gespräche handeln dann wiederum die im eigenen Netzwerk (stärkerer und schwächerer Beziehungen) gültigen Moderegeln aus.

6 Wie superschwache Beziehungen auf die Mode wirken

Die Vermittlung der Ähnlichkeiten ist also unter Freunden an den genannten Beispielen völlig nachvollziehbar. Wie kommt es aber, dass sich größere Kollektive untereinander ähneln und von anderen Kollektiven unterscheiden? Setzen wir an die Stelle des Begriffs der Kollektive den Ausdruck „Fachbereiche" bzw. „Fächer" an einer Universität, dann können wir dieses Exempel einmal genauer betrachten. Ich habe behauptet, dass sich die Studierenden in einem Fach ähnlich kleiden, zwischen den Fächern aber Unterschiede bestehen.

Auch hier kann man sich vorstellen, dass es zu einer Vermittlung der Kleidung durch enge Beziehungen kommt. Ich nehme an, dass die beiden BWLer in meinem Seminar, die sich so stark von den Soziologiestudierenden unterschieden, miteinander befreundet waren. Für sie besteht dann die schon beschriebene Möglichkeit, sich gegenseitig zu regulieren. Wenn das aber der einzige Ansatzpunkt für eine Angleichung wäre, dann müssten wir mit einer großen Verschiedenheit zwischen den Freundesgruppen rechnen. Eine Zuschreibung zu Fachbereichen aufgrund der Kleidung dürfte dann kaum noch möglich sein. Es muss also eine andere Möglichkeit der Vermittlung geben. Hier kommen wieder die superschwachen Beziehungen ins Spiel: Zwar „verirren" sich manchmal (das soll nicht abweisend klingen – ich finde es sehr gut und bereichernd, wenn die Studierenden in die Lehrveranstaltungen eine zusätzliche kulturelle Diversität hineinbringen) BWLer in die Soziologie, aber das ist nicht so ganz typisch. Normalerweise sind die Fachbereiche eher unter sich – was bedeutet, BWLer sind unter anderen Wirtschaftswissenschaftlern (männlichen wie weiblichen), und das Gleiche gilt auch für den Bereich der Soziologie. Ein Besuch in einer Veranstaltung einer anderen Wissenschaftsdisziplin wirkt dann etwas exotisch, wird als etwas Besonderes wahrgenommen. Wir kennen das alle, beispielsweise, wenn wir neu in eine Organisation kommen. Dann halten wir vieles von dem, was dort abläuft, für ziemlich verrückt, für besonders und eigentlich nicht ganz zu uns gehörig. Das liegt an der Differenz zum vorher Erlebten. Dieses Fremdeln vergeht aber meist, und danach stellt sich die für die Organisationsangehörigen normale „Betriebsblindheit" ein – wir nehmen die „Verschrobenheit" nicht mehr wahr, sobald wir selbst zu den „Verschrobenen" gehören – das Verhalten dieser Leute wird für uns nach einer gewissen Zeit normal. Diese Differenz erleichtert uns die Abgrenzung. Wahrscheinlich finden wir durch die Wahrnehmung der Unterschiede auch sehr bald heraus, wer die anderen Exoten in diesem Bereich sind.

So ganz stimmt die Beschreibung allerdings immer noch nicht. Studierende stellen an den Universitäten gleichzeitig so etwas wie Interdisziplinarität her. In vielen Studiengängen ist es verpflichtend, auch Veranstaltungen anderer Fachbereiche zu besuchen, weil bestimmte Perspektiven, die dort gelehrt werden, für das eigene Fach von Bedeutung sind. Zudem gibt es Hybridfächer, die sich in Teilen auf andere Fachgebiete berufen. Und – es gibt Lehramtsstudierende, die alle (zumindest in einigen Bundesländern) an der wissenschaftlichen Ausbildung ihrer Fachstudiengänge beteiligt werden. Durch die Fächerkombination kommen diese Studierenden mit möglicherweise sehr heterogenen Bekleidungskulturen in Kontakt. Wenn wir uns das vor Augen führen, umso erstaunlicher wird das beobachtete Ergebnis unserer Experimente: Wir können Studierende unterschiedlicher Fächer an ihrer Kleidung erkennen!

Sehr gut möglich, dass die Bekleidung, die in einem Bereich üblich ist, dazu führt, dass deren Kluft Teil der Identität als „Jurastudentin" oder als „BWLer" ist. Abgetragene Kleidung, die vielleicht sogar second hand erworben oder mit anderen getauscht wird, hingegen gehört zur Idee vieler Soziologiestudierenden. Man versucht, zumindest in einigen Bereichen, nachhaltig zu leben. Das bedeutet auch, nicht alles wegzuwerfen, sondern Dinge länger zu benutzen. Hieraus kann sich aus einem kulturell-ökologischen Gedanken so etwas herausbilden wie eine eigene Kultur. Diese benötigt wahrscheinlich auch eine Begründung und Diskussionen über diese Argumente. Man kann sagen, dass Begründungen von einigen Protagonisten im Fach ideologisch (im Sinne Swidlers 1986) abgesichert werden. Gut so – so werden zumindest einige meinen –, dass man sich hier von den anderen unterscheidet.

Solche „ideologischen" Begründungen stützen zudem kursierende Vorurteile gegenüber den jeweils anderen. Sehr verkürzt könnten solche Vorurteile folgendermaßen klingen: Wiwis und Juristen wollen vor allem viel Geld verdienen – so die Meinung vieler, Pädagogen den Schwächeren

6 Wie superschwache Beziehungen auf die Mode wirken

helfen, Soziologen möchten die Welt verbessern oder doch wenigstens die Gesellschaft, in der wir leben, verstehen und das Verhalten der Menschen darin deuten können. Das ist ja auch das Anliegen dieses Buches – und so versteht sich der Autor als Soziologe schließlich auch. Dabei ist dem Autor klar, dass die Idee der Weltverbesserung etwas vermessen scheint. Den Anspruch, Teile der Welt, insbesondere dessen, was unsere Gesellschaft ausmacht, zu erklären – das kann ansatzweise gelingen. Aber der Wunsch, viel Geld verdienen zu wollen, und der, anderen zu helfen, nur um ein Beispiel zu nennen, ist oft nicht kompatibel. Natürlich weiß ich, dass solche Vorurteile immer fehlgehen, aber gleichzeitig helfen sie uns zur Orientierung in der Welt. Zur selben Zeit kennen wir in der Soziologie aber auch das Motiv, dass Zuschreibungen, ähnlich wie bei Rollen, Zuordnungen zu Gruppen, auch dazu führen, dass wir einen Teil davon übernehmen und diese Übernahme dann Teil der Identität wird (ähnliche Beispiele finden sich bei Elias 1990).

Wir beobachten die anderen, übernehmen bestimmte Dinge, sofern sie mit der uns eigenen Kultur vereinbar sind, und grenzen uns gleichzeitig ab. Wir gehören an eine bestimmte Stelle, nämlich diejenige, deren Besonderheit uns kaum noch oder gar nicht mehr auffällt. In dem uns zugehörigen Fachbereich finden sich nur wenige Kollegen, die einen Anzug tragen. Ich habe einmal einen Juniorprofessor erlebt, der in seinem Büro einen dunklen Anzug aufbewahrte, den er immer dann trug, wenn er an einer Doktorprüfung beteiligt war. Das sollte feierlich wirken. Ein anderer Kollege nahm als Wirtschaftsinformatiker an einer Tagung der Deutschen Gesellschaft für Soziologie in einem Anzug mit weißem Hemd und Krawatte teil. Ohne zu fragen, erteilte er Auskunft darüber, dass er durch seine Bekleidung den anderen seine Anerkennung bezeigen wolle – die Kleidung hatte also etwas mit Höflichkeit zu tun. Wahrscheinlich hatte er selbst den Unterschied bemerkt. Dieser nun führte in der etwas „fremden" Umgebung zu einer Art von „Begründungszwang". Ich arbeite mit einem Kollegen zusammen, der früher Personalmanager bei einem DAX-Unternehmen war. Wenn er damals an die Uni kam, nahm er immer als Erstes seine Krawatte ab und ließ diese in seinem Koffer verschwinden. Von den mittlerweile emeritierten Kollegen weiß ich noch, dass ein Anzug fast immer mit einem besonderen Event einhergig. Dieser wurde getragen, wenn die Kollegen zu so einem speziellen Meeting hinfuhren oder von dort kamen (ein bevorstehender wichtiger Termin war daran zu erkennen). An anderen Fachbereichen unterscheiden sich die Professoren von den Mitarbeitern und von den Studierenden durch ihren Anzug – er ist das Requisit, welche den Status der Person markiert, die ihn trägt. Aus diesem Grund wird das Kleidungsstück dort auch im Alltag getragen.[2]

Ein Stück weit repräsentiert das Gepflegte und Gediegene der Kleidung mancher Fachbereiche bereits die Einkommenserwartung, die sich aus solchen Studiengängen ergibt. So scheint es zumindest auf den ersten Blick – tatsächlich dürften die Gehälter von Absolventen der Ingenieurwissenschaften kaum niedriger sein als die von BWLern oder Juristen, während die Kleidung sich vermutlich (das haben wir aber leider nicht untersucht) sehr stark unterscheidet. Auch das ist ein Indiz dafür, dass es nicht an „äußeren" Faktoren liegt, sondern dass sich unterschiedliche Kulturen entwickelt haben, die dafür sorgen, dass die zugehörigen Personen unterschiedlich aussehen.

Man kann sich vorstellen, dass ein ähnlicher Faktor, wie er bei den Freunden greift, für die Übertragung von fachbereichsspezifischer Mode sorgt. In Fächern wie Jura oder Medizin ist die „Vererbungsrate" des Berufs von den Eltern auf die Kinder besonders hoch. Beim Medizinstudium beträgt die Quote 62 %, beim Jurastudium 51 %. Viel geringer ist diese Quote bei Sozialwesen an Fachhochschulen – diese beträgt nur 21 % (Bargel 2007: 3). Das bedeutet zum einen, dass ziemlich viele der angehenden Ärzte und Ärztinnen und auch der Juristen und Juristinnen aus eigener Anschauung – in ihrer Herkunftsfamilie – erfahren haben, wie man sich kleidet. Studiengänge im sozialen Bereich hingegen sind für Abkömmlinge von Nichtakademikerhaushalten Einfallstore für eine erste Hochschulausbildung der Sprösslinge solcher Familien. Daher dürfte es dort eine weniger eindeutige Fächermode geben, als das im Bereich des Juristischen der Fall ist.

Wir hatten relativ schnell eine Erklärung für die Übertragung der Bekleidung zwischen Leuten, die in engeren Beziehungen miteinander stehen, gefunden. Dort wird untereinander ausgehandelt, wie man sich kleidet. Wie ist es nun zwischen den Fachbereichen? Auch hier haben wir ein paar Begründungen parat: Es handelt sich um eine Art von Vererbung – zumindest bei einigen der Studierenden. Gleichzeitig

6 Wie superschwache Beziehungen auf die Mode wirken

wird die Bekleidung zu einem Identitätsrequisit, das zur Abgrenzung von anderen dient. Während die „Vererbung" des Stils eine gewisse Angleichung (und das trotz Ablösung vom Elternhaus) erklärt, tut dies die zweite Begründung nicht. Hier muss es noch etwas anderes geben, was dafür sorgt, dass eine gewisse Homogenität entsteht. Meine Erklärung ist, dass es sich um die hier diskutierten superschwachen Verbindungen handelt, die beim Bekleidungsverhalten eine Rolle spielen. Wenn man im eigenen Gebäude unter sich ist, wenn die anderen Jurastudierenden in der Orientierungswoche, im Seminar, während der Fachbereichsparty oder im Repetitorium aufeinandertreffen, beobachten sie die anderen und registrieren dabei auch deren Bekleidung. Fällt ihr eigenes Outfit nun aus dem Rahmen, dann fällt das nicht nur der beobachtenden Person auf. Auch die Beobachteten (die ja auch selbst Beobachter sind) schauen, wie die anderen so aussehen. Die gegenseitige Anpassung benötigt dann nicht einmal mehr eine Bemerkung oder die Wahrnehmung der Blicke der anderen.

Eine gewisse Anpassung erscheint allen nötig, damit sie nicht aus dem „Rahmen" fallen. Vielleicht spielt bei solchen Gedanken auch noch die Furcht vor sozialer Isolation mit, deren Umkehrung der Wunsch nach sozialer Integration ist. Anerkennung bzw. der Wunsch nach Anerkennung dürfte auch eine Rolle spielen. Das Argument allerdings fühlt sich für mich etwas zu individualistisch an – obgleich diese Kritik es auch nicht ganz trifft. Eine weitere Erklärung ist die Anpassung an die beobachteten Verhaltensweisen. Diese Anpassung wird gestützt durch die Erwartungen der anderen, dass man nicht aus dem Rahmen fällt. Als Reaktion darauf antizipieren wir die Erwartungen der anderen. Solche Erwartungserwartungen sind nicht mehr nur auf der individuellen Ebene verhandelbar, denn sie betreffen alle Anwesenden gleichermaßen. Durch die Erfüllung der jeweils gegenseitigen Erwartungen, die der Beobachtung folgen, entsteht eine Stabilität von Verhalten, die sich unter dem Begriff der Kultur fassen lässt.

Das nächste Argument geht aber noch viel weiter weg von den individuell zu rahmenden Überlegungen: Die Bekleidung der anderen stellt so etwas wie das Universum der Möglichkeiten dar. Deren Mode gibt den Rahmen vor, innerhalb dessen man sich bewegt. Das Argument ist der simmel'schen Überlegung entlehnt, dass sich Geselligkeit über die Grenzen und Schwellen, also negativ bestimmen (Simmel 1911) ließe. Wenn man also als Jurastudent oder -studentin anerkannt sein möchte, so sollte man sich innerhalb der dort gültigen kulturellen Demarkationen bewegen. Für die Wahrnehmung und die anschließende Orientierung helfen enge Beziehungen, diese sind aber nicht notwendig. Zur selben Zeit am selben Ort mit einem Sample aus der Gesamtheit der Ähnlichen (hier der Jurastudierenden) zu sein, reicht aus, um eine Idee zu bekommen, in welche Richtung die Anpassungsleistung sich bewegen muss. Die Übertragung über superschwache Beziehungen ist also hier ebenfalls wieder an zeiträumliche Übereinstimmungen gebunden. Zeiträumliche Übereinstimmungen könnte man als Events bezeichnen, bei denen bestimmte Menschen gleichzeitig anwesend sind. Solche Events sind nicht nur Gelegenheiten, sich abzuschauen, wie die anderen gekleidet sind, auch das Verhalten wird dabei weitergegeben.

Über Studierende bestimmter Fächer wird gesagt, sie seien weniger kooperativ und vielmehr sehr stark untereinander in Konkurrenz stehend. Das führte dazu, dass Bücher, die andere ebenfalls für ihre Hausarbeiten benötigten, in der Bibliothek versteckt wurden, sodass die Mitkonkurrenten keinen Zugriff auf das wichtige Material mehr haben. Ich schildere das, was ich (etwas dunkel, fast mit verschwörungstheoretischer Attitüde) von anderen gehört habe, um daraus ein weiteres Argument in Richtung kultureller Unterschiede zu entwickeln. Konkurrenz gehört zwar wahrscheinlich zu einem menschlichen Grundprinzip,[3] es scheint dennoch so zu sein, als gehörte die Herausbildung unterschiedlicher Grade davon zur Sozialisation in verschiedene Fachgemeinschaften hinein und damit letztendlich zur Kultur des jeweiligen Faches.

Wenn Sie jetzt, liebe Leserinnen und Leser, denken, dieser Autor schleppe ja selbst eine Menge Vorurteile mit sich herum, sonst könne er diejenigen aus den anderen Bereichen hier nicht so behandeln, dann gebe ich Ihnen recht. Das kann nicht nur sein, es scheint mir geradezu zwingend, dass mich meine Vorurteile bei der Formulierung dieser Zeilen beeinflusst haben. Wenn es so ist, dann halte ich das aber für gar nicht so schlimm: Schließlich habe ich diese Geschichten nicht erfunden. Vielmehr kursieren diese unter den Soziologen. Solche

Geschichten sind bedeutungsvoll, wenn es um die Abgrenzung der eigenen Kultur gegenüber anderen geht. Ob die Story nun stimmt oder nicht, das ist eigentlich an dieser Stelle gar nicht so bedeutend. Viel wichtiger ist, dass wir uns anhand solcher Geschichten miteinander als Brüder und Schwestern im Geiste fühlen, die sich natürlich ganz anders verhalten. Wir würden niemals Bücher in der Bibliothek an einen anderen Ort stellen, damit diese nie wieder auffindbar sind. Nein – es gehört sozusagen zum soziologischen Gen, dass wir solidarisch untereinander sind (bzw. sein sollten). Tatsächlich würde es sich eher um eine in der Auseinandersetzung miteinander erworbene Solidarität handeln. Während ich das schreibe, kommt mir das alles ganz selbstverständlich vor – die Soziologiestudierenden sind einfach besser – müssen besser sein! Als Lehrender kenne ich aber auch die Konkurrenz und auch, dass es vorkommt, dass besonders ambitionierte Studis auf keinen Fall eine Gruppenhausarbeit schreiben möchten, denn das macht ihre eigene Note von der Leistung der anderen abhängig. Ich erlebe es auch, dass einzelne Studierende aus Arbeitsgruppen hinausgeworfen werden, wenn sie nicht dem von den Tonangebenden definierten Standard entsprechen. Ohne zu wissen, wie genau sich das bei den Studierenden der zunächst kritisch betrachteten Fachbereiche verhält, so ganz eindeutige Engelchen sind wir in der Soziologie doch offensichtlich auch nicht. Ein kurzer Kommentar zu meinen Einlassungen sei an dieser Stelle erlaubt: Die Konkurrenz ist zwar nach White (1992) etwas, was zum Wesen des Menschen gehöre (siehe oben), gleichwohl wird die Konkurrenz durch unser System der Benotungen und Bewertungen explizit gefördert. Hierzu gehört auch die Überzeugung anderer, die evtl. für Einstellungen von Absolventen verantwortlich sind, dass nur Studierende mit guten Noten etwas taugen würden.[4] Das momentane Studiensystem verzeiht Fehler, über die man erst aus Erfahrung lernt, nicht mehr, denn jede Studienleistung wird gezählt. Versuch und Irrtum, die ja eigentlich auch wissenschaftliche Grundvoraussetzungen sind, funktionieren also nicht mehr – was die Konkurrenzsituation bedeutend anheizt. In manchen Fächern erscheint das Notensystem geradezu zwingend, etwa wenn explizit bei Juristen ein Prädikatsexamen notwendig ist, um für bestimmte Stellen überhaupt in Betracht zu kommen.

Geschichten dieser Art kursieren, und deren Weitergabe hilft dabei – ich nenne es einmal so – eine Fachkultur zu formen. Man muss die Leute, die einem solche Geschichten erzählen, nicht tatsächlich kennen, sie müssen nicht einmal wirklich Bekannte sein – es reicht, wenn sich einmal eine Gelegenheit zum Plausch ergibt oder zum zufälligen Mithören, wenn man im Seminarraum neben anderen sitzt, die sich gerade unterhalten. Dort, wo wir nicht selbst beobachten können, sind wir auf die Aufmerksamkeit von anderen angewiesen. Die daraus generierten Geschichten ersetzen die eigene Beobachtung oder verleiten einen selbst dazu, auf bestimmte Dinge zu achten. Dabei reichen superschwache Beziehungen aus, um gelegentlich von solchen Abgrenzungsgeschichten etwas mitzubekommen.

Abgrenzung in diesem Fall muss noch nicht einmal bedeuten, dass despektierlich über die Angehörigen des anderen Fachbereichs geredet wird. Es reicht schon aus, nur auf die Unterschiede hinzuweisen. Wenn man weiß, dass die anderen Segelschuhe tragen, dann werden diese zum Erkennungszeichen einerseits, andererseits könnte es sein, dass durch das Wissen der anderen dieses Erkennungszeichen infrage gestellt wird.[5] Mit anderen Worten – diese gehören dann nicht mehr ins Repertoire (Tilly 1993) bzw. in den kulturellen Werkzeugkasten (Swidler 1986), wenn auch andere damit beginnen, solche Schuhe zu tragen. Allerdings kommt hinzu (und das gehört jetzt nicht zu den superschwachen, sondern zu den eher starken Verbindungen), dass Segelschuh nicht gleich Segelschuh ist – wer dabei sein möchte, sollte die Schuhe der richtigen Marke tragen. Von solchen Marken aber wissen die Studierenden der Erziehungswissenschaften – sollten sie irgendwann einmal mit solchen Schuhen irgendwo auftauchen – rein gar nichts. Das bedeutet, dass selbst wenn sie dieses Accessoire übernehmen würden, sie dennoch als Outsider, als Nichtzugehörige erkennbar sein dürften.

An diesem Beispiel zeigt sich nicht nur die Wirkung superschwacher Beziehungen, wobei über Beobachtung Verhaltensweisen der anderen wahrgenommen werden. Was wir daran aber auch erkennen können, ist, dass es auch einer Kombination aus schwachen und starken Beziehungen bedarf. Über schwache Beziehungen werden Geschichten weitergegeben, welche die Beobachtung rahmen. Die Informationen über die feinen Unterschiede (Bourdieu 1992) lassen sich ebenfalls kaum durch Beobachtung allein wahrnehmen – diese werden durch eher enge Beziehungen vermittelt.

Anmerkung
1. Menschen, die wie Hunde aussehen. Bericht mit Fotostrecke: Tierische Doppelgänger: „Sie sehen exakt wie ein Pudel aus". Spiegel Online, 15.09.2018, https://www.spiegel.de/panorama/menschen-die-wie-hunde-aussehen-a-1227948.html (14.11.2021).
2. Inwiefern eine nicht erwartungsgemäße Bekleidung zu Missverständnissen führen kann, erzähle ich in dieser Fußnote: Zu meiner Studienzeit gab es einen Professor, der relativ jung berufen wurde und sich durch sein Outfit in Jeans und mit seinen langen Haaren nicht sehr von den Studierenden unterschied. Manche Studierenden hielten ihn für den Tutor, wenn er zu Anfang des Semesters nach Betreten des Seminarraums begann, die Tafel zu wischen. Mir wurde erzählt, dass als er einmal sein Fahrrad mit in das Unigebäude nehmen wollte, er von einem der Pförtner daran gehindert wurde. Daraufhin setzte er sich zur Wehr und sagte: „Wissen Sie überhaupt, wer ich bin? Ich bin Professor xxx." Die Replik des Pförtners darauf war: „Und ich bin der Kaiser von China." Der Streit musste später von einer dritten Person geschlichtet werden.
3. Harrison White bezeichnet das als Pecking Order (1992).
4. Ähnliches gilt beispielsweise auch, wenn Noten in Gremien zur Vergabe von Stipendien herangezogen werden. Hier wird auf das individuelle Zeugnis geschaut und nicht auf das Zustandekommen der Bewertung. Bei Gruppenarbeiten gehört zur Leistung allerdings auch die Organisationsfähigkeit der Gruppe – Studierende, die sich da ausklinken, erwerben in diesem Teilbereich keine Kompetenz.
5. Eine interessante Illustration zu diesem Argument liefert die Glosse von Dirk Peitz in der Zeit-Online vom 18.10.2021, in der es um weiße Turnschuhe geht. Peitz bedankt sich dabei bei den konservativen Politikern Paul Ziemiak, Markus Blume und Tilman Kuban, dass sie endlich einer scheußlichen Mode den Garaus gemacht hätten. Tilman Kuban schenkte jedem seiner Parteikollegen ein solches Schuhpaar, was dann entsprechend auch durch die Presse ging. Die Idee des Glossisten nun ist es, dass die Vereinnahmung der

weißen Schuhe durch die Protagonisten einer politischen Richtung, das Tragen dieser Fußbekleidung für andere ziemlich unattraktiv mache.

7

Schluss: Was superschwache Beziehungen so bedeutend macht

Mein Anliegen in diesem Buch ist zu erklären, dass ganz schwache Beziehungen eine große Rolle in unserem Leben spielen. Beziehungen, die den meisten kaum als solche erkennbar sind, beeinflussen uns jeden Tag auf eine sehr bedeutende Weise. Ein anderer und damit einhergehender Punkt ist, dass unsere Gesellschaft – wir alle miteinander – ebenfalls durch solche superschwachen Beziehungen geformt wird. Eine in irgendeiner Weise erkennbare Kultur gibt es nicht ohne diesen Typ von Beziehungen. Wir würden kaum von einer Kultur reden können, wenn es nicht diesen Mechanismus der gegenseitigen Orientierung und des Lernens aneinander geben würde. Was die „normale" Soziologie und ihr Spezialgebiet die Netzwerkforschung kaum auf dem Schirm hat, ist hier Gegenstand gewesen. Warum das Phänomen der superschwachen Beziehungen dort keine Rolle spielt, ist schnell erzählt: Wenn wir an Beziehungen denken, so berühren uns zunächst einmal die nächsten Angehörigen, die Partnerin, die Kinder, die Eltern und die engeren Freunde. Den schwachen Beziehungen eine Bedeutung zu geben, das war zunächst sehr schwer. Die Überlegungen hierzu mussten sich ihre Anerkennung erst verdienen. Schwache Beziehungen sind zwar wahrnehmbar, aber sie kommen allenfalls in zweiter Linie ins

Blickfeld. Es ist vor allem der soziologischen Forschung zu verdanken, dass diese ihre Anerkennung als bedeutender Teil unserer sozialen Umwelt erreichen konnten. Selbst für die schwachen Beziehungen ist es aber schwer, geeignete Erhebungsformen zu finden, zumal diese Beziehungen, die wir normalerweise „als Bekannte" bezeichnen, in ihrer Gänze kaum in Interviews aufzudecken sind. Interviews sind immer noch das beliebteste und am häufigsten angewendete Werkzeug in der empirischen Sozialforschung.

Noch schwieriger ist es, superschwachen Beziehungen nachzuspüren. Interviews dürften bei der Forschung in diesem Bereich des Sozialen nur begrenzt weiterhelfen. Diese Art von Relation entsteht ad hoc in bestimmten Situationen – sie vermitteln sich meist nur über Beobachtung. Dabei ist die Beobachtung öfters sogar noch nicht einmal wechselseitig. Die gängigen Methoden reichen nicht aus, um diesen Beziehungstyp zu untersuchen. Das, was hingegen sichtbar wird, ist ihre Wirkung. Diese lässt sich beobachten. Das geht am besten dort, wo das sich gegenseitige Orientieren bereits eingetreten ist und es zu einer Angleichung von Verhalten kommt. Hierdurch entstehen Ähnlichkeiten. Diese können wir als Kultur bzw. Kulturen analysieren und beschreiben. Das gilt für Verhaltensbereiche mit hoher kultureller Abdeckung, also dort, wo die Verhaltensweisen und die Einstellungen um diese herum von vielen geteilt werden. Zwar ist es schwer, von einer einheitlichen Kultur in einer Gesellschaft zu sprechen, weil die „Gesellschaft" ja keine klaren Grenzen aufweist, dennoch findet sich bei einigen kulturellen Gegebenheiten eine so weite Verbreitung, dass wir diese vergröbert als einen Common Sense bezeichnen können. In solchen Bereichen ist die Anpassung meist schon geschehen, und den Beteiligten ist gar nicht mehr bewusst, dass man sich auch auf andere Weise verhalten könnte. Hier haben superschwache Verbindungen ihre Arbeit getan.

Sehr vieles, was aber auch zur Kultur gehört, besitzt gar nicht eine so weite Verbreitung. Wenn wir über Spezialkulturen reden oder deren Subkulturen in Augenschein nehmen, so sind auch und gerade da superschwache Beziehungen am Werk gewesen. Sie sind es, die dafür sorgen, dass zumindest stellenweise über die sich immer neu herausbildende Mikrokultur in engen Beziehungen hinaus (Stegbauer 2016)

7 Schluss: Was superschwache Beziehungen so bedeutend macht

so etwas wie eine Einheitlichkeit entsteht. So gesehen bilden superschwache Beziehungen das Scharnier zwischen unterschiedlichen Aushandlungen zwischen Personen, die eher in kleinen Zusammenhängen, wie Mikronetzwerken, stattfinden. Ohne die hier untersuchte Kategorie würden ansonsten einander unverbundene Kleinkulturen isoliert voneinander sein. Die abgeschauten Verhaltensweisen sorgen auch dafür, dass die Kleinkulturen, die sich ihre eigenen Regeln geben können, nicht zu weit auseinanderdriften. Sie werden geerdet durch die allgemein gültigen Regeln und das von vielen geteilte Verständnis von Situationen.

So können die Beobachtungen unter gleichzeitiger Anwesenheit – die superschwachen Beziehungen – viele Phänomene eben nicht allein erklären. Hinzukommen müssen Übersprünge zwischen unterschiedlichen Orten, sofern es sich nicht, wie in Pisa, um eine autochthone Kultur handelt. Möglich wird das zwar auch durch Reisende, die etwa eine neue Sportart, wie das Longboardfahren, als neue Freizeitbeschäftigung irgendwo beobachtet haben und diese Erfahrung mit nach Hause bringen. Am eigenen Wohnort können diese dann mit dem neuartigen Skaten beginnen und so ein Saatkorn legen, damit aus dem Verhalten Einzelner ein Trend entsteht. Die Innovatoren, welche so eine neue Sache an einen anderen Ort bringen, sind jedoch meist gar nicht so ganz allein: Die meisten dürften sich zuvor mit Personen beraten haben, mit denen sie in einem engeren Kontakt stehen, oder beginnen das Neue sogar diesen zusammen. Allerdings dürfte diese direkte Beobachtung durch die vielen Medien unterstützt werden, die sich darüber freuen, wenn über eine Neuigkeit berichtet werden kann.

Ähnlich wie am Platz vor dem Schiefen Turm, an dem immer schon eine Reihe von Vorabinformierten anwesend sind, die schon entsprechende Fotos kennen und durch ihr Verhalten dann vor Ort die bis dahin Unwissenden beeinflussen, müsste das auch für neue Sportarten gelten. Im Internet, in entsprechenden Zeitschriften, während PR-Kampagnen werden Informationen darüber weitergegeben. Das ist ein Teil der Bedingungen der Möglichkeit, dass diese Informationen am entsprechenden Ort zünden können. Außer der direkten Beobachtung kommen also noch andere Kommunikationskanäle hinzu, die sich allerdings auch danach ordnen lassen können, inwiefern eine Beziehung besteht. So stehen die Follower auf Instagram gegenseitig in einer mindestens superschwachen Beziehung. Auch solche Beziehungen können orientierend wirken – dies wird schließlich auch zur Genüge ausgenutzt, indem Industrie und Handel versuchen, die sog. Influencer in ihrem Sinne selbst zu beeinflussen.

Superschwache Beziehungen können, so ein Resümee des Buches, über die Verhaltensanpassung hinaus in zweierlei Richtungen interpretiert werden: Zum ersten helfen sie dabei, die Kultur nicht zu weit auseinandertreiben zu lassen (kulturelle Integration); zum zweiten stehen sie für eine minimale sozial-kulturelle Integration derjenigen, die sich durch das Verhalten der anderen anstecken lassen.

Der erste Mechanismus, die kulturelle Integration, ist sehr bedeutend: Wenn man das Verhalten der anderen beobachten kann und diese Beobachtung sorgt für eine Veränderung bzw. eine Anpassung des eigenen Verhaltens, dann wird deutlich, wie wichtig solche Kontakte dafür sind, damit unsere Kultur als solche erkennbar bleibt. Gleichzeitig gewährleisten soziale Mechanismen, wie gegenseitige Aushandlung von Verhalten, bei gleichzeitig wirkenden Distinktions- und Wettbewerbsmechanismen dafür, dass Kultur nicht stehen bleibt. Es entstehen auf diese Weise immer wieder bestimmte Variationen von Kultur. Einige dieser Variationen werden zu „lokalen Stars", sie etablieren sich im Kleinen; andere schaffen es, in weitere Bereiche der Gesellschaft vorzudringen, bis dahin, dass sie als Common Sense anerkannt sind. Wenn das geschieht, verblasst die Erkennbarkeit der ehemaligen kulturellen Innovation, die wahrscheinlich umstritten war. Sie wandert ab ins Unbewusste, sie wird so selbstverständlich, dass sie allenfalls von Außenstehenden, etwa neu hinzugekommenen Migranten, wahrnehmbar sind.[1] Eine solche Karriere einer im Kleinen ausgehandelten kulturellen Spezialität, die sich dann über superschwache Beziehungen sehr weit verbreitet, kommt nicht ganz so häufig vor. Viele neue kulturelle Dinge diffundieren gar nicht so weit, sie bleiben bei einer geringeren und häufig lokalen Verbreitung stehen.

Der zweite genannte Punkt – die sozial-kulturelle Integration durch die superschwachen Beziehungen – spielt eher eine Rolle dafür, damit wir uns als Menschen nicht so verloren vorkommen. Sich in der gleichen Weise wie die anderen zu benehmen und dabei nicht auszu-

7 Schluss: Was superschwache Beziehungen so bedeutend macht

scheren, ist dabei ein bedeutender Punkt, dem wir eine kulturelle Integrationswirkung zuschreiben können. Wie man sich verhält, das wird eben in den meisten Fällen über superschwache Beziehungen vermittelt. Die eigentliche soziale Integration findet aber vornehmlich über die stärkeren Beziehungsgrade statt – dort wird auch eher als durch Beobachtung so etwas wie der Sinn von kulturellen Mustern vermittelt. Dabei ist eine einheitliche Erklärung für bestimmte Verhaltensweisen gar nicht unbedingt notwendig. Wir folgen öfters kulturellen Konventionen, die irgendwo einen Ursprung hatten, nahezu blind. Wir hinterfragen nur selten, woher das von uns kopierte Verhalten kommt. Wer weiß schon, warum wir Weihnachtsbäume aufstellen. Nur als Beispiel: Tun wir das, weil es uns gefällt, weil es schon immer so gemacht wurde, weil es der deutschen romantischen Liebe für den Wald entspricht, weil es ein Symbol des Lebens zur tiefsten Winterzeit ist oder weil es sich aus vorchristlicher Zeit bis zu uns herübergerettet hat? Die Beantwortung der Frage ist auch nicht entscheidend, es ist ein Ritual, für das nur gelegentlich eine sinnhafte Begründung benötigt wird. Dabei spielt die eigentliche Erklärung des Ursprungs für das Ritual eigentlich gar keine Rolle.

Wenn wir den Weihnachtsbaum als kulturelle Konvention betrachten, ist das für das gegenseitige Abschauen mit Sicherheit sogar ganz gut, weil es dadurch unseren muslimischen Mitbürgern erleichtert wird, sich an den anderen zu orientieren. Wenn aus dem Weihnachtsbaum kein religiöses Symbol für christlichen Glauben gemacht wird, steht es auch nicht einer interreligiösen Verbreitung entgegen. Es ist für den Weihnachtsbaum sicherlich auch hilfreich, wenn es nicht nur eine einzige Erklärung dafür gibt, woher er seine Bedeutung bezieht. Letztlich kommt es also gar nicht darauf an, dass das Aufstellen des Weihnachtsbaumes mit einer historisch hergeleiteten Institution begründbar ist. Es reicht, wenn Eltern glauben, damit ihren Kindern (und vielleicht auch sich selbst) eine Freude zu machen. Andererseits fehlen in dieser Begründung die übergreifenden sozialen Aspekte. Einer davon ist, dass, wenn die anderen alle einen Weihnachtsbaum haben, man selbst nur schwer zurückstehen kann. Unter diesen Umständen ist eine Begründungsumkehr notwendig: Nicht das Aufstellen muss begründet werden, sondern der Verzicht darauf.

Ein anderer wichtiger Punkt ist die durch das Abschauen ermöglichte Wiederholung von Verhalten. Erst dadurch, dass dieses sich zunächst verbreitet und dann von immer mehr Personen im Cultural Toolkit (also kognitiv) gespeichert wird und erneut zu einer Anwendung kommt, entsteht Kultur. Ohne die Wiederholung in bestimmten Situationen bliebe Kultur gefangen in ihren Mikroformen, die im Kleinen immer wieder ausgehandelt werden – es käme aber kaum zu einer Verbreitung, und das Stadium des Common Sense würde nie erreicht.[2]

Eigentlich ist es erstaunlich, dass Abschauen eine solch bedeutende Wirkung hat. Es sieht so aus, als sei es genau das, was Kultur als solches ausmacht. Erst dadurch werden eine Weitergabe und dann auch eine Verbreitung von Ähnlichkeiten möglich – das zentrale Merkmal von Kultur. Allerdings schaut nicht jeder bei jedem ab, eine gewisse Ähnlichkeit oder virtuelle Beziehung ist dazu notwendig. Wenn wir uns mit den anderen in keiner Weise vertragen, diese nicht leiden können oder uns in einer gänzlich anderen Position befinden, dann wirkt das beobachtete Verhalten der anderen möglicherweise eher abschreckend, als dass es uns ermutigt, uns diesen Menschen anzupassen. Es kann sein, dass es dann aus genau diesem Grund an einer gegenseitigen Orientierung fehlt. In solchen Fällen ist es auch möglich, dass die Orientierung genau zum Gegenteil führt – die Gegner verhalten sich in bestimmten Aspekten bewusst gegenläufig, damit es nicht zu einem Matching kommt.

Ich hoffe, mit diesen Ausführungen in einer befriedigenden Weise die Bedeutung der Wichtigkeit des neu definierten Typs von Beziehungen verdeutlicht zu haben. Beziehungen, also die Relationalität zwischen Menschen, und die Muster, die dabei entstehen, reichen also noch viel weiter, als es mithilfe der traditionellen Überlegungen im Bereich der Netzwerkforschung bisher gezeigt wurde. Das bedeutet aber, dass die Einbeziehung der superschwachen Beziehungen das Forschungsgebiet rund um Netzwerke zu erweitern vermag. Das ist aber noch nicht alles: Wenn wir superschwache Beziehungen und deren Bedeutung bei der Übertragung von kulturellen Formen mitbeachten, verstehen wir ein Stückchen mehr von der Gesellschaft, in der wir leben und von der wir selbst abhängig sind. Wir lernen also auch etwas über uns selbst. In

7 Schluss: Was superschwache Beziehungen so bedeutend macht

diesem Sinne wünsche ich mir, dass ich es mit dem Buch geschafft habe, ein kleines Stück weit die Möglichkeit von soziologischen Erklärungen erweitert zu haben. Meine Hoffnung ist, dass ich Sie, liebe Leserinnen und Leser, ein Stück weit mitnehmen konnte zu den Überlegungen, die hilfreich sein können, um kulturelle Phänomene und deren Verbreitung zu verstehen. Wenn das der Fall wäre, würde ich mich sehr glücklich schätzen.

Anmerkung
1. Manchmal werden Beobachtungen von Fremden, die dabei sind, sich zu integrieren, dann offenbar, wenn diese darüber berichten. Auf diesem Gebiet zu einiger Berühmtheit gekommen ist die nach Deutschland gekommene Vietnamesin Uyen Ninh, die mittels lustiger Videos auf TikTok über kulturelle Eigenheiten in Deutschland berichtet, die den hier lange Lebenden gar nicht mehr auffallen. https://www.faz.net/aktuell/stil/trends-nischen/deutsche-klischees-auf-tiktok-vietnamesin-haelt-uns-den-spiegel-vor-17330824.html (08.06.2022).
2. Eine gesettelte Kultur (Swidler 1986) würde also ohne die notwendige Wiederholung, die ja auch immer wieder eine Chance zur erneuten Orientierung oder zur ersten Orientierung bietet, kaum entstehen können.

Literatur

Abels, Heinz (2009): Einführung in die Soziologie. 4. Auflage. Wiesbaden: VS Verlag für Sozialwissenschaften (Hagener Studientexte zur Soziologie).

Anderson, Benedict (1987): Imagined communities. Reflections on the origin and spread of nationalism. 4. Impression. London: Verso.

Askitas, Nikos; Zimmermann, Klaus (2009): Googlemetrie und Arbeitsmarkt in der Wirtschaftskrise. IZA Standpunkte. Institute of Labor Economics (IZA) (17). Online verfügbar unter https://EconPapers.repec.org/RePEc:iza:izasps:sp17.

Barabási, Albert-László; Reka, Albert (1999): Emergence of Scaling in Random Networks. In: *Science* 286 (5439): 509–512. https://doi.org/10.1126/science.286.5439.509.

Barabási, Albert-László (2002): Linked. The new science of networks. Cambridge, Mass.: Perseus Publ.

Bargel, Tino. 2007. *Soziale Ungleichheit im Hochschulwesen. Barrieren für Bildungsaufsteiger [[Elektronische Ressource]]*. Hefte zur Bildungs- und Hochschulforschung/AG Hochschulforschung; 49.

Benzecry, Claudio E. (2009): Becoming a Fan: On the Seductions of Opera. In: *Qualitative Sociology* 32 (2), S. 131–151. https://doi.org/10.1007/s11133-009-9123-7.

Bergmann, Jörg R. (1987): *Klatsch. Zur Sozialform der diskreten Indiskretion.* Berlin: de Gruyter.

Bell, Gerald D. (1967): Determinants of Span of Control. *American Journal of Sociology* 73: 100–109.

Bergmann, Jörg R. (1987): Klatsch. Zur Sozialform der diskreten Indiskretion. Berlin: de Gruyter.

Bott, Elizabeth (1957): *Family and social network. Roles, norms, and external relationships in ordinary urban families.* London: Travistock.

Bourdieu, Pierre (1992): Die feinen Unterschiede. Kritik der gesellschaftlichen Urteilskraft. 5. Aufl. Frankfurt am Main: Suhrkamp.

Bourdieu, Pierre; Boltanski, Luc; Castel, Robert; Chamboredin, Jean-Claude; Lagneau, Gérard; Schnapper, Dominique (1983): Eine illegitime Kunst. Die sozialen Gebrauchsweisen der Photographie. Frankfurt am Main: Suhrkamp.

Breiger, Ronald L. (1974): The Duality of Persons and Groups. In *Social Forces* 53 (2): 181–190. https://doi.org/10.2307/2576011.

Breiger, Ronald L. (1976): Career Attributes and Network Structure: A Blockmodel Study of a Biomedical Research Specialty. In: *American Sociological Review* 41 (1): 117–135. https://doi.org/10.2307/2094376.

Brin, Sergey; Page, Lawrence: The Anatomy of a Large-Scale Hypertextual Web Search Engine. Computer Science Department. Stanford, Calif. Online verfügbar unter http://infolab.stanford.edu/~backrub/google.html, zuletzt geprüft am 22.03.2017.

Burt, Ronald S. (1987): Social Contagion and Innovation: Cohesion versus Structural Equivalence. In: *American* Journal *of Sociology* 92 (6): 1287–1335. https://doi.org/10.2307/2779839.

Burt, Ronald S. (1992): *Structural holes. The social structure of competition.* Cambridge, Mass.: Harvard University Press.

Chase, Ivan D. (1974): Models of hierarchy formation in animal societies. In: *Syst. Res.* 19 (6): 374–382. https://doi.org/10.1002/bs.3830190604.

Christakis, Nicholas A.; Fowler, James H. (2007): The Spread of Obesity in a Large Social Network over 32 Years. In: *New England Journal of Medicine* 357 (4): 370–379. https://doi.org/10.1056/NEJMsa066082.

Christakis, Nicholas A.; Fowler, James H. (2008): The Collective Dynamics of Smoking in a Large Social Network. In: *New England Journal of Medicine* 358 (21): 2249–2258. https://doi.org/10.1056/NEJMsa0706154.

Christakis, Nicholas A.; Fowler, James H. (2010): Connected! Die Macht sozialer Netzwerke und warum Glück ansteckend ist. Frankfurt am Main: S. Fischer.

Christakis, Nicholas A.; Fowler, James H. (2007): The Spread of Obesity in a Large Social Network over 32 Years. In: *New England Journal of Medicine* 357 (4), S. 370–379. https://doi.org/10.1056/NEJMsa066082.
Christakis, Nicholas A.; Fowler, James H. (2008): The Collective Dynamics of Smoking in a Large Social Network. In: *New England Journal of Medicine* 358 (21), S. 2249–2258. https://doi.org/10.1056/NEJMsa0706154.
Christakis, Nicholas A.; Fowler, James H. (2010): Connected! Die Macht sozialer Netzwerke und warum Glück ansteckend ist. Frankfurt am Main: S. Fischer.
Coleman, James Samuel (1991): Handlungen und Handlungssysteme. München: Oldenbourg (Grundlagen der Sozialtheorie, 1).
Collins, Randall (2005): Interaction ritual chains. Princeton, N.J: Princeton University Press (Princeton studies in cultural sociology).
Davis, Allison; Gardner, Burleigh B.; Gardner, Mary R. (2009, zuerst 1941): Deep south. A social anthropological study of caste and class. Pbk. ed. Columbia, S.C.: University of South Carolina Press (Southern classics series).
DiMaggio, Paul (1992): Nadel's Paradox Revisited: Relational and Cultural Aspects of Organization Structure. In: Nohria, Eccles (Hg.) Networks and organizations, S. 118–142.
Dunbar, R. I. M. (1993): Coevolution of neocortical size, group size and language in humans. *Behavioral and Brain Sciences* 16: 681–735.
Elias, Norbert (1971): Was ist Soziologie? 2. Aufl. München: Juventa Verlag (Grundfragen der Soziologie/hrsg. von Dieter Claessens, 1).
Elias, Norbert, and John L. Scotson (1990): *Etablierte und Außenseiter*. Frankfurt am Main: Suhrkamp.
Festinger, Leon; Schachter, Stanley; Back, Kurt (1959): Social pressures in informal groups. A study of human factors in housing. London: Tavistock Publications.
Fine, Gary A. (1979): Small Groups and Culture Creation: The Idioculture of Little League Baseball Teams. *American Sociological Review* 44: 733–745.
Fischer, Claude S. (1982): What do we mean by 'friend'? An inductive study. *Social Networks* 3: 287–306.
Franck, Georg (2007): Ökonomie der Aufmerksamkeit. Ein Entwurf. München: Deutscher Taschenbuch-Verlag (Dtv).
Freeman, Linton C.; Webster, Cynthia M. (1994): Interpersonal Proximity in Social and Cognitive Space. In: *Social Cognition* 12 (3), S. 223–247. https://doi.org/10.1521/soco.1994.12.3.223.

Freeman, Linton C. (2003): Finding social groups: A meta-analysis of the Southern Women data. In Ronald L. Breiger, Kathleen M. Carley, Philippa Pattison (Hrsg.): Dynamic Social Network Modeling and Analysis. Workshop summary and papers. Washington, D.C: National Academies Press, S. 39–77.

Fischer, Peter; Wagenbach, Klaus (2014): Schlaraffenland nimms in die Hand. Kochbuch für Gesellschaften, Kooperativen, Dichterkreise, Wohngemeinschaften, Vereine und andere Menschenversammlungen. Faksimile der Urfassung, Berlin, Wagenbach, 1975. Berlin: Wagenbach.

Garfinkel, Harold (1973): Studien über die Routinegrundlagen von Alltagshandeln. In: Heinz Steinert (Hrsg.): Symbolische Interaktion. Arbeiten zu einer reflexiven Soziologie. Stuttgart: Klett (Konzepte der Humanwissenschaften), S. 280–293.

Ginsberg, J., Mohebbi, M., Patel, R. *et al.* (2009): Detecting influenza epidemics using search engine query data. *Nature* 457: 1012–1014. https://doi.org/10.1038/nature07634.

Glückler, Johannes (2020): Disruption ökonomischer Netze. In: Christian Stegbauer und Iris Clemens (Hg.): Corona-Netzwerke – Gesellschaft im Zeichen des Virus. Wiesbaden: Springer Fachmedien Wiesbaden, S. 89–96

Goffman, Erving (1971): Verhalten in sozialen Situationen. Strukturen und Regeln der Interaktion im öffentlichen Raum. Gütersloh: Bertelsmann Fachverlag (Bauwelt Fundamente, 30).

Goffman, Erving (1973, zuerst 1961): Interaktion, Spaß am Spiel, Rollendistanz. München: Piper.

Goffman, Erving (1974): *Frame Analysis: An Essay on the Organization of Experience.* New York.

Granovetter, Mark S. (1973): The Strength of Weak Ties. *American Journal of Sociology* 78: 1360–1380.

Habermas, Jürgen (1968): Thesen zur Theorie der Sozialisation. Stichworte und Literatur zur Vorlesung im Sommer-Semester 1968. o. O.: o. V.

Habermas, Jürgen (1981): Theorie des kommunikativen Handelns. Frankfurt am Main: Suhrkamp.

Herrmann, Sebastian (2015): Psychologie: Der unsichtbare Gorilla. In: *Süddeutsche Zeitung*, 12.11.2015, (Onlineausgabe). Online verfügbar unter https://www.sueddeutsche.de/wissen/psychologie-der-unsichtbare-gorilla-1.2733707.

Homans, George Caspar (1951): The human group. London: Routledge & K. Paul (International library of sociology and social reconstruction).

Homans, George Caspar (1960): Theorie der sozialen Gruppe. Köln: Westdeutscher Verl.

Inglehart, Ronald (1977): The Silent Revolution. Changing Values and Political Styles among Western Publics. Princeton: Princeton University Press.

Iyengar, Sheena S.; Lepper, Mark R. (2000): When choice is demotivating: Can one desire too much of a good thing? In: *Journal of Personality and Social Psychology* 79 (6), S. 995–1006. https://doi.org/10.1037/0022-3514.79.6.995.

Jerrentrup, Maja Tabea (2020): „Kein Fokus auf das Foto. Fotografieren als Aktivität", *kommunikation@gesellschaft* 21: 16 S.

Kadushin, Charles (2002): The motivational foundation of social networks. *Social Networks* 24: 77–91.

Katz, Elihu (1957): The Two-Step Flow of Communication. An Up-To-Date Report on an Hypothesis. In: *Public Opinion Quarterly* 21 (1, Anniversary Issue Devoted to Twenty Years of Public Opinion Research): 61. https://doi.org/10.1086/266687.

Katz, Elihu; Lazarsfeld, Paul Felix (1962): Persönlicher Einfluss und Meinungsbildung. München: Oldenbourg.

Keppler, Angela (1987): Der Verlauf von Klatschgesprächen. In: *Zeitschrift für Soziologie* 16 (4), S. 288–302. https://doi.org/10.1515/zfsoz-1987-0404.

Kroh, Martin (2008): Wertewandel: Immer mehr Ost- und Westdeutsche ticken Postmaterialistisch. In: *DIW-News* (8), 480–486.

Kroher, Martina (2014): Should I Stay or Should I Go? *Soziale Welt:* 201–220.

Kuroczik, Johanna (08.05.22): Im Reich der Trolle. Internet und soziale Medien sind mächtige Waffen im Informationskrieg und ideal für Propaganda. In: *Frankfurter Allgemeine Sonntagszeitung*, 08.05.22, S. 56.

LaPiere, Richard T. (1934): Attitudes vs. Actions. In: *Social Forces* 13 (2), S. 230–237. https://doi.org/10.2307/2570339.

Lazarsfeld, Paul F.; Berelson, Bernard; Gaudet, Hazel (1944): The people's choice. How the voter makes up his mind in a presidential campaign. New York: Duelle Sloan and Pearce.

Lazarsfeld, Paul F.; Merton, Robert K. (1954): Friendship as a social process: a substantive and methodological analysis. In: Morroe Berger (Hrsg.): Freedom and control in modern society. ... written in honor of Robert Morrison MacIver. New York [u. a.]: van Nostrand (The van Nostrand Series in Sociology), S. 18–66.

Le Bon, Gustave (2018, zuerst 1911): Psychologie der Massen. 17. Auflage. Hamburg: Nikol Verlag.

Lévi-Strauss, Claude (2000, zuerst 1949): Die elementaren Strukturen der Verwandtschaft. Frankfurt am Main: Suhrkamp.

Lewin, Kurt (1953): Sozialpsychologische Unterschiede zwischen den Vereinigten Staaten und Deutschland. In: Kurt Lewin (Hrsg.): Die Lösung sozialer Konflikte. Ausgew. Abhandlungen über Gruppendynamik. Unter Mitarbeit von Gertrud Weiss Lewin und Herbert A. Frenzel. Bad Nauheim: Christian-Verlag, S. 21–62.

Lorrain, François; White, Harrison C. (1971): Structural equivalence of individuals in social networks. In: *The Journal of Mathematical Sociology* 1 (1), S. 49–80. https://doi.org/10.1080/0022250X.1971.9989788.

Luhmann, Niklas (1975): Soziologische Aufklärung. Opladen: Westdeutscher Verlag.

Maryanski, A. R. (1987): African ape social structure: Is there strength in weak ties? In: *Ethical Dilemmas in Social Network Research* 9 (3): 191–215. https://doi.org/10.1016/0378-8733(87)90020-7.

McPherson, Miller; Smith-Lovin, Lynn; Cook, James M. (2001): Birds of a Feather: Homophily in Social Networks. In: *Annual Review of Sociology* 27 (1): 415–444. https://doi.org/10.1146/annurev.soc.27.1.415.

Merton, Robert K. (1968): The Matthew-Effect in Science. *Science* 159: 3810: 56–63

Milgram, Stanley (1967): The Small-World Problem. *Psychology Today:* 60–67.

Miller, George A. (1956): The magical number seven, plus or minus two: some limits on our capacity for processing information. In: *Psychological Review* 63 (2): 81–97. https://doi.org/10.1037/h0043158.

Mische, Ann, and Harrison White. 1998. Between Conversation and Situation: Public Switching Dynamics across Network Domains. *Social Research* 65: 695–724.

Mützel, Sophie; Breiger, Ronald (2021): Duality beyond Persons and Groups. In: Ryan Light und James Moody (Hrsg.): The Oxford Handbook of Social Networks: Oxford University Press, S. 391–413.

Nadel, Siegfried F. (1957): Theory of Social Structure. London: Routledge.

Neidhardt, Friedhelm (1983): Themen und Thesen zur Gruppensoziologie. In: Friedhelm Neidhardt (Hg.): Gruppensoziologie. Perspektiven und Materialen. Opladen: Westdeutscher Verlag (Kölner Zeitschrift für Soziologie und Sozialpsychologie. Sonderheft, 25), S. 12–34.

Noelle-Neumann, Elisabeth (1989): Die Theorie der Schweigespirale als Instrument der Medienwirkungsforschung. In *Massenkommunikation*, Max Kaase und Winfried Schulz (Hrsg.), 418–440. Opladen: Westdeutscher Verlag.

Ouchi, William G., and John B. Dowling (1974): Defining the Span of Control. *Administrative Science Quarterly* 19: 357–365.

Peitz, Dirk (2021): Sneaker: Abgelaufen. Weiße Sneaker sind eine schuhgewordene Reinlichkeitsfantasie. Nun haben die Konservativen Paul Ziemiak, Markus Blume und Tilman Kuban sie modisch endlich getötet. Danke., 18.10.2021. Online verfügbar unter https://www.zeit.de/kultur/2021-10/weisse-sneaker-turnschuhe-konservative-reinlichkeit-paul-ziemiak, zuletzt geprüft am 03.01.2022.

Popitz, Heinrich (2006): Soziale Normen. Frankfurt am Main: Suhrkamp.

Radcliffe-Brown, Alfred R. (1940): On Social Structure. In *The Journal of the Royal Anthropological Institute of Great Britain and Ireland* 70 (1): 1–12.

Reupke, Daniel; Banisch, Sven; Beyer, Meike; Roth, Philip; Thibaut, Julia (Hg.) (2021): Netzwerke – Performanz – Kultur. Transdisziplinäre Perspektiven und wechselseitige Bezüge. Würzburg: Königshausen & Neumann.

Roy, Michael M., and Nicholas J. S. Christenfeld (2004): Do dogs resemble their owners? *Psychological Science* 15: 361–363.

Ruben, Lisa Hinrika (2020): Opportunität durch Verbot. Wenn sich eine Tür schließt, öffnet sich ein Fenster – Nicht-intendierte Folgen des Rauchverbots für die sozialen Beziehungen von rauchenden Universitätsmitarbeiter*innen, untersucht mittels eines netzwerksoziologischen Ansatzes. Masterarbeit am Fachbereich Gesellschaftswissenschaften. Frankfurt.

Salganik, Matthew J.; Dodds, Peter Sheridan; Watts, Duncan J. (2006): Experimental study of inequality and unpredictability in an artificial cultural market. In: *Science (New York, N.Y.)* 311 (5762), S. 854–856. https://doi.org/10.1126/science.1121066.

Sandstrom, Gillian M.; Dunn, Elizabeth W. (2014a): Social Interactions and Well-Being: The Surprising Power of Weak Ties. In: *Personality & social psychology bulletin* 40 (7), S. 910–922. https://doi.org/10.1177/0146167214529799.

Sandstrom, Gillian M.; Dunn, Elizabeth W. (2014b): Is Efficiency Overrated? Minimal Social Interactions Lead to Belonging and Positive Affect. In: *Social Psychological and Personality Science* 5 (4), S. 437–442. https://doi.org/10.1177/1948550613502990.

Schultz, Patricia (2011): 1000 places to see before you die. Die neue Lebensliste für den Weltreisenden. Komplette Neuausgabe in Farbe. Potsdam: Ullmann.
Schweizer, Thomas (1996): Muster sozialer Ordnung. Netzwerkanalyse als Fundament der Sozialethnologie. Berlin: D. Reimer.
Simmel, Georg (2021), zuerst 1890: Über sociale Differenzierung. Sociologische und psychologische Untersuchungen. (Staats- und socialwissenschaftliche Forschungen X.1). Berlin: Duncker & Humblot. Online verfügbar unter https://elibrary.duncker-humblot.com/9783428577125.
Simmel, Georg (1917): Grundfragen der Soziologie. (Individuum und Gesellschaft). Berlin: de Gruyter (Sammlung Göschen).
Simmel, Georg (2014, zuerst 1905): *Philosophie der Mode. Zur Psychologie der Mode. Zwei Essays.* Berliner Ausgabe, vollständig durchgesehener Neusatz mit einer Biographie des Autors. [s.l.], [s.l.]: Amazon Distribution.
Simmel, Georg (1911): Soziologie der Geselligkeit. In: Deutsche Gesellschaft für Soziologie (Hrsg.): Verhandlungen des Ersten Deutschen Soziologentages vom 19.–22.10.1910 in Frankfurt a. M. Tübingen: Mohr-Siebeck (Schriften der Deutschen Gesellschaft für Soziologie, I. Serie: Verhandlungen der Deutschen Soziologentage, I), S. 1–16.
Simmel, Georg (1903): Die Großstädte und das Geistesleben. In: Thomas Petermann (Hrsg.): Die Großstadt. Vorträge und Aufsätze zur Städteausstellung. Dresden (Jahrbuch der Gehe-Stiftung Dresden, Band 9), S. 185–206.
Small. Mario Luis (2017): *Someone to Talk To.* New York: Oxford University Press.
Stegbauer, Christian (2002): *Reziprozität: Einführung in soziale Formen der Gegenseitigkeit.* Wiesbaden: Westdeutscher Verlag.
Stegbauer, Christian (2006): *"Geschmackssache?". Eine kleine Soziologie des Genießens.* Hamburg: Merus-Verlag.
Stegbauer, Christian (2008): Raumzeitliche Struktur im Internet. In: *Aus Politik und Zeitgeschichte* 39: 3–9.
Stegbauer, Christian (2009): *Wikipedia. Das Rätsel der Kooperation.* Wiesbaden: VS, Verlag für Sozialwissenschaften.
Stegbauer, Christian. (2010a). Weak und Strong Ties: Freundschaft aus netzwerktheoretischer Perspektive. In *Netzwerkanalyse und Netzwerktheorie. Ein neues Paradigma in den Sozialwissenschaften,* 2. Auflage, Christian Stegbauer (Hrsg.), 105–119. Wiesbaden: VS, Verlag für Sozialwissenschaften.
Stegbauer, Christian (2010b): Positionen und positionale Systeme. In: Christian Stegbauer und Roger Häußling (Hrsg.): Handbuch Netzwerkforschung: VS Verlag für Sozialwissenschaften, S. 135–144.

Stegbauer, Christian (2010c): Die Bedeutung des Positionalen. Netzwerk und Beteiligung am Beispiel von Wikipedia. In: Christian Stegbauer (Hrsg.): Netzwerkanalyse und Netzwerktheorie: ein neues Paradigma in den Sozialwissenschaften. 2. Auflage. Wiesbaden: VS, Verlag für Sozialwissenschaften, S. 191–199.

Stegbauer, Christian (2012): Situations, Networks and Culture – The Case of a Golden Wedding as an Example for the Production of Local Cultures. *Forum: Qualitative Social Research* 14.

Stegbauer, Christian (2013): Probleme der Konstruktion zweimodaler Netzwerke. In Barbara Frank-Job, Alexander Mehler, Tilmann Sutter (Hrsg.): Die Dynamik sozialer und sprachlicher Netzwerke. Konzepte, Methoden und empirische Untersuchungen an Beispielen des WWW. Wiesbaden: Imprint: Springer-VS, S. 179–204.

Stegbauer, Christian (2016): *Grundlagen der Netzwerkforschung: Situation, Mikronetzwerke und Kultur.* Wiesbaden: Springer-VS.

Stegbauer, Christian (2018): Shitstorms. Der Zusammenprall digitaler Kulturen. Wiesbaden: Springer.

Stegbauer, Christian (2020a): Soziologische Aspekte sozialer Netzwerke mit Blick auf Relationen in der digitalen Welt. In: Konstanze Marx, Henning Lobin und Axel Schmidt (Hrsg.): Deutsch in Sozialen Medien. Interaktiv – multimodal – vielfältig (Jahrbuch/Leibniz-Institut für Deutsche Sprache), S. 163–183.

Stegbauer, Christian (2020b): Netzwerkungleichheit, die Verbreitung des Virus und wer in Gefahr ist. In *Corona-Netzwerke – Gesellschaft im Zeichen des Virus*, Christian Stegbauer und Iris Clemens (Hrsg.), 15–25. Wiesbaden: Springer Fachmedien Wiesbaden.

Stegbauer, Christian (2021): Performanz am Schiefen Turm von Pisa oder wie superschwache Beziehungen eine ortsgebundene Kultur entstehen lassen. In *Netzwerke – Performanz – Kultur. Transdisziplinäre Perspektiven und wechselseitige Bezüge*, Daniel Reupke, Sven Banisch, Meike Beyer, Philip Roth und Julia Thibaut (Hrsg.), 257–278. Würzburg: Königshausen & Neumann.

Stegbauer, Christian; Rausch, Alexander (2009): Grenzen der Erfassung = Grenzen von Netzwerken? Schnittmengeninduzierte Bestimmung von Positionen. In: Roger Häußling (Hrsg.): Grenzen von Netzwerken. Wiesbaden: VS Verlag für Sozialwissenschaften (Netzwerkforschung, 3), S. 133–154.

Surowiecki, James (2004): The wisdom of crowds. Why the many are smarter than the few and how collective wisdom shapes business, economies, societies and nations. London: Little, Brown.

Swidler, Ann (1986): Culture in Action: Symbols and Strategies. *American Sociological Review* 51: 273–286.

Tarde, Gabriel (2009): zuerst 1890. *Die Gesetze der Nachahmung.* Frankfurt am Main: Suhrkamp.

Tilly, Charles (1993): Contentious Repertoires in Great Britain, 1758–1834. In: *Soc. sci. hist.* 17 (02), S. 253–280. https://doi.org/10.1017/S0145553200016849.

Tönnies, Ferdinand (1991): Gemeinschaft und Gesellschaft. Grundbegriffe der reinen Soziologie. 3., unveränderte Auflage, Neudruck der 8. Auflage von 1935, zuerst 1887. Darmstadt: Wissenschaftliche Buchgesellschaft (Bibliothek klassischer Texte).

Urwick, Lyndall F. (1956): The Manager's Span of Control. *Harvard Business Review:* 39–47.

Weber, Max (2002, zuerst 1922): Wirtschaft und Gesellschaft. Grundriss der verstehenden Soziologie.

Wasserman, Stanley; Faust, Katherine (1994): Social network analysis. Methods and applications. Cambridge, New York: Cambridge University Press.

Watts, Duncan J. (2003): Six degrees. The science of a connected age. New York [etc.]: W.W. Norton.

Watzlawick, Paul; Schulz von Thun, Friedemann (2011): Man kann nicht nicht kommunizieren. Das Lesebuch; [zusammen gestellt von Trude Trunk und mit einem Nachwort von Friedemann Schulz von Thun]. Hrsg. von Trude Trunk. Bern: Huber.

White, Harrison; Boorman, Scott; Breiger, Ronald (1976): Social structure from multiple networks. I.: Blockmodels of roles and positions. In: *American Journal of Sociology* 81: 730–750.

White, Harrison C. (1992): Identity and control. A structural theory of social action. Princeton NJ: Princeton Univ. Press.

White, Harrison C. (2002): Markets from networks. Socioeconomic models of production. Princeton, N.J: Princeton University Press.

White, Harrison C. (2008): Identity and control. How social formations emerge. 2. Ed. Princeton NJ: Princeton Univ. Press.

CPSIA information can be obtained
at www.ICGtesting.com
Printed in the USA
LVHW081217190223
739874LV00006B/646